Entscheidungen

des

Ober-Seeamts und der Seeämter

des

Deutschen Reichs.

Herausgegeben

im

Reichsamt des Innern.

Zwanzigster Band.
Heft 3.

Hamburg.

Verlag von L. Friederichsen & Co.

1913.

Inhalt.

(Fortsetzung folgt auf der dritten Seite des Umschlags.)

47.
Dampfer „Kaiser Wilhelm der Große" von Bremen. 2 Kohlenzieher am Hitzschlag verstorben. Seeamt Bremerhaven, 16. August 1912.

Spruch. An Bord des Bremer Dampfers „Kaiser Wilhelm der Große" (QGLF) sind während der Reise von New York nach Bremerhaven am 5. August 1912 zwei Überarbeiter, die Kohlenzieher Johann März und Johann Lind, an Herzlähmung infolge Hitzschlags verstorben.

Die Erkrankungen und Todesfälle sind auf hohe Temperatur und starken Feuchtigkeitsgehalt der Luft beim Passieren des Golfstroms auf der südlichen Route, möglicherweise auch auf krankhafte Veranlagung der an die Arbeit in den Bunkern nicht gewöhnten Leute zurückzuführen. Ein Verschulden der Schiffs- oder Maschinenleitung oder sonstiger Personen hat nicht vorgelegen; Mängel der Schiffseinrichtungen oder des Dienstbetriebs sind nicht festgestellt. Ärztliche Hilfe ist den Erkrankten in ausreichender Weise zu Teil geworden.

Gründe. Der Dampfer hat auf der vom 30. Juli bis 6. August 1912 dauernden Heimreise von New York über Plymouth und Cherbourg nach Bremerhaven am Montag, den 5. August 1912 zwei Kohlenzieher, Überarbeiter, die erst in New York für die Überfahrt nach Deutschland angemustert hatten, durch den Tod verloren. 12 U. 45 M. Vm. ist auf 49° 22′ N und 12° 58′ W der 35 Jahre alte, verheiratete Kohlenzieher Johann März aus Paripas, Ungarn, verstorben. 10 U. 15 M. Nm. starb auf 49° 48′ N und 2° 5′ W der Kohlenzieher Johann Lind aus Ungarn, 33 Jahre alt, verheiratet, geboren in Magy-Teremby, wohnhaft in Marifelt. Die seeamtliche Untersuchung dieser beiden, schon durch ihr zeitliches Zusammentreffen auffälligen Todesfälle hat zu einer besonders eingehenden Beweisaufnahme Anlaß gegeben, zumal in der hiesigen sozialdemokratischen Presse unter Nennung von Augenzeugen behauptet ist, daß an Bord Mißhandlungen und Überanstrengung der Kohlenzieher vorgekommen seien und daß der Tod der beiden Leute hierauf sowie auf unzureichende ärztliche Versorgung zurückzuführen sei. Das Ergebnis dieser Beweisaufnahme ist folgendes:

1. Der Kohlenzieher März, der nach Angabe gegenüber Arbeitsgenossen früher Schneider war, gehörte zur Wache des 3. Maschinisten Paul Fröhlich. März wird von seinen Arbeitsgenossen als ein kräftiger Mann geschildert, der zunächst seinen Dienst durchaus ordnungsmäßig versehen, kräftig gearbeitet und zu dienstlichen Ausstellungen keinen Anlaß gegeben, auch Klagen nicht geführt hat. Am Mittwoch, 31. Juli, morgens bei der zweiten Wache machte März allerdings nach Aussage eines Zeugen, des Heizers Rühle, einen kranken Eindruck und erklärte, er wäre seekrank. März hat 2 Stunden gearbeitet und ist dann von dem 3. Maschinisten Fröhlich nach oben zum Arzt geschickt. Der Schiffsarzt hat bei seiner Vernehmung vor dem Seeamt erklärt, daß sich schon am ersten Tage nach der Abfahrt von New York fast sämtliche Überarbeiter bei ihm krank gemeldet hätten. Die meisten Leute seien seekrank gewesen. Der Arzt hat den Leuten Abführmittel, Heilmittel gegen die Seekrankheit und entsprechende Kost verschrieben und sie im übrigen an die Arbeit zurückgewiesen. Ob März unter diesen Leuten gewesen ist und was ihm verordnet ist, hat nicht festgestellt werden können, da der Arzt über diese unwesentlichen Konsultationen naturgemäß besondere Notizen nicht gemacht hat. März ist jedenfalls noch während der Wache wieder zurückgekommen und hat weiter gearbeitet. Seine dritte Wache hat März dann wieder gearbeitet. Während seiner vierten Wache am Donnerstag, den 1. August morgens, hat März dem Heizer Rühle gegenüber geklagt, er könne nicht ordentlich sehen und fühle sich schlapp. Zu dem 3. Maschinisten Fröhlich hat März erklärt, er wolle nach Beendigung der Wache zum Arzt gehen. Kurz darauf, es war eben vor 8 U. Vm. und gerade Wachwechsel, brach März im Kesselraum zusammen. Der gerade gegenwärtige 3. Maschinist Bischoff half dem Mann auf, derselbe fiel jedoch gleich wieder nieder. Der von Bischoff benachrichtigte 3. Maschinist Fröhlich kam alsbald hinzu, und März, der anscheinend besinnungslos war, wurde sofort nach oben an Deck geschafft. Der Schiffsarzt wurde zugleich benachrichtigt und kam sogleich. Unter der ärzlichen Behandlung erlangte März nach etwa einer halben Stunde das Bewußtsein wieder. Der 3. Maschinist Fröhlich fragte, ob März trinken wollte, holte ihm auf seine Bejahung Kaffee und flößte ihn dem

Mann ein. Nach einiger Zeit erhob sich März und begab sich in das Logis. Er ist nach diesem Vorfall krank geschrieben und hat keinen Dienst wieder versehen. Am nächsten Morgen, 2. August suchte der 3. Maschinist Fröhlich den März im Logis auf und nahm ihn mit zum Arzt. Dieser hat den Kohlenzieher nochmals untersucht und ihn am 3. August in das Hospital gelegt.

Über den Verlauf der Krankheit und über die Behandlung des Mannes hat der Schiffsarzt Dr. Keßler nach den Notizen in seinem ärzlichen Tagebuch folgenden näheren Bericht erstattet.

„März Johann, 35 Jahre alt, Ungar, Kohlenzieher (Überarbeiter).

1. 8. 12. Meldung. Befund: Motorische Unruhe, blasses Gesicht, beschleunigter (ca. 120), kleiner Puls, oberflächliche beschleunigte Atmung. Er klagt über Brustschmerzen. Kein Fieber.

Behandlung: Zunächst Kampferöleinspritzungen, Eisbeutel auf Kopf und Herz abwechselnd, dann Ruhe im Logis, etwas Kognak, kräftige Kost.

2. 8. 12. kommt er allein zur Sprechstunde, macht nicht den Eindruck schwerer Herzschwäche.

3. 8. 12. Erhebliche Pulsverschlechterung, leichte Verwirrtheit, leichte Cyanose (Blaufärbung) der Lippen, kühle Haut.

Ins Hospital eingewiesen: Wache, Kampfer, Digalen, Portwein in kleinen Dosen, Bouillon mit Ei, Milch.

4. 8. 12. Im Laufe des Vormittags begann deutliche Besserung einzusetzen, die tagsüber anhielt: Puls ruhig und kräftiger, Bewußtsein freier. Abends lag Patient ruhig da, hin und wieder schlafend.

5. 8. 12. Kurz nach 1 Uhr morgens fiel der Wache und einem Kranken auf, daß p. März nicht hörbar atmete. Als sie ihn betrachteten, vermuteten sie, daß er gestorben sei, und schickten nach mir. Ich kam 1 Uhr 15 Minuten ins Hospital und stellte den vor etwa ½ Stunde eingetretenen Tod fest.

Als Todesursuche ist Herzlähmung anzunehmen, hervorgerufen durch die Schädigung des Herzmuskels infolge des erlittenen Hitzschlags."

2. Der zweite Verstorbene, der Kohlenzieher Lind wird als ein kleiner, schwächlicher und abgemagerter Mann geschildert. Er hat angeblich vorher in Asphaltgruben gearbeitet. Er soll, ohne daß es nötig gewesen wäre, ihn besonders anzutreiben, willig gearbeitet

haben. Lind war gleichfalls auf der Wache des 3. Maschinisten Fröhlich und hatte 3 Heizräume mit zu versorgen. Lind hatte nur den Wagen mit Kohlen zu fahren und umzukippen, welche Arbeit ihm aber nach Bekundung des Heizers Max Schön, für den er Kohlen heran zu schaffen hatte, zu schwer wurde. Am Donnerstag, den 1. August, dem zweiten Tage nach Abfahrt von Newyork, meldete sich Lind etwa 6 U. Nm. bei dem 3. Maschinisten Fröhlich mit der Klage, er könne die Arbeit nicht aushalten. Fröhlich schickte den Lind in Begleitung des Kesselschmieds Espler zum Schiffsarzt. Nach Verlauf etwa einer halben Stunde kamen beide zurück. Espler meldete, der Arzt habe Lind untersucht und erklärt, der Mann sei gesund und arbeitsfähig. Der Arzt hat über diese Untersuchung aus den früher angegebenen Gründen eine besondere Eintragung nicht gemacht. Lind hat dann seine Wache zu Ende gearbeitet. Am nächsten Morgen, 2. August, fehlte Lind bei Antritt seiner Wache. Der 3. Maschinist Fröhlich ging nach oben, um Lind zu holen. Derselbe hatte sich versteckt, wurde aber später gefunden und zur Arbeit gebracht. Nach Beendigung der Wache um 8 U. sagte der 3. Maschinist Fröhlich zu Lind, er solle nochmals zum Arzt gehen, und brachte den Kohlenzieher noch selbst dahin. Das Ergebnis der Untersuchung hat Fröhlich nicht abgewartet. 4 U. Nm. trat Lind seine Wache unaufgefordert an, hat aber während der Wache nur wenig gearbeitet, sondern sich meist unter den Ventilator gestellt. Um 6 U. Nm. schickte der 3. Maschinist Fröhlich, da er einsah, daß der Mann den Dienst nicht ausführen konnte, den Kohlenzieher nach oben mit der Weisung, sich zur Koje zu legen. Als Lind am nächsten Morgen, Sonnabend, den 3. August, nicht zur Arbeit erschien, ging der 3. Maschinist Fröhlich nach oben, um nach Lind zu sehen. Der Mann lag in seiner Koje, jammerte und sagte, er könne nicht arbeiten. Der 3. Maschinist ließ ihn daraufhin liegen. 9 U. Vm. weckte Fröhlich den Lind und schickte ihn zum Arzt, der nach nochmaliger Untersuchung des Kohlenziehers ihn vom Dienst dispensierte. Am Sonntag, 4. August morgens suchte der 3. Maschinist den Lind wieder auf und fand ihn noch im Logis in der Koje liegen. Lind klagte, er könne nicht arbeiten, er sei zu schwach, könne auch nichts essen. Fröhlich ließ nun Lind aufstehen, nahm ihn mit zum Arzt und ersuchte diesen, Lind nochmals genau zu untersuchen und ihm entsprechende Kost zu verschreiben. Nach der Untersuchung erklärte der Arzt, der Mann sei noch arbeitsunfähig und vom Dienst dispensiert. Da Lind in der Nacht vom Sonntag zum Montag, den 5. August, sehr stöhnte und sich anscheinend schlechter fühlte, auch seine Logisgenossen im Schlafen störte, wurde der Arzt geweckt und Lind auf seine Anordnung in das Hospital geschafft. Als der 3. Maschinist Fröhlich 9 U. Vm. Lind im Hospital besuchte, erklärte dieser, es ginge ihm etwas besser, er hätte auch schon etwas gegessen. Am Abend ist Lind dann gestorben.

Die Notizen des Arztes ergeben folgendes:

„Lind, Johann, 33 Jahre alt, Kohlenzieher (Überarbeiter).

3. 8. 12. Krankmeldung, bleiches Aussehen, leichtes Zittern der Glieder, Puls ziemlich klein, etwas beschleunigt, Atmung beschleunigt. Nebenbefund: Bronchitis. Kein Fieber. Klagen über Appetitlosigkeit und Verstopfung, Leib ohne Befund. Er machte nicht den Eindruck eines Schwerkranken.

Behandlung: Bettruhe, mildes Abführmittel, Suppen.

4. 8. 12. Zustand im allgemeinen besser, noch Klagen über Appetitlosigkeit.

Weiterhin Bettruhe, Tct. Chin, compos. n. amar. ana.

5. 8. 12. In der Nacht stört der Patient seine Umgebung durch Stöhnen, weshalb er morgens gegen 5 Uhr ins Hospital gebracht wird.

Bronchitis mehr ausgeprägt, auch jetzt kein Fieber, keine Dämpfung über der Lunge, Puls klein, beschleunigt etwa 110, Atmung ca. 30 pro Minute, oberflächlich, auffallende Schwäche der Beine. Behandlung: Kampfer, Digalen, Expectovantia (Auswurf befördernde Mittel), Wache.

Bei dem verhältnismäßig guten Appetit Nahrungsaufnahme zufriedenstellend.

Abends etwa 6 Uhr Puls deutlich kräftiger und ruhiger, Patient gibt an, sich besser und kräftiger zu fühlen. Um 8 Uhr wird er auf sein ausdrückliches Verlangen aufs Klosett geführt, wo Stuhlgang erfolgt.

Um 10 Uhr verlangt er wieder zum Klosett, die Stewardeß Frau Mohr gibt ihm die Bettschüssel uud tritt ins anliegende Badezimmer zurück, kurz darauf hört sie einige tiefe Atemzüge und dann keine Atmung mehr. Ich werde sofort herbeigerufen und kann nur noch den eben eingetretenen Tod feststellen.

Auch hier ist der Tod infolge Herzlähmung eingetreten, aus denselben Ursachen wie im 1. Falle.

Hierzu will ich noch bemerken, daß Spuren von Mißhandlungen bei keinem der Verstorbenen ersichtlich waren."

Über die Temperaturen, welche während der fraglichen Reise im Kesselraume geherrscht haben, ergeben die Eintragungen im Maschinenjournal folgende Ziffern in Celsius für die 6 Wachen.

30. 7.: 33°; 34—36°; 38°; 44°; 39—40°; 40°;
31. 7.: 37°; 35—37°; 39—41°; 41°; 40°; 40°;
1. 8.: 39—41°; 42°; 42°; 42°; 42°; 43°;
2. 8.: 42°; 41—39°; 39°; 38°; 37°; 37°;
3. 8.: 36°; 35—33°; 33°; 33°; 33—32°; 32°;
4. 8.: 34°; 33—31°; 32°; 33°; 33°; 34°.

Die beiden Verunglückten gingen die 2. und 5. Wache.

Die Temperatur ist hiernach recht hoch gewesen. Auch ist die Luft nach Angabe der Zeugen sehr schwül, drückend und feucht gewesen, so daß die Transpiration erschwert war. Als Grund ist angegeben, daß der Dampfer sich derzeit gerade im Golfstrom befand und mit Rücksicht auf die Eisgefahr eine um $1^1/_2{}^\circ$ südlichere Route, als sonst in dieser Jahreszeit üblich, eingeschlagen hat. Die Ventilation, in jedem Heizraum 2 große und 2 kleine Ventilatoren, hat ordnungsmäßig gearbeitet, doch ist infolge ungünstiger Windverhältnisse — achterlicher Wind — nur wenig Zug durch die Ventilatoren gekommen. Der Wind kam von Steuerbord, so daß die an Backbordseite arbeitenden Leute ungünstiger dran waren. Nur im Heizraum 8 ist künstliche Ventilation (die übrigens auf den Gesundheitszustand der Leute, speziell hinsichtlich Erkältungen und Rheumatismus, nicht gerade günstige Einwirkungen ausübt).

In New York war, wie dieses dort regelmäßig geschieht, eine größere Anzahl Kohlenzieher vom Dampfer desertiert, um drüben höhere Löhne zu verdienen. Entlaufen sind 38 Mann, für welche 36 Überarbeiter neu eingestellt sind. Da der Dampfer von Bremerhaven 6 Kohlenzieher über den üblichen Stand mitgenommen hatte, waren auf der Rückreise 4 Mann zur Aushilfe für erkrankte Leute oder an besonders schweren Arbeitsstellen verfügbar. Sämtliche Leute sind vor Anmusterung von beiden Schiffsärzten auf Krankheiten und allgemeinen körperlichen Zustand, speziell Herz, Lunge, Bruchanlage und Geschlechtskrankheiten, untersucht und diensttauglich befunden. Allerdings soll das Menschenmaterial an Überarbeitern gerade bei dieser Reise nicht gut gewesen sein; man habe aus Not nehmen müssen, was man an irgend tauglichen Leuten bekam.

Hinsichtlich der angeblichen (wie erwähnt, in der sozialdemokratischen Presse behaupteten) Mißhandlungen des niederen Maschinenpersonals hat die eingehende Beweisaufnahme vor dem Seeamt keinerlei

Anhaltspunkte dafür, daß derartige Fälle vorgekommen wären, ergeben. Die Behandlung wird von sämtlichen vernommenen Zeugen, auch den Heizern und Kohlenziehern, als gut bezeichnet. Die ärztliche Untersuchung speziell der Erkrankten vor und nach ihrem Tode hat ergeben, daß Spuren von Mißhandlungen an den entkleideten Körpern nicht zu entdecken waren. Die von angeblichen Augenzeugen — inzwischen abgereisten Überarbeitern — solcher Mißhandlungen lediglich in der Presse verbreiteten Behauptungen sind unkontrollierbar. Wenn solche Fälle vorgekommen wären, würde eine strafrechtliche Anzeige der gewiesene Weg zur weiteren Verfolgung sein; derselbe ist aber, soweit hier bekannt, nicht beschritten. (Ein Heizer Rapp soll infolge Mißhandlungen schwere Brandwunden erlitten haben; nach Aussage des Arztes hat er, angeblich infolge Wurfes mit einer glühenden Kohle, eine Brandwunde am Fuße gehabt, wie sie aber bei dem Heiz- und Kohlenpersonal auch im ordnungsmäßigen Betriebe durch Unfälle häufig vorkommt; Rapp ist daraufhin mit leichter Arbeit beschäftigt. Auch wegen dieses Falles ist eine Strafanzeige einstweilen nicht erfolgt und sind Beweismittel für eine Mißhandlung oder ein Verschulden dritter Personen nicht beigebracht.) Jedenfalls ist nach der Beweisaufnahme ausgeschlossen, daß den beiden Verunglückten März und Lind Mißhandlungen zugefügt wären und daß solche Mißhandlungen mit den Todesfällen in Verbindung ständen. Beide Leute haben auch weder gegenüber ihren direkten Vorgesetzten, noch gegenüber sonstigen Schiffsoffizieren, dem Arzte oder Arbeitsgenossen über erlittene Mißhandlungen Beschwerden oder Klagen geführt.

Die den Verunglückten zugemessene Arbeitsleistung war an sich nicht übermäßig. In jedem Heizraum waren normalerweise 3 Heizer und 2 Kohlenzieher. Doch sind, nachdem im weiteren Verlaufe die Kohlen nicht mehr von selbst aus den Bunkern liefen, sondern herangefahren werden mußten, von dem Maschinisten die Nachschleuser zum Aushelfen beim Kohlenherbeischaffen herangezogen. Mit März und Lind waren 3 bis 4 arbeitskräftige Leute, darunter allerdings nur ein befahrener Kohlenzieher, zusammen beschäftigt. Ungünstig waren allerdings die Temperatur- und Windverhältnisse, insbesondere im Zusammentreffen damit, daß die Überarbeiter unbefahren und wohl auch körperlich nicht durchaus auf der Höhe der normalen Leistungsfähigkeit waren. — Lind soll vor seiner Anmusterung wochenlang ohne Beschäftigung und in größter Not gewesen, nach Angabe eines Kameraden auch geschlechtskrank gewesen sein. — Für diese Momente ist aber die Schiffs- oder Maschinenleitung nicht verantwortlich zu machen, auch kein Grund zur Bemängelung der an sich ordnungsmäßigen und den üblichen, durchaus entsprechenden Schiffseinrichtungen (Ventilation) gegeben. Leider ist infolge des ständigen vertragswidrigen Entlaufens gerade von Kohlenziehern in Amerika die Annahme von Überarbeitern, welche nicht voll leistungsfähig sind und daher immer den ganzen Dienstbetrieb und die Verteilung der Arbeitskräfte dem hierfür verantwortlichen Maschinistenpersonal erschweren, unvermeidlich.

Die ärztliche Behandlung der Leute, die entsprechend dem Befunde bei der Untersuchung, sobald erforderlich, vom Dienste befreit wurden und, wenn die Ruhe im Logis und in der Koje nicht genügte, ins Hospital genommen sind, ist als einwandfrei und sachgemäß zu bezeichnen.

48.

Dampfer „Bermuda“ von Hamburg. Selbstmord eines Kohlenziehers. Seeamt Hamburg, 28. August 1912.

Spruch. Der Trimmer Georg Kayser ist am 5. August 1912 von Bord des Dampfers „Bermuda“ verschwunden, und es ist mit Sicherheit anzunehmen, daß er durch Überbordspringen Selbstmord verübt hat.

Die Ursache der Tat muß darin gesucht werden, daß der schwächliche Mensch der schweren Arbeit nicht gewachsen war.

Der 2. Maschinist Hampe, welcher den Mann zunächst für einen Simulanten hielt, hat ihn unter Drohungen zur Arbeit anzutreiben versucht.

Da nicht nachgewiesen ist, daß diese Drohungen den Mann in den Tod getrieben haben, eine solche Folge auch nicht vorauszusehen gewesen wäre, ist dem Maschinisten Hampe ein schwerer Vorwurf nicht zu machen, und es wird ihm die Befugnis zur Ausübung des Maschinistengewerbes belassen.

Tatbestand. Auf der Reise von Pensacola nach Hamburg ist am 5. August 1912 der am 8. September 1890 in Berlin geborene Trimmer Georg Kayser unter folgenden Umständen von Bord verschwunden:

Dieser Trimmer war am 23. Juni in Hamburg kurz vor Abgang des Schiffes als sogenannter Ersatzmann an Bord gekommen und hatte nicht mehr angemustert werden können. Seine Nachmusterung war bis zur Rückkehr nach Hamburg verschoben worden, weil der Mann nicht die erforderlichen Papiere hatte und die Konsulate keine Musterbücher ausstellen. Seine Personalien sind einer in seinem Nachlaß gefundenen Invaliditäts-Versicherungskarte entnommen worden. Der Mann war vor der Annahme von dem Vertrauensarzt der Seeberufsgenossenschaft untersucht und für gesund befunden worden. Da er aber recht schwächlich aussah, ordnete der 1. Maschinist Kanitz an, daß er keine Wache mitgehen solle und als Tagelöhner in der Maschine und in den Bunkern mit leichteren Arbeiten zu beschäftigen sei. Hiernach ist während der Ausreise nach New York—Tampa — Pensacola verfahren worden. Als in dem letzteren Hafen aber zwei Trimmer erkrankten, wurde der Trimmer Kayser der Wache des 2. Maschinisten Arthur Waldemar Hampe, geboren 1876, Inhaber eines Befähigungszeugnisses zum Maschinisten 1. Klasse von 1902, zugeteilt und mußte sowohl beim Reinigen der Feuer, wie Trimmen der Kohlen im Heizraum und in den Bunkern arbeiten. Nachdem er während zweier Wachen seinen Dienst zur Zufriedenheit des Wachehabenden ausgeführt hatte, ohne irgendwelche Klagen zu erheben, ist er während der 3. Wache, welche am 5. August um 4 U. Vm. begann, von Bord verschwunden.

Über die Vorgänge während dieser letzten Wache des Mannes ist folgendes ermittelt worden:

Nachdem Kayser von 3 bis 3½ U. beim Aschehieven gearbeitet hatte, war er von 4 U. an beim Feuerreinigen tätig. Die Arbeit war recht anstrengend, da im Heizraum 44° Celsius herrschten. Um 4¾ U. ging Kayser in die Maschine und erklärte dem 2. Maschinisten Hampe, daß er nicht mehr arbeiten könne. Da der Mann nicht krank aussah, hielt Hampe ihn für einen Simulanten, der sich nur von der Arbeit drücken wolle und schickte ihn wieder in den Heizraum an die Arbeit. Der 2. Maschinist ließ sich hierbei auch dadurch beeinflussen, daß der Trimmer ihm schon in Pensacola einmal erklärt hatte, nicht weiterarbeiten zu können, dann aber, nachdem er nach oben geschickt wurde, an Deck sitzend und Zigarretten rauchend vorgefunden wurde.

Als der Maschinist Hampe dann ungefähr um 5 U. in den Heizraum ging, erklärte der Trimmer Kayser ihm wieder, daß er nicht mehr könne. Hampe hat ihm darauf Ohrfeigen angedroht, wenn er nicht weiterarbeite, worauf Kayser erwiderte, er könne mit ihm machen, was er wolle, er könne nicht mehr arbeiten. Der 2. Maschinist hat darauf mit der weiteren Drohung geantwortet, er werde, wenn Kayser nicht arbeite, die andere Wache herunterholen und dann wisse er wohl, was ihm passiere.

Der 2. Maschinist hat den Mann dann in den Shelterdeckbunker geschickt, wo es etwa 14° kühler war als im Heizraum und hat die Feuer, welche er zu versorgen hatte, von dem anderen Trimmer mit bedienen lassen.

Ungefähr um 5½ U. beklagte sich ein Heizer, daß keine Kohlen mehr von oben herunterkämen. Als der Maschinist Hampe darauf den Assistenten Brammer in den Shelterdeckbunker schickte, um nachzusehen, was der Trimmer Kayser mache, fand Brammer den Trimmer schlafend vor. Nachdem er geweckt war, stand er auf und ging wieder an seine Arbeit. Dem Assistenten ist irgend etwas Besonderes an dem Manne dabei nicht aufgefallen.

Um 6 U. kamen wieder Klagen und jetzt wurde der Trimmer, als nach ihm gesehen wurde, nicht mehr vorgefunden. Seine Holzschuhe standen an Deck direkt an der Reeling. Der Schmierer Hirsch hat ihn noch kurz, bevor sein Verschwinden festgestellt wurde, an Deck gesehen.

Der 1. Maschinist ließ alle Bunker überholen und meldete dann das Verschwinden des Mannes dem wachehabenden 1. Offizier, welcher die Meldung sofort an den Kapitän weitergab. Dieser ließ das Schiff auf den entgegengesetzten Kurs legen und mit doppelt besetztem Ausguck etwa 6 Meilen zurücklaufen. Da von dem Verschwundenen nichts wieder gesehen wurde, setzte man um 7 U. 25 M. die Reise fort.

Der Reichskommissar hat ausgeführt, es sei mit Sicherheit anzunehmen, daß der Trimmer Kayser seinem Leben durch Überbordspringen ein Ende gemacht habe. Der schwächliche Mensch sei der schweren Arbeit nicht gewachsen gewesen und der 2. Maschinist Hampe habe keine Rücksicht auf seine Klagen genommen, sondern ihn durch Drohungen zum Weiterarbeiten zwingen wollen. Durch diese falsche und rohe Behandlung des Mannes habe der 2. Maschinist gezeigt, daß er sich auf die Behandlung von Untergebenen nicht verstehe. Es werde daher der Antrag gestellt, dem Maschinisten die Befugnis zur Ausübung des Maschinistengewerbes zu entziehen.

Gründe. Da das Schiff zur Zeit des Verschwindens des Mannes völlig ruhig lag, ist die Annahme eines Unfalls hier fast ausgeschlossen. Da außerdem der Trimmer Kayser schon früher dem

Trimmer Kirchner gegenüber geäußert hat, er werde über Bord springen, wenn er zu der 2. Wache komme, und seine Schuhe an der Reeling gefunden wurden, so kann mit Sicherheit angenommen werden, daß der Mann absichtlich über Bord gegangen ist.

Die Ursache der Tat ist darin zu suchen, daß der unbefahrene schwächliche Mensch der heißen Arbeit des Trimmens nicht gewachsen gewesen ist. An Bord war auf der ganzen Reise auf die schwächliche Konstitution des Mannes in weitgehender Weise Rücksicht genommen worden, und es kann natürlich nichts dagegen gesagt werden, daß man ihn als Trimmer arbeiten ließ, nachdem zwei andere Trimmer erkrankt waren, da der Mann als Trimmer angenommen und bei der ärztlichen Untersuchung als gesund befunden war.

Daß der Mann durch die Drohungen, welche der Maschinist Hampe gegen ihn ausgestoßen hat, als er sich unfähig zum Weiterarbeiten meldete, in den Tod getrieben sei, kann das Seeamt nicht als erwiesen ansehen, umsoweniger, als der Mann den Gedanken des Überbordspringens schon früher geäußert hatte. Die Drohung mit Ohrfeigen sowie die Warnung vor den Folgen, wenn andere Trimmer seine Arbeit tun müßten, erscheinen überhaupt nicht geeignet, einen Menschen in den Tod zu treiben, und es würde dem Maschinisten jedenfalls zugute gerechnet werden müssen, daß er solche Folgen seiner Worte nicht hätte voraussehen können.

Wenn man anderseits berücksichtigt, daß der Maschinist Hampe den Mann nicht mißhandelt hat und ihn in den wesentlich kühleren Bunker zu einer leichteren Arbeit geschickt hat, so wird man ihm daraus, daß er den Mann zunächst für einen Simulanten hielt und ihn deshalb zunächst mit harten Worten zum Weiterarbeiten zu veranlassen suchte, einen so schweren Vorwurf nicht machen können, wie es der Reichskommissar getan hat. Der Maschinist ist für das richtige Funktionieren der Maschine, also auch für das richtige Dampfhalten, verantwortlich, und es geht dabei bei dem Menschenmaterial, welches sich heutzutage unter dem Heizerpersonal befindet, ohne Strenge und ohne harte Worte nicht ab. Wenn der Maschinist Hampe, welchem von seinen Vorgesetzten ein vorzügliches Zeugnis gegeben wird, sich hier auch offensichtlich vergriffen hat, indem er den Zustand des Mannes nicht erkannte und einen wirklich kranken und erschöpften Mann mit harten Worten zur Arbeit zu zwingen suchte, so kann das Seeamt doch daraus nicht folgern, daß der Maschinist generell seine Unfähigkeit in der Behandlung Untergebener dargetan habe. Es ist ihm deshalb die Befugnis zur Ausübung des Maschinistengewerbes belassen worden.

Nach dem Verschwinden des Trimmers sind Rettungsversuche in sachgemäßer Weise angestellt, aber erfolglos geblieben.

49.
Schleppdampfer „Fairplay V" von Hamburg.
Kesselschäden.
Seeamt Hamburg, 28. August 1912.

Spruch. Die Kesselexplosion, welche am 29. Mai 1911 auf dem Schleppdampfer „Fairplay V" stattgefunden hat, ist auf Wassermangel zurückzuführen.

Der Wassermangel ist durch fahrlässige Behandlung des Kessels und der Speisevorrichtungen seitens des Maschinisten Stoffregen entstanden.

Tatbestand. Der Schleppdampfer „Fairplay V" steht im Eigentum der Schleppdampfschiffsreederei Carl Tiedemann und Pauls & Blohm, Kommandit-Gesellschaft in Hamburg und wird geführt von dem Kapitän August Wilhelm Albert Herzfeldt, Inhaber eines Befähigungszeugnisses zum Schiffer auf kleiner Fahrt von 1906.

Der im Jahre 1901 erbaute Dampfer ist zu 101,70 Reg.-Tons brutto vermessen und führt eine Maschine von 425 ind. Pferdestärken.

Auf diesem Dampfer hat sich am 29. Mai 1911 auf der Fahrt von Cuxhaven nach Hamburg mit 10 Fischerewern im Tau eine Kesselexplosion ereignet, durch welche der Kessel schwere Schäden erlitt. Da ein weiterer Betrieb der Maschine unmöglich war, ging der „Fairplay V" vor Anker und wurde am folgenden Tage nach Hamburg geschleppt.

Bei der in Hamburg von der Baupolizeibehörde, Dampfkessel- und Maschinenrevision, vorgenommenen Untersuchung wurde festgestellt, daß die Feuerbüchsendecken durchgebogen waren und zwar derart, daß von den 12 Deckenankerbolzen 8 Stück ganz ausgerissen, 1 Stück mit abgerissener Mutter, 1 Stück halb in der Mutter sitzend gefunden wurden. In der Backbord-Feuerung waren die Durchbeulungen etwas geringerer Art, jedoch waren auch dort die Deckenankermuttern gelockert. Die Krempen der hinteren Rauchkammerwände waren oben eingeknickt, die Löcher der Rohrwände waren in den oberen Reihen oval, auch waren die Krempen der Rohrwand heruntergegangen. An den Rohrwänden, hauptsächlich an der Backbordseite, zeigten sich starke Salzablagerungen, welche nachweislich von lecken Rohren herrührten.

Die Explosion war offensichtlich durch Wassermangel herbeigeführt, denn das Wasser hatte 220 Millimeter unter der Oberkante der Feuerbüchsen gestanden. Der Wassermangel schien durch die lecken Rohre herbeigeführt zu sein.

Die seeamtliche Untersuchung hat über die näheren Umstände des Unfalls noch das Folgende ergeben:

Es war schon am Himmelfahrtstage, dem 26. Mai, während der Dampfer mit aufgebänkten Feuern in Hamburg lag, ein starkes Lecken der Rohre festgestellt worden. Der Kessel verlor damals in einer Nacht so viel Wasser, daß das Wasser nur noch in halber Höhe im Glase stand. Der Maschinist Wilhelm Hermann Johannes Stoffregen, geboren 1871, Inhaber eines Befähigungszeugnisses zum Maschinisten 4. Klasse von 1906, will dies am anderen Morgen dem Maschineninspektor Macke der Reederei gemeldet, von diesem aber den Bescheid erhalten haben, daß das Schiff jetzt nicht an die Werft könne, in 14 Tagen solle es aber einen neuen Schaft und eine neue Schraube erhalten, man solle daher sehen, sich solange zu behelfen.

Der Inspektor Macke hat demgegenüber bekundet, daß der Maschinist ihm nur gemeldet habe, daß etwas Wasser in der Steuerbordfeuerbüchse gefunden sei, daß die Leckagen aber unbedeutend seien. Er habe ihm darauf gesagt, daß er auf keinen Fall fahren solle, wenn der Kessel lecke und daß ihm sofort Meldung zu machen sei, wenn sich wieder etwas zeige. Daß die Rohre sich beim Abkühlen reckten und dann Wasser durchließen, sei nichts Ungewöhnliches und nicht als Havarie zu bezeichnen, da solche kleinen Leckagen bei normalem Druck wieder beseitigt würden.

Am 27. Mai hat der Schlepper den Hamburger Hafen verlassen, um nach Cuxhaven zu fahren, wo er am 28. und 29. Mai stillgelegen hat, bis er am 29. um 6 U. 30 M. Nm. mit zehn Fischerewern im Tau die Fahrt nach Hamburg antrat.

Während der Fahrt nach Cuxhaven und der Liegezeit dort ist kein Wasserverlust mehr entstanden.

Nachdem die Reise nach Hamburg angetreten war und die Feuer stärker brannten, stellte es sich aber heraus, daß das Wasser schlecht im Kessel zu halten war, was der Maschinist auf mangelhaftes Funktionieren der Speisepumpe zurückführt, welche immer Wasser in die Bilge gelassen habe. Als gegen 10½ U. der Kapitän in den Maschinenraum kam, um den Maschinisten zu ermahnen, gut Dampf zu halten, da der Schleppzug am Morgen in Hamburg sein müsse, hat der Maschinist dem Kapitän gesagt, er könne schlecht Wasser halten, da die Speisepumpe nicht recht funktionieren wolle. Kapitän Herzfeldt hat ihm darauf befohlen, ihm sofort mitzuteilen, wenn der Betrieb sich nicht mehr aufrechterhalten lasse, damit er dann rechtzeitig stoppen könne.

Stoffregen hat dann auch noch den Injektor angestellt und behauptet, daß dadurch allerdings der Wasserspiegel im Kessel nicht gestiegen sei, daß er sich aber auf gleicher Höhe gehalten habe. Etwa eine Viertelstunde vor dem Unfall hat Stoffregen den Wasserstand zum letztenmal kontrolliert uud fand ihn auf der niedrigsten Marke stehend. Darauf hat er sich in die Maschine begeben, während mit voller Kraft weitergefahren wurde. Nach einer Viertelstunde, ungefähr um 11 U., erfolgte plötzlich ein dumpfer Knall, und Feuer, Wasser und Dampf füllten den Heizraum, den der Heizer Wuhrmann rechtzeitig verlassen hatte, da er sah, daß aus dem Steuerbordfeuer schwarzer Rauch hervortrat.

Als die Leute nach etwa 5 Minuten den Heizraum betreten konnten, zogen sie das Backbordfeuer heraus. Das Steuerbordfeuer war verlöscht, das Flammrohr mit Sott und nasser Kohle angefüllt. Der Dampfdruck, welcher vorher 9½—10 Atmosphären betragen hatte, war auf 0 gesunken.

Der Heizer Wuhrmann hat trotz der umfangreichsten Nachforschungen nicht aufgefunden und daher vor dem Seeamt nicht als Zeuge vernommen werden können. Vor der Kesselrevisionsbehörde ist er am 1. Juni 1911 vernommen worden und hat dort wie folgt ausgesagt: Als trotz des Anstellens der Speisepumpe und des Injektors das Wasser mehr und mehr gefallen sei, habe er dies dem Maschinisten gemeldet und hinzugefügt: „Meister, es passiert etwas, wenn Sie nicht dafür sorgen, daß mehr Wasser in den Kessel kommt". Als der Maschinist darauf den Wasserstand durchgeblasen habe, sei aus beiden Hähnen nur Dampf herausgekommen. Daß er trotzdem weitergeheizt habe, erklärte der Heizer jetzt als eine Dummheit. Er sei aber dann auf eine Zeitlang nach oben gegangen, weil er mit dem Betriebe nichts mehr zu tun haben wolle, sei aber wieder in den Heizraum gegangen, um die Feuer durchzustoßen, da der' Dampf weggefallen sei. Als er dann den schwarzen Rauch gesehen habe, welcher aus dem Steuerbordfeuer herausgetreten sei, sei er mit dem Maschinisten an Deck gelaufen. Gleich darauf sei die Explosion erfolgt.

Diese Aussage hat der Heizer auch dem Inspektor Macke gegenüber gemacht und ist insbesondere auf eindringliche Vorhalte des Revisionsingenieurs Prale dabei geblieben, daß er den Maschinisten verschiedentlich gewarnt und aufgefordert habe, sich von dem Wasserstande selbst zu überzeugen.

Der Maschinist Stoffregen hat dem gegenüber entschieden bestritten, daß der Heizer Wuhrmann ihn irgendwie gewarnt oder aufgefordert habe, den Wasserstand zu prüfen. Er habe dies aus eigenem Antrieb getan und es sei, als er das Wasserstandsglas durchgeblasen habe, auch keineswegs Dampf, sondern Wasser aus dem unteren Hahn gekommen. Der Heizer habe den Heizraum öfters verlassen, weil es ihm dort zu heiß gewesen sei und habe nichts davon gesagt, daß er mit dem Betriebe nichts mehr zu tun haben wolle.

Der Reichskommissar hat ausgeführt, daß die Kesselexplosion auf eingetretenen Wassermangel infolge unsachgemäßer Bedienung des Kessels durch den Heizer und ungenügender, sorgloser Überwachung durch den Maschinisten Stoffregen zurückzuführen sei. Von einem Antrag auf Entziehung der Befugnis zur Ausübung des Maschinistengewerbes gegen den Maschinisten Stoffregen werde Abstand genommen, da die den Maschinisten belastenden Aussagen des Heizers nicht eidlich erhärtet seien.

G r ü n d e. Die Ursache der Kesselexplosion liegt hiernach zweifellos in eingetretenem Wassermangel und dieser muß wiederum darauf zurückgeführt werden, daß der Kessel während der Fahrt von Cuxhaven an wieder stark geleckt haben muß, und daß die Maschinenspeisepumpe nicht ordentlich funktioniert hat. Da der Kessel während der Fahrt nach Cuxhaven und der Liegezeit dort dicht gewesen ist, muß mit dem Inspektor Macke angenommen werden, daß die neuerlichen Leckagen erst während der Reise wieder durch irgendeinen Fehler des Maschinisten entstanden sind.

Mit diesem lecken Kessel, in dem das Wasser mit allen Mitteln nicht zu halten war, ist nun mit voller Kraft und voll brennenden Feuern so lange weitergefahren worden, bis der Kessel explodiert ist. Für diese außerordentlich schwere Unvorsichtigkeit erscheint der Maschinist in vollem Umfang verantwortlich und zwar trifft ihn ein sehr schwerer Vorwurf auch dann, wenn man der Entscheidung nur das zu Grunde legt, was er selbst einräumt und die Aussage des Heizers Wuhrmann als nicht beeidigt und vielleicht von Übelwollen beeinflußt ausscheidet.

Der Maschinist gibt zu, daß er den Wasserverlust bemerkt hatte, und daß es ihm trotz Anstellens der Speisepumpe und des Injektors nicht gelungen war, den Wasserstand über die niedrigste Marke hinaufzubringen. Er gibt ferner zu, daß er sich dann dabei beruhigt und während der nächsten Viertelstunde den Wasserstand nicht weiter beobachtet hat, während welcher mit Volldampf weitergefahren wurde. In diesem von dem Maschinisten zugegebenen Verhalten liegt eine schwere Fahrlässigkeit und eine leichtsinnige Gefährdung des Schiffes und der Besatzung.

50.

Dampfer „Pretoria" und Tjalk „Orient", beide von Hamburg.

Zusammenstoß.

Seeamt Hamburg, 31. August 1912.

Spruch. Am Morgen des 10. Juli 1912 hat auf der Elbe zwischen Kamperreihe und Krautsand ein Zusammenstoß zwischen dem Dampfer „Pretoria" und der Tjalk „Orient" stattgefunden, durch welchen die letztere zum Sinken gebracht wurde.

Der Unfall ist darauf zurückzuführen, daß die feste Hecklampe, welche die Tjalk geführt hat, aus nicht aufzuklärender Ursache auf dem Dampfer zu spät gesichtet ist. Daß auf der „Pretoria" mangelhafter Ausguck gehalten sei, oder mangelhafte Aufmerksamkeit geherrscht habe, hat nicht festgestellt werden können.

Die Führung der Tjalk „Orient" trifft keine Schuld, insbesondere sind auch Einwendungen gegen die Art der Anbringung des Hecklichts nicht zu erheben.

Tatbestand. Die „Pretoria" hatte am 9. Juli gegen 10 U. Nm. den Hamburger Hafen mit der Bestimmung nach Philadelphia verlassen und fuhr unter Assistenz des Lotsen Johann Berend Jorjan bei flauem nördlichen Winde elbabwärts. Im Vortopp führte sie die rote Wegerechtslampe. Zwischen Blankenese und Schulau trat Ebbe ein, der Wind drehte allmählich bis NOzN und wehte in Stärke 3, die Nacht war klar und feuersichtig. Als man mit voller Kraft etwa 12 Meilen über den Grund fahrend bei Kamperreihe in die Leitlinie der Krautsand-Feuer eingebogen war, befanden sich auf der Brücke der Kapitän, der Lotse, der 2. Offizier Ahrens und der 4. Offizier Busse, der Ausguck im Mastkorb war mit dem Matrosen Kehres besetzt.

Man hielt die Leitfeuer von Krautsand ineinander recht voraus und hatte außerdem die Hecklichter von drei voraus befindlichen Dampfern in Sicht, von denen zwei die „Pretoria" kurz vorher überholt hatten. Im Fahrwasser vor der „Pretoria" hat keiner der Zeugen, welche alle gut nach vorn ausgesehen haben wollen — der Kapitän und der Lotse haben sich dabei ihrer Nachtgläser bedient —, etwas gesehen. Dagegen lagen weit entfernt an der Südseite ein Segler, dessen weißes Licht Lotse Jorjan gesehen hat, und etwas voraus und erheblich nördlicher im Fahrwasser zwei Segler, deren Hecklichter der Ausgucksmann einige Zeit vor der Kollision ausgesungen hat, und welche er zur Zeit der Kollision noch an Steuerbord gesehen hat. Diese Hecklichter hat auch der Rudersmann Kreft und der Lotse Breckwoldt, welcher auf der einige Schiffslängen hinter der „Pretoria" liegenden „Johanna Lehmann" als Lotse fungierte, gesehen, während der Lotse Jorjan die Fahrzeuge selbst gesehen haben will, aber entschieden bestreitet, daß sie Hecklichter gezeigt hätten. Plötzlich gewahrte der Lotse Jorjan durch sein Nachtglas 1/4 Strich an Steuerbord voraus einen dunklen Gegenstand, auf welchem in diesem Augenblick noch kein Licht zu sehen war. Der Lotse ließ sofort die Backbord-Maschine auf volle Kraft rückwärts setzen und das Ruder Hartbackbord legen, dann auch die Steuerbord-Maschine auf volle Kraft rückwärts setzen. Der Zusammenstoß erfolgte aber schon in etwa 10 Sekunden. Erst im Augenblick vor dem Zusammenstoße hat der Lotse ein Licht auf dem Fahrzeug gesehen, und er ist der Überzeugung, daß das Licht bis dahin irgendwie verdeckt gewesen sein muß.

Die gleichen Beobachtungen haben Kapitän Maaß, der 2. Offizier Ahrens und der 4. Offizier Busse gemacht. Alle diese Zeugen haben ungefähr in demselben Augenblick, als das Kommando Hartbackbordruder gegeben wurde, ein Licht gesehen und sind alle der Meinung, daß es bis dahin verdeckt gewesen sein müsse. Der Ausgucksmann Matrose Kehres hat zuerst das Krachen und Splittern des Zusammenstoßes gehört und erst gleich nach dem Zusammenstoß ein Licht auf dem angerannten Fahrzeug gesehen, welches aber gleich wieder verschwand. Unter dem ersten Eindruck rief er nach dem Segler hinunter: „Ja, jetzt ist es zu spät!"

Der 4. Offizier warf nach der Kollision zwei Rettungsringe mit Wasserlichtern über Bord und ließ mit seiner Wache ein Rettungsboot zu Wasser. Das Boot wurde aber nicht abgeschickt, da inzwischen die Besatzung der angerannten Tjalk in ihrem Schiffsboot längsseit kam.

Der Schiffer Pahl der Tjalk beabsichtigte, in dem Schiffsboot nach seinem Wohnort Wewelsfleth zu rudern und wurde, damit er sicher dorthin gelange, mit Lampe und 2 Riemen versehen.

Die Tjalk „Orient" befand sich auf der Fahrt von Blankenese nach Glückstadt mit einer Kiesladung. Die Besatzung bestand aus dem Schiffer Pahl und dem Bestmann Schwendemann. Als die „Pretoria" nahte, lag die Tjalk nach Aussage des Schiffers Pahl bei flauem nördlichen Winde etwa WzN an und hatte die Feuer von Krautsand ungefähr 1½ Fuß auseinander. Schiffer Pahl sah die mit der Wegerechtslampe abwärts kommende „Pretoria" schon geraume Zeit vor der Kollision und behielt seinen Kurs bei. Er behauptet, schon am Winde gelegen zu haben, so daß er nicht mehr habe anluven können und über Stag habe er nicht gehen können, da an seiner Steuerbordseite zwei Ewer gelegen hätten, mit denen er beim Überstaggehen unfehlbar zusammengeraten wäre. Er habe es auch nicht für nötig gehalten, der „Pretoria" weiter aus dem Wege zu gehen, da er erheblich nördlich der Leitlinie gelegen und gemeint habe, daß der die Wegerechtslampe führende Dampfer gehalten gewesen sei, in der Leitlinie zu fahren, ihn hier also zu Süden zu passieren. Er habe eine feste Hecklampe geführt, welche in einem am Kajütsoberlichte befestigten Szepter an Backbord etwa ½ Meter über Deck so angebracht gewesen sei, daß sie nicht verdeckt gewesen sein könne. Die Lampe selbst sei von der Seewarte geprüft und für genügend befunden, das Attest der Seewarte wurde überreicht.

Als die „Pretoria" sich in gefahrdrohender Weise näherte, hat Schiffer Pahl den Bestmann in das Boot gehen und das Boot nach vorn holen lassen. Er selbst blieb am Ruder der Tjalk, bis der Zusammenstoß erfolgte. Die Tjalk wurde an Backbord des Hecks von dem Steuerbordbug der „Pretoria" getroffen und herumgeworfen, so daß die Tjalk mit der Backbordseite mittschiffs vor den Steven der

„Pretoria" geriet und zum Sinken gebracht wurde. Der Schiffer Pahl konnte sich noch rechtzeitig in sein Boot begeben.

Das Seeamt hat, nachdem die Tjalk wieder gehoben war, eine Besichtigung des Fahrzeugs in Wewelsfleth vorgenommen, um insbesondere zu untersuchen, ob und eventuell auf welche Weise das Hecklicht der Tjalk für die „Pretoria" verdeckt gewesen sein könnte. Es wurde festgestellt, daß die Tjalk an Backbordseite mittschiffs eine von der Reeling bis zur Wasserlinie reichende Einbeulung zeigte. Das Kajütsoberlicht, die Ruderpinne und die Hecklampe fehlten. Schiffer Pahl und der Bestmann Schwendemann zeigten am Schiffe, wie die Lampe befestigt gewesen war. Sie hatte hiernach etwa 25 Zentimeter von der Backbordreeling und ungefähr 1 1/2 Meter vom Heck mit der Unterkante etwa 35 Zentimeter über Deck gestanden. Hinter der Lampe war das Heck völlig frei gewesen. Der Besanbaum hatte so hoch gestanden, daß die Leute an Deck stehend mit der Hand eben an ihn hatten heranlangen können. Vom Ende des Besanbaums war die doppelte Besanschot an die Ruderpinne herangeholt gewesen. Schiffer Pahl führte hierzu noch aus, diese Schot sei ungefähr so dick gewesen wie ein kleiner Finger und habe das Licht nicht verdecken können. Die Ruderpinne sei zwar über das Oberlicht hinweggegangen, habe aber nur bis an die Lampe heran übergelegt werden können, so daß auch die Pinne die Lampe nicht habe verdecken können. Im vorliegenden Falle habe die Pinne überdies nicht nach Backbord, sondern nach Steuerbord übergelegen, da man am Winde liegend das Ruder etwas nach Lee überlegen müsse. Er selbst habe an der Pinne an der Steuerbordseite, also nicht vor der Lampe gestanden.

Außer den zu den Besatzungen der beiden Schiffe gehörigen Zeugen sind vor dem Seeamt noch die Lotsen Breckwoldt und Sinn, welche zwei hinter der „Pretoria" abwärts fahrende Dampfer — „Johanna Lehmann" und „Henny Woermann" — gelotst haben, sowie die Schiffer der beiden Ewer vernommen worden, welche sich zur Zeit der Kollision an Steuerbord der Tjalk befunden haben. Beide Lotsen bestätigen, daß die „Pretoria" sich in der Leitlinie der Krautsand-Feuer gehalten habe. Lotse Breckwoldt hat ferner mit Bestimmtheit bekundet, daß die beiden Ewer an der Steuerbordseite der „Pretoria" Hecklichter geführt hätten und daß nicht etwa eins dieser Lichter zu der Tjalk „Orient" gehört habe. Er hat nach der Kollision mit Hartbackbordruder hinter diesen Lichtern herumgehalten.

Der Schiffer Hennings des Ewers „Johanna" hat vor der Kollision mit seinem Ewer etwa 100 Meter nördlicher als die Tjalk „Orient" etwas hinter ihr gelegen und segelte beim Winde an den Stacks an der Nord entlang. Er hat die brennende Hecklampe der Tjalk „Orient" gesehen. Seine eigene Hecklampe stand brennend an Deck, war aber seiner Aussage nach mit einem Sack zugedeckt, da man keine Veranlassung hatte, das Hecklicht zu zeigen. Er meint, daß sein Ewer die Tjalk „Orient" am Überstaggehen nicht gehindert habe.

Der Schiffer Umland des Ewers „Anny Umland" lag mit seinem Schiffe etwa zwei Schiffslängen hinter dem Ewer „Johanna" und ist einige Zeit vor der Kollision über Stag gegangen, um der abkommenden „Johanna Lehmann" aus dem Wege zu gehen. Der Ewer, welcher ein festes, hinten an der Reeling angebrachtes Hecklicht führte, segelte jetzt mit Backbordhalsen nach der Nord hinüber und hat in dieser Lage die Tjalk „Orient" jedenfalls nicht mehr am Überstaggehen gehindert.

Der Reichskommissar hat den Zusammenstoß darauf zurückgeführt, daß das Hecklicht der Tjalk trotz scharfen Ausgucks erst unmittelbar vor dem Zusammenstoße von der „Pretoria" gesichtet wurde.

Das Hecklicht der Tjalk sei nicht am Heck, sondern in Höhe der achteren Luke seitlich über dem Deck fest angebracht gewesen. Diese Anbringung des Hecklichts sei nicht einwandfrei, da ein Verdecken des Lichtes durch Ruder, Ruderpinne, Schoten und Segel möglich erscheine.

Inwieweit im vorliegenden Falle etwa ein Verdecken des Lichtes stattgefunden habe, habe nicht festgestellt werden können, da bei der Besichtigung Mast, Segel und Ruder nebst Pinne gefehlt hätten.

Eine Kontrolle der sachgemäßen Anbringung der festen Hecklichter auf diesen Fahrzeugen erscheine dringend erforderlich.

Gründe. Es bestehen Widersprüche unter den Zeugenaussagen hier lediglich mit Bezug auf die Lichter der beiden Ewer, welche zur Zeit der Kollision an Steuerbord der Tjalk gesegelt haben. Während die Ewerschiffer selbst aussagen, daß nur der hintere dieser Ewer ein Hecklicht geführt habe und daß das an Deck stehende Hecklicht des vorderen Ewers mit einem Sack zugedeckt gewesen sei, haben der Lotse Jorjan auf diesen Ewern überhaupt kein Licht, dagegen mehrere andere Zeugen, darunter der an der Kollision unbeteiligte, also völlig unparteiische Lotse Breckwoldt auf beiden Ewern ein weißes Licht gesehen.

Eine Lösung dieser Widersprüche war nicht möglich und auch für die Entscheidung nicht notwendig, da jedenfalls durch die Aussagen des Ausgucksmannes und des Lotsen Breckwoldt durchaus erwiesen ist, daß von den zwei weißen Lichtern, welche diese Zeugen gesehen haben, keins zu der Tjalk „Orient" gehört hat, da die Lichter noch nach der Kollision weiter nördlich gesehen sind.

Damit steht fest, daß das Licht der Tjalk „Orient" erst im letzten Augenblick vor der Kollision auf der „Pretoria" gesichtet ist, und daß hierin die Ursache der Kollision zu finden ist.

Aus welchem Grunde das Licht so spät gesehen ist, hat das Seeamt nicht aufklären können.

Auf der einen Seite hat die Untersuchung ergeben, daß auf der Brücke der „Pretoria" der Kapitän, der Lotse, zwei Offiziere und der Rudersmann und im Mastkorb der Ausgucksmann nach vorn ausgesehen und andere Lichter, nicht aber das Licht der Tjalk gesehen haben. Daß also das Licht, wenn es sichtbar gewesen ist, in der klaren feuersichtigen Nacht von allen diesen Zeugen schuldhafterweise übersehen sein könnte, fällt schwer zu glauben.

Auf der anderen Seite steht fest, daß die geführte Lampe die vorschriftsmäßige Sichtweite hatte und daß sie so angebracht war, daß nicht einzusehen ist, auf welche Weise sie für die nahende „Pretoria" verdeckt gewesen sein könnte. Wenn man die beeidigten Aussagen des Schiffers Pahl und seines Bestmannes zu Grunde legt, so könnte hier nur die Besanschot in Frage kommen, welche vom Ende des hochstehenden Besanbaums nach dem Ruderkopfe geführt war. Daß diese dünne Schot aber dauernd das Licht auf dem doch nicht ganz fest auf seinem Kurse liegenden Segler verdeckt haben sollte, erscheint so außerordentlich unwahrscheinlich, daß das Seeamt auch mit dieser Möglichkeit nicht rechnen kann.

Unter diesen Umständen hat das Seeamt dem Reichskommissar auch darin nicht beitreten können, daß die Anbringung des Hecklichts auf der Tjalk nicht einwandfrei erscheine, da das Licht nicht direkt am Heck angebracht sei und ein Verdecken des Lichtes durch Ruder, Ruderpinne, Schoten und Segel möglich erscheine.

Daß diese kleinen Fahrzeuge neuerdings auf Veranlassung ihrer Versicherungskompakte zum Teil dazu übergegangen sind, feste Hecklichter zu führen, ist als ein wesentlicher Fortschritt zu begrüßen, da zahlreiche Unfälle durch das verspätete Zeigen des losen Hecklichts hervorgerufen sind und immer noch hervorgerufen werden.

Ein wesentlicher Einwand, der von den Kleinschiffern immer gegen das feste Hecklicht erhoben wird, liegt darin, daß die Anbringung des festen Lichtes am Heck beim Steuern mit der Ruderpinne schwierig sei, und es ist die Berechtigung dieses Einwandes nicht zu verkennen.

Die Art, in welcher der Schiffer Pahl hier dieser Schwierigkeit begegnet ist, erscheint aber dem Seeamt durchaus zweckentsprechend. Daß das Licht direkt hinten am Heck angebracht werden müsse, ist in der Seestraßenordnung nicht vorgeschrieben, und es ist anzuerkennen, daß das Licht auch dann noch „vom Heck aus" gezeigt wird, wenn es etwa 1—2 Meter innenbords vom Ruder entfernt auf dem Hinterteil des Schiffes angebracht wird. Auch auf größeren Dampfern wird das Hecklicht meistens nicht an der Heckreeling, sonders innenbords hinten an irgendeinem Aufbau befestigt.

In solchem Fall muß nur darauf gesehen werden, daß das Licht nicht nach hinten irgendwie verdeckt wird, und auch diesem Erfordernis ist im vorliegenden Fall, wie aus dem früher Ausgeführten hervorgeht, in genügender Weise entsprochen worden.

Da die Anbringung des festen Hecklichts direkt am Heck bei diesen tiefliegenden Schiffen auch die Gefahr mit sich bringt, daß das Licht durch Seeschlag verlöscht, so hat das Seeamt gegen die hier gewählte Art der Anbringung des Lichtes Einwendungen nicht erheben zu sollen geglaubt.

Bei Beurteilung der Navigierung der Tjalk wirft sich noch die weitere Frage auf, ob hier nicht auf seiten der Tjalk ein Verstoß gegen den § 14 der Verordnung für die Schiffahrt auf der Unterelbe vorliegt, nach welchem die Tjalk verpflichtet war, der die Wegerechtslampe führenden „Pretoria" aus dem Wege zu gehen.

Es erscheint zwar nach dem Ergebnis der Verhandlung nicht zweifelhaft, daß der Schiffer Pahl sich über die Bedeutung dieser Vorschrift im Irrtum befand, da er der Ansicht war, daß ein die Wegerechtslampe führender Dampfer stets die Leitlinie halten müsse.

Als Schiffer Pahl also Kurs hielt, anstatt aus- dem Wege zu gehen, hat er unter dem Einfluß dieses Irrtums gestanden, wenn auch vielleicht die Überlegung mitgewirkt hat, daß er wegen der an seiner Steuerbordseite liegenden Ewer nicht über Stag gehen könne.

Wenn der Schiffer Pahl hier aber auch aus irrtümlichen Motiven gehandelt hat, so kann ihm doch eine schuldhafte Navigierung nicht zur Last gelegt werden, weil er tatsächlich das Richtige getroffen hat, als er auf seinem Kurse liegen blieb.

Da nämlich die Tjalk ebenso wie die „Pretoria" sich ungefähr in der Leitlinie befunden haben müssen und die tiefe Rinne, auf welche die „Pretoria" Anspruch hatte, hier nördlich der Leitlinie verläuft, so muß anerkannt werden, daß der Schiffer Pahl garnicht sicher wissen konnte, ob er überhaupt der „Pretoria" im Wege liegen würde, und nach welcher Seite er eventuell aus dem Wege zu gehen habe. Bei solcher Unsicherheit war es für ihn das Richtigste, zunächst auf seinem Kurse zu bleiben und abzuwarten, wie sich die Situation beim weiteren Nahen der „Pretoria" gestalten würde.

Aus dem § 14 der zitierten Verordnung konnte Schiffer Pahl hier überdies keine Belehrung für sein Verhalten schöpfen, da diese Vorschrift überaus unklar gefaßt ist. Während die Vorschrift sich ihrem Wortlaut nach unzweifelhaft auf Segler und Dampfer bezieht, ist im vorletzten Absatz des § 14 gesagt, daß ein die Wegerechtslampe führendes Fahrzeug ein anderes nicht überholen darf, bevor dieses mit dem Viertönesignal und dem Ausweichsignal nach Artikel 28 der Seestraßenordnung geantwortet hat. Da ein Segler nicht signalisieren kann, ergeben sich die gewichtigsten Zweifel über die Bedeutung des § 14, sobald ein Segler beim Überholen oder Überholtwerden beteiligt ist. Es liegt sogar nahe, aus vorstehendem Grunde die Vorschrift überhaupt nur auf den Fall zu beziehen, daß ein die Wegerechtslampe führender Dampfer einen anderen die Lampe nicht führenden Dampfer überholt. Beim Vorliegen solcher Unklarheit in der gesetzlichen Vorschrift wird man jedenfalls einem Tjalkschiffer keinen Vorwurf machen können, wenn er dem verborgenen Sinne des Gesetzes zuwiderhandelt.

Das Seeamt hat aus diesen Gründen der Führung der Tjalk keine Schuld an dem Unfall zur Last legen können.

51.

Dampfer „Barmen" und „Frankfurt" von Bremen. Zusammenstoß.

Seeamt Bremerhaven, 31. August 1912.

Spruch. Am Morgen des 11. August 1912 kurz nach 2 U. haben etwa 5 sm nordöstlich von Haaks Feuerschiff bei Helder der Bremer Frachtdampfer „Barmen" (LRMK) und der

Bremer Passagierdampfer „Frankfurt" (QGWB) miteinander kollidiert. Dampfer „Barmen" hat sich den Bug völlig eingedrückt, während Dampfer „Frankfurt" infolge alsbaldigen Vollaufens des Kesselraums völlig manövrierunfähig geworden ist und nach Rotterdam hat eingeschleppt werden müssen. Passagiere und Mannschaften der beteiligten Dampfer sind unverletzt geblieben.

Die Ursache der Kollision und die etwaige Schuld an ihr ist bei den sehr erheblichen Widersprüchen in den Aussagen der beiderseitigen Schiffsbesatzungen über das gegenseitige Sichten von Seitenlichtern, über die gewechselten Schallsignale und über die Rudermanöver des Dampfers „Barmen" nicht einwandfrei festzustellen gewesen. Jedoch hätten auch nach ihren eigenen Darstellungen der Sachlage Dampfer „Barmen" nach Artikel 19, 21 der Seestraßenordnung noch länger Kurs halten, Dampfer „Frankfurt" nach Artikel 27 a. a. O. vorsichtshalber dem Gegendampfer durch Ruderlegen mehr Platz zum Passieren grün gegen grün geben müssen.

Das Verhalten beider Schiffsleitungen nach dem Zusammenstoß entsprach den Vorschriften über Hilfeleistung nach einem Zusammenstoße von Schiffen auf See. Die dem havarierten Dampfer „Frankfurt" durch die Neptundampfer „Juno" und „Themis" geleistete Hilfe ist anzuerkennen.

Die Maßregeln zur Sicherung und Rettung der Passagiere des Dampfers „Frankfurt" und der ganze Dienstbetrieb an Bord dieses Dampfers hierbei sowie die Rettungseinrichtungen haben allen gerechten Anforderungen durchaus genügt.

Gründe. Bei der Beweisaufnahme vor dem Seeamt haben die Bekundungen der beiderseitigen Zeugen über Hergang und Ursachen der Kollision so erhebliche Widersprüche ergeben, daß eine, die beiden Darstellungen aufrecht erhaltende und vereinigende Feststellung des Tatbestandes nicht möglich gewesen ist. Die näheren Schilderungen des Vorfalls von beiden Teilen sind folgende.

Dampfer „Frankfurt" hatte auf der Reise von Hamburg nach Canada über Bremerhaven letzteren Hafen am 10. August 12 U. 15 M. Nm. verlassen. An Bord befanden sich 436 Reisende, alles Zwischendecker 3. Klasse (der Dampfer führt keine 1. und 2. Klasse). Die Auswanderer waren bis auf ungefähr 70 Deutsche lauter Russen und Polen. 11 U. 30 M. Nm. wurde Terschellingbank-Feuerschiff r./w. S. 20° O $3^1/_2$ sm ab passiert. Kapitän Hattorf bestimmte sodann den Kurs S 33°W wahr auf Haaks-Feuerschiff und übergab diesen dem wachehabenden 2. Offizier Laas. Der Kapitän gab zugleich Anweisung, der 1. Offizier Mirow, der Mitternacht die Wache antreten mußte, sollte ihn (den Kapitän) wecken, sobald er Haaks Feuerschiff an Steuerbord in 1 sm Abstand passiert hätte. Inzwischen wollte sich Kapitän Hattorf, da er schon die vorige Nacht und jetzt wieder bis Mitternacht auf der Brücke gestanden hatte, auf dem Sofa in seinem Zimmer etwas ausruhen. Das Wetter war derzeit sehr schön und klar, auch sehr feuersichtig. Der Dampfer machte bei voller Fahrt voraus etwas über 11 Knoten.

12 U. Mn. übernahm der 1. Offizier Mirow (43 Jahre alt, seit 1897 im Besitze eines Befähigungszeugnisses zum Schiffer auf großer Fahrt) die Wache mit dem 3. Offizier (gleichfalls Schiffer auf großer Fahrt) Filter. Der Kurs S 33°W r./w. wurde weiter gesteuert. 12 U. 52 M. Vm. peilte Eierland-Feuer r./w. S 57°O, 11 sm entfernt, Kykduin-Feuer r./w. S 14°O. 1 U. 35 M. sichtete man Haaks Feuerschiff etwa 1 Strich an Backbord. 1 U. 40 M. Vm. änderte man den Kurs auf r./w. S 14°W, um das Feuer in etwa 1 sm Abstand an Steuerbord zu lassen.

1 U. 45 M. Vm. hatte man mehrere weiße Feuer an Steuerbord voraus in Sicht; darunter 1 Strich voraus einen anscheinend etwa auf Gegenkurs liegenden Dampfer, dessen beide Toppfeuer klar an Steuerbord zeigten und der nach Steuerbord weiter auswanderte. Der 1. Offizier Mirow nahm nach der Kursänderung eine Sternenbeobachtung zur Bestimmung der Deviation (solche Deviationsbestimmungen bei Kursänderungen sind den Offizieren des Lloyd durch allgemeine Dienstanweisung vorgeschrieben) und schickte den 3. Offizier Filter zur Ausrechnung in das Kartenhaus. Der 1. Offizier Mirow und der 3. Offizier Filter konnten derzeit trotz verhältnismäßig geringer Entfernung des Gegendampfers sein grünes Feuer noch nicht erblicken, obwohl der Dampfer nach der Stellung seiner Toppfeuer der „Frankfurt" ganz zweifellos seine Steuerbordseite zeigen mußte. Dagegen haben der im Mastkorb postierte Ausgucksmann und der ohne besondere Funktion an Deck befindliche 1. Bootsmann nach ihren eidlichen Aussagen das grüne Seitenfeuer des Gegendampfers klar an Steuerbord (nach Angabe des Bootsmanns auf eine Entfernung von etwa 3 sm) gesichtet.

Als der 3. Offizier nach Ausrechnung der Kurspeilung kurz vor 2 U. wieder auf die Brücke kam, erblickten beide Offiziere gleichzeitig nunmehr das rote Seitenfeuer des Gegendampfers an Steuerbord, reichlich zwei Strich peilend und mindestens eine Seemeile entfernt. Im selben Augenblick gab der Gegendampfer einen kurzen Ton mit der Dampfpfeife. Dieser wurde vom Dampfer „Frankfurt" gleichfalls mit einem kurzen Ton beantwortet und das Ruder hart Steuerbord gelegt. Dieses war 2 U. Vm. Während der Rudersmann noch das Ruder überlegte und ehe noch Dampfer „Frankfurt" (wie der Rudersmann, Steuerer Polage, unter Eid bestimmt bekundet hat) darauf überhaupt abgefallen war, sahen beide Offiziere dieses Dampfers den Gegendampfer hart nach Backbord drehen. Dieses Manöver ist an dem Durchwandern der beiden Toppfeuer und dem Wiederauftauchen des grünen Seitenfeuers klar erkannt. Gleichzeitig hörte man zwei kurze Töne der Dampfpfeife des Gegendampfers. In der Annahme, daß der Gegendampfer sein früheres Manöver aufgäbe, und da Dampfer „Frankfurt" noch nicht nach Steuerbord drehte, wurde sein Ruder zurück nach hart Backbord gelegt und die Backbordmaschine zur Unterstützung des Manövers auf „voll rückwärts" gestellt. Zugleich wurden zwei kurze Töne als Antwort gegeben. Als Dampfer „Frankfurt" bereits in der Drehung nach Backbord war, hörte man wiederum einen kurzen Ton von dem Gegendampfer, der nunmehr nach Steuerbord abfallend rechtwinklig auf Dampfer „Frankfurt" zusteuerte. Da eine Kollision nun unvermeidlich war, wurde auch die Steuerbordmaschine der „Frankfurt" auf „voll rückwärts" gesetzt und dieses Manöver durch drei kurze Töne mit der Dampfpfeife angezeigt. Der Gegendampfer antwortete mit dem gleichen Signal. Kapitän Hattorf war, durch das Signal von zwei kurzen Tönen der „Frankfurt" aus dem Halbschlummer aufgeweckt, inzwischen auf der Brücke erschienen. Derzeit war der Gegendampfer nur noch etwa 50 m entfernt und die Kollision bereits unvermeidlich. Gleich darauf, 2 U. 5 M. (5° O Zeit) erfolgte die Kollision. Der fremde Dampfer traf die derzeit bis SOzO 1/4 O = S 59 °O r./w. abgefallene (wie von Kapitän und 1. Offizier am Kompaß kontrolliert ist) und still im Wasser liegende „Frankfurt" mit großer Kraft ziemlich rechtwinklig im Steuerbord-Hinteren-Kesselraum. (Nach dem Maschinentagebuch der „Frankfurt" ist 2 U. Vm. die Backbordmaschine, 2 U. 1 M. auch die Steuerbordmaschine voll rückwärts gesteuert, 2 U. 3 M. erfolgte die Kollision, 2 U. 5 M. wurden beide Maschinen gestoppt.)

Die Zeugen der „Barmen" stellen den Verlauf der Dinge bis zur Kollision folgendermaßen dar:

Dampfer „Barmen“ hatte am 10. August 6 U. 30 M. Nm. Rotterdam mit einer geringen Teilladung Stückgüter (200 Tonnen) für Bremerhaven verlassen. Der Tiefgang betrug vorne 7′ 2″, hinten 11′ 5″. Bei mäßiger nördlicher, später NNWlicher Brise passierte man am 11. August 1 U. 35 M. Vm. Haaks Feuerschiff an Backbord nahebei, Kurs NNO, und änderte dann den Kurs auf NO 1/4 O. Schon vor dem Passieren von Haaks Feuerschiff hatte sich Kapitän Sagcob auf die Brücke begeben, wo derzeit der 2. Steuermann Klapper (Schiffer auf großer Fahrt) Wache hatte. Ausguck auf der Back war besetzt. Die Fahrt des Dampfers betrug 10 Knoten.

Kurze Zeit nach Änderung des Kurses sichtete man 3/4 Strich an Backbord voraus die Topplaternen und das grüne Feuer eines auf ungefähr entgegengesetztem Kurse liegenden Dampfers. Der Gegendampfer, welchem man dem Kurse entsprechend ständig rot zeigte, behielt seinen Kurs dauernd bei. Nach ungefähr 20 Minuten hatten sich beide Schiffe einander bis auf etwa 1 sm, vielleicht auch noch etwas weiter entfernt, genähert. Da der Gegendampfer noch keine Anstalten zum Ausweichen machte und, wenn dieses nicht baldigst geschah, eine Kollision drohte, gab Kapitän Sagcob einen kurzen Ton mit der Dampfpfeife und legte das Ruder Steuerbord. Am Ruder stand der Matrose Joost (ein Russe mit dem russischen Befähigungszeugnisse zum Seesteuermann). Das Signal wurde von dem Gegendampfer nicht beantwortet, auch bei ihm ein Ausweichemanöver nicht beobachtet. Nach etwa einer Minute wiederholte Dampfer „Barmen“, der inzwischen etwa 1 1/2 bis 2 Strich abgefallen war, den kurzen Ton mit der Dampfpfeife und legte das Ruder hart Steuerbord. Dieses Signal wurde jetzt von dem Gegendampfer mit zwei kurzen Tönen beantwortet. Da bei diesen entgegengesetzten Ausweichemanövern eine Kollision unvermeidlich war, gab Dampfer „Barmen“ mit der Maschine volle Kraft rückwärts — nach dem Maschinentagebuche 1 U. 58 M. Vm. — und zeigte solches durch drei kurze Töne an. Die Zeit zwischen dem ersten Steuerbordruder und dem Rückwärtsarbeiten wird von Kapitän Sagcob auf 2 1/2 bis 3 Minnten geschätzt. Der Gegendampfer beantwortete das letzte Signal gleichfalls mit drei kurzen Tönen der Dampfpfeife. Nachdem die Maschine der „Barmen“ etwa eine Minute rückwärts gearbeitet hatte, erfolgte der Zusammenstoß. Der andere Dampfer hatte noch ziemlich viel Fahrt voraus.

Nach dem Zusammenstoße kamen beide Schiffe alsbald wieder von einander frei. Dampfer „Barmen“ stoppte um 2 U. und untersuchte seinen eigenen Schaden. Er hatte den Vordersteven gebrochen und den Bug scharf im rechten Winkel nach Steuerbord hinüber gedrückt; die Vorpiek war vollgelaufen, doch hielt das Kollisionsschott und bestand keine Gefahr des Sinkens. Im Kesselraume waren durch eine zeitweilige ruckweise Verschiebung der Kessel nach vorne im Moment der Kollision durch den schweren Anprall die vorderen Kesselstopper verbogen und mehrere Nieten gebrochen. Dampfer „Barmen" manövrierte wieder an den anderen Dampfer heran und setzte die Boote aus, um diesem, welcher Hilfesignale gab, beizustehen. Der 1. Offizier der „Barmen" fuhr zu dem angerannten Dampfer hinüber.

Auf Dampfer „Frankfurt" war durch den Kollisionsstoß, welcher zwischen den Kesseln eindrang, die Außenhaut über und unter Wasser durchbrochen. Die Maschinen wurden nach dem Zusammenstoß alsbald gestoppt. Die im Kesselraume befindlichen Leute konnten noch die Schotten nach dem Maschinenraume schließen, dann mußten sie sich schleunigst nach oben aus dem Kesselraume retten, da das Wasser stark eindrang. Inzwischen hatte Kapitän Hattorf Signal zum Klarmachen der Boote und Befehl gegeben, daß die sämtlichen Passagiere geweckt und die Räume durch den Zimmermann gepeilt würden. Sämtliche Boote, die in den Davits hingen, wurden ausgeschwungen, bis zur Reeling hinunter gefiert und besetzt, was ziemlich schnell und in guter Ordnung geschah. Acht Boote wurden zu Wasser gebracht und frei vom Schiffe gehalten. Der Kesselraum war in 15 bis 20 Minuten vollgelaufen, so daß der Dampf wegfiel, Maschine und Pumpen nicht mehr in Gang zu halten waren und das elektrische Licht erlosch. Alle übrigen Räume waren dicht; auch das Maschinenschott hielt dicht. Da hiernach Gefahr des Sinkens nicht vorlag, wurden die Passagiere und Boote wieder an Bord genommen bis auf 25 Passagiere, welche mit einem Boote zu dem auf die Notsignale der „Frankfurt" zur Hilfe herbeigekommenen Bremer Neptundampfer „Juno", der in der Nähe lag, übergesetzt waren. Kapitän Hattorf lehnte die von der „Barmen" angebotene Hilfe ab, bat jedoch, daß auch dieser Dampfer zur Beruhigung der Passagiere bis Tagesanbruch in der Nähe bleiben möchte. Gegen 5 U., als es hell wurde, dampfte die „Barmen" nach Verständigung mit der „Frankfurt" mit halber Fahrt nach Rotterdam zurück. 5 U. Vm. war eine Schleppverbindung zwischen den Dampfern „Juno" und „Frankfurt" hergestellt und ersterer begann, den havarierten Dampfer nach Rotterdam zu schleppen. Gegen 5 U. konnte der alsbald nach der Kollision angezündete Hilfskessel der „Frankfurt" genügenden Dampf für die Lichtmaschine und die Pumpen liefern. Der dem Schleppzug um 6 U. Vm. begegnende Neptundampfer „Themis" machte zur Unterstützung der „Juno" als Vorspann auf ihrer Back fest, worauf beide weiter schleppten. Etwa 7 1/2 U. kamen auf die gleich nach der Kollision abgegebenen funkentelegraphischen Hilferufe der „Frankfurt" die holländischen Schlepper „Hercules" und „Cyclop" herbei und schleppten, hintereinander gespannt, die „Frankfurt" in Unterstützung der „Juno" und „Themis". Nachdem etwa 8 U. Vm. die Schlepptrosse zwischen „Juno" und „Frankfurt" auf letzterem Dampfer gebrochen war, holten die Dampfer „Themis" und „Juno" die Schleppleine ein. Ersterer Dampfer setzte seine Reise nordwärts fort. Die „Juno" machte mit zwei schweren Manilatrossen auf dem Heck der sehr stark hin- und herscherenden „Frankfurt" fest und unterstützte das Schleppen durch Steuern des Lloyddampfers. Nachdem die Schiffe in der Nähe von Maas-Feuerschiff 10 1/4 U. Nm. Lotsen erhalten hatten, und zwei weitere zur Fahrt durch den Wasserweg von Kapitän Hattorf funkentelegraphisch herbeigerufene Schlepper eingetroffen waren und festgemacht hatten, wurde die Fahrt fortgesetzt.

Am 12. August 2 U. Vm. warf Dampfer „Juno" los, 7 U. 40 M. passierte Dampfer „Frankfurt" Hoek van Holland und machte 1 1/2 U. Nm. in Rotterdam fest. Der Tiefgang hatte sich von 20′ auf ebenen Kiel zu 22′ hinten, 23′ vorne gesteigert. Die 25 Passagiere auf der „Juno" wurden durch einen Dampfer abgeholt. — Die Reparatur des Dampfers „Frankfurt" ist auf 75 000 ℳ veranschlagt, diejenige der „Barmen" (Steven zu erneuern, 20 Platten herauszunehmen und teilweise zu erneuern, Kessel neu zu befestigen, Dampfrohre zu drücken) auf 25 000 ℳ.

Wenn man an der Hand dieser von den beiden Seiten gegebenen Sachdarstellungen an eine Prüfung der Frage herantritt, auf welche Ursachen und eventuell wessen Verschulden die Kollision zurückzuführen ist, so wird schon die Feststellung des objektiven Tatbestandes durch die offenbaren Widersprüche zwischen den Darstellungen sehr erheblich erschwert. Es ist dabei vorweg zu bemerken, daß jeder Teil für seine Darstellung eine Anzahl durchaus einwandfreier Zeugen beigebracht hat und daß keinem der Zeugen eine bewußt unwahre Aussage (unbeschadet einer etwaigen Selbsttäuschung der Zeugen über ihre Wahrnehmungen) zuzutrauen ist. Die beiderseitige Besetzung der Brücke und des Ausgucks bietet zu Beanstandungen keinen Anlaß. Einige Differenzen (wer von den beiden Schiffen zuerst das Signal

„3 kurze Töne", volle Kraft zurück, gegeben hat, was jeder Teil für sich in Anspruch nimmt, und ob, wie von den Zeugen der „Frankfurt" behauptet, von der anderen Seite bestritten wird, der genannte Dampfer bei der Kollision ohne Fahrt voraus still im Wasser gelegen hat) können als unwesentlich übergangen werden. Daß die beiderseitigen Signale „volle Kraft zurück" einander unmittelbar gefolgt sind, und daß jede Schiffsführung, sobald ihr zum Bewußtsein kam, daß beide Schiffe mit entgegengesetzter Ruderlage sich in der vollen Drehung aufeinander zu befanden, ohne jeden Verzug das Manöver und Signal des Rückwärtsgehens eingeleitet hat, ist nach dem ganzen Ergebnis der Beweisaufnahme als feststehend erwiesen. — Ein schuldhafter Verzug bei Ausführung dieses Manövers liegt somit auf keiner Seite vor. Ob das eigene Schiff noch ein wenig Fahrt voraus macht oder schon still im Wasser liegt, ist so außerordentlich schwer zu beurteilen, zumal in finsterer Nacht bei beiderseitiger Drehung und in dem nervenerregenden Momente der Kollision, daß ein Irrtum hierin wohl möglich und entschuldbar erscheint. Nach dem hinübergebogenen Vordersteven der „Barmen" und den Maschinenmanövern der „Frankfurt" (die Backbordmaschine hat bis zur Kollision 3 Minuten, die Steuerbordmaschine 2 Minuten voll rückwärts gearbeitet, außerdem kommt das harte Überlegen des Ruders als fahrtverzögend in Betracht) muß letzterer Dampfer zur Kollisionszeit noch ein wenig Fahrt voraus gemacht haben; er ist durch voll Rückwärtsarbeiten beider Maschinen erst in etwa 4½ Minuten von voll voraus zum Stehen zu bringen. Daß Dampfer „Frankfurt" zur Kollisionszeit noch etwas Fahrt, vielleicht 1 bis 1½ sm, voraus gemacht hat, gibt auch der Sachverständige Kapitän Neckel an, der die Beschädigungen beider Schiffe besichtigt hat. Für die Schuldfrage ist auch dieser Punkt ohne Bedeutung.

Viel wesentlicher und nicht aufklärbar sind die Widersprüche darüber, ob Dampfer „Barmen" — wie von den „Frankfurt"-Zeugen behauptet, von der anderen Seite bestimmt bestritten — zwischen den beiden „1 Ton"-Signalen und zweimaligem Steuerbord-Ruderlegen das Ruder wieder Backbord gelegt und ein „2 Töne"-Signal abgegeben hat. Die „Frankfurt"-Zeugen berufen sich für den angeblichen Wechsel der Ruderlage außer auf ihre Beobachtungen auch auf folgende Schlußfolgerung: „Frankfurt" habe zur Zeit der Kollision SO z O¼O angelegen; Dampfer „Barmen" habe nahezu rechtwinklig kollidiert und derzeit etwa NO z O angelegen; Dampfer „Barmen" sei mithin von seinem ursprünglichen Kurse NO ¼O kaum abgefallen gewesen; da Dampfer „Barmen“ aber vor der Kollision nach eigener Angabe mit Steuerbord und hart Steuerbordruder, auch durch Rückwärtsarbeiten der Maschine (rechtsgängige Schraube) stark nach Steuerbord gedreht habe, müsse dazwischen ein Ruderlegen nach Backbord diese Wirkung aufgehoben oder abgeschwächt haben. — Diese Ausführungen sind aber, ganz abgesehen von ihren Widersprüchen, zumal mit der Darstellung der anderen Seite, auch an sich nicht voll beweiskräftig. Die Zeugen der „Barmen“ behaupten, allerdings ohne eine genaue Kompaßbeobachtung vorgenommen zu haben, ihr Dampfer habe zur Kollisionszeit etwa O angelegen. Jedenfalls ist die Kompaßbeobachtung auf der „Frankfurt“ zugegebenermaßen nicht im Augenblick der Kollision selbst erfolgt, sondern erst gleich danach. Inzwischen kann und wird aber Dampfer „Frankfurt“ nach den vorangegangenen Ruder- und Maschinenmanövern noch scharf nach Backbord gedreht haben, wie lange und wieviel, ist sehr schwer kotrollierbar.

Unter bestimmten Voraussetzungen lassen sich derartige Widersprüche über einen angeblichen Wechsel der Ruderlage, wenn zwei Schiffe einander ziemlich recht voraus haben und ihre Kurse sich in einem spitzen Winkel schneiden, durch die Einwirkung des sogenannten Derivationswinkels erklären. (Hier hatten sich beide Schiffe ziemlich recht voraus; die Peilungen $^3/_4$ Strich an Backbordbug und 1 Strich an Steuerbordbug sind vielleicht nicht ganz genau. Die Kurse schnitten sich spitzwinklig.) Der Derivationswinkel führt trotz Beibehaltung der Ruderlage des einen Schiffes infolge Wechsels seiner Lichter für das andere Schiff zu dem Eindruck, daß ersteres Fahrzeug die Ruderlage mehrfach geändert hätte. Vergl. hierzu Dres. Schilling und Wiegand, der Einfluß des Derivationswinkels bei Schiffskollisionen, Bremen, 1888.

Unter diesen Voraussetzungen mußte der Verlauf hier so gewesen sein, daß bei dem ersten Steuerbordruderlegen der „Barmen“ ihr grünes Licht für Dampfer „Frankfurt“ verschwunden und rot in Sicht gekommen wäre. Dampfer „Frankfurt“ schnitt aber sofort wieder, voll voraus gehend, den Kurs, auf den die „Barmen“ gedreht hatte und den sie nun anlag, weil Dampfer „Barmen“ vermöge ihres Derivationswinkels einen nördlicheren Kurs als den anliegenden, nach ihrer Backbordseite ausweichend, durch das Wasser ging. Dampfer „Barmen“ zeigte dadurch wieder grün. Auf diese Weise entstand für den (eben sein Ruder nach Steuerbord überlegenden, aber noch nicht drehenden) Dampfer „Frankfurt“, ohne daß die „Barmen“ ihre

Ruderlage änderte, aus dem Durchwandern ihrer Topplichter und dem Verschwinden ihres roten Lichtes der Eindruck, daß Dampfer „Barmen" die Ruderlage wieder geändert hätte, was tatsächlich nicht der Fall war. Daraufhin drehte Dampfer „Frankfurt" das Ruder hart nach Backbord. Inzwischen mußte Dampfer „Barmen" unmittelbar nach dem Wechsel seiner Lichter zufolge der Fortsetzung und Verschärfung seiner Ruderlage auf hart Steuerbord wiederum den Kurs der „Frankfurt" schneiden und ihr nun wieder rot zeigen. In dieser Richtung erfolgte dann, während Dampfer „Frankfurt" noch hart nach Backbord drehte und beide Schiffe ihre Fahrt durch voll Rückwärtsarbeiten möglichst herabminderten, die Kollision.

Auch der Umstand, daß Dampfer „Frankfurt" das angebliche Backbordruderlegen der „Barmen" durch ein (nach deren Angabe nicht abgegebenes) 2 Töne-Signal angezeigt gehört haben will, wäre unter der Voraussetzung des obigen Herganges nicht unaufklärbar. Die Töne sollen von sämtlichen Zeugen der „Frankfurt" klar und unzweideutig gehört worden sein. Es ist aber eine bekannte Tatsache, daß, wenn jemand seine Aufmerksamkeit ganz besonders auf das Sehen konzentriert, er Geräusche, Zurufe und dergleichen leicht überhören kann. Wenn nun die Zeugen der „Frankfurt" einen Lichterwechsel des Gegendampfers beobachteten, den sie sich nur durch ein Ruderlegen dieses Dampfers zu erklären vermochten, so lag es für sie nahe, die infolgedessen nicht ganz genau verfolgten Pfeifensignale des Gegendampfers in einer den optischen Beobachtungen entsprechenden Weise zu deuten und so eines der von der Gegenseite abgegebenen Signale als 2 Töne-Signal zu verstehen. Daß zur Nachtzeit, wenn naturgemäß die Aufmerksamkeit in erster Linie auf Beobachtung der Lichter gerichtet ist, die Kurssignale mit der Dampfpfeife überhört oder mißverstanden werden, ist eine bei derartigen Kollisionen schon öfter hervorgetretene Tatsache. Auffällig ist hier allerdings, daß der Rudersmann der „Frankfurt", der die Lichter des Gegendampfers überhaupt nicht gesichtet und ihren Wechsel garnicht beobachtet hat, doch auch das 2 Töne-Signal der „Barmen" gehört haben will. Möglicherweise liegt bei ihm eine, ihm selbst unbewußte Suggestion durch die ihm kundgewordenen Beobachtungen der anderen Brückenzeugen der „Frankfurt" vor.

Gänzlich unvereinbar untereinander und mit dem obigen Erklärungsversuche sind nun allerdings die angegebenen Kurse und die Bekundungen, daß Dampfer „Barmen" den Gegendampfer grün zu rot, Dampfer „Frankfurt" den Gegendampfer grün zu grün beobachtet haben wollen. Dieser Widerspruch hat sich auch durch die sehr eingehende Beweisaufnahme vor dem Seeamt nicht beseitigen lassen, obwohl sämtliche Zeugen, auch die mit Patent versehenen jeder Seite (cfr. dazu Nautische Zeitschrift „Hansa" Nr. 41 vom 9. 10. 1909 S. 1020 ff.) nacheinander, ohne daß sie die Aussagen der Vorzeugen ihres Dampfers gehört hätten, vernommen worden sind. Es ist nur zu sagen, daß, wenn beide Schiffe ihre behaupteten Kurse genau steuerten (NO ¼ O und S 14° W), Dampfer „Barmen" der „Frankfurt" rot gegen grün zeigen mußte. Bei grün gegen grün auf diesen Kursen schnitten sich die Linien so, daß eine Kollision von vornherein unmöglich war. Nun sind aber auf Dampfer „Frankfurt", dessen beide wachehabende Offiziere ohne ein Sichten des grünen Seitenlichts des Gegendampfers aus der Stellung seiner Toppfeuer erkannt haben wollen, daß beide grün gegen grün standen, zwei Zeugen, der Ausgucksmann und ein alter erfahrener Bootsmann, aufgetreten und sind eidlich bestimmt gegenüber allen Vorhaltungen dabei verblieben, daß sie schon lange vor der gefährlichen Annäherung beider Schiffe und vor dem ersten Auftauchen des roten Feuers das grüne Seitenfeuer der „Barmen" klar gesichtet hätten. Wie dieses möglich war, ist nicht aufzuklären gewesen. Der Kurs der „Frankfurt" dürfte, zumal eben noch eine Deviationsbestimmung vorgenommen worden war, genau gewesen sein. Auch der Kurs der „Barmen" soll richtig angegeben sein. Dafür, daß bei Änderung des Kurses querab von Haaks, NNO auf NO ¼ O, der russische Rudersmann infolge Mißverständnisses vielleicht NNO ¼ O gesteuert hätte, hat sich nichts beibringen lassen. Der Kurs NO ¼ O ist von dem 2. Offizier kontrolliert. Ein Kurs NNO ¼ O der „Barmen" würde die Stellung grün zu grün bei nicht ganz genauem Steuern leichter erklären lassen, ebenso ein Abfallen der „Barmen" bis zur Kollision bis auf NOzO statt auf O, cfr. oben. Gegen diese Annahme spricht aber ferner, daß dann die „Barmen" nicht, wie es nach ihren bestimmten Bekundungen der Fall gewesen ist, den Gegendampfer an Backbord hätte peilen können. Die vom Seeamt veranlaßten Prüfungen der Seitenlaternen der „Barmen" durch Sachverständige und die Deutsche Seewarte haben ergeben, daß die Einrichtung, Sichtweiten und Leuchtwinkel der Laternen den bestehenden Vorschriften entsprechen, und daß nach der gleichfalls ordnungsmäßigen Einrichtung und Anbringung der Laternenbretter ein Überscheinen der Seitenlichter nach falschem Bug ausgeschlossen ist.

Da nach dem Ergebnis der Beweisaufnahme nicht die eine Darstellung des Unfalls zu Ungunsten der gegenteiligen Aussagen als wahr oder jedenfalls objektiv zutreffend bezeichnet werden kann, bleibt nichts übrig, als ungeachtet der Unvereinbarkeit beider Darstellungen jede Schiffsleitung nach ihrer eigenen Schilderung zu beurteilen, um keiner von beiden unrecht zu tun. Nach der Darstellung der „Barmen“ und nach dem klaren Wortlaut des Artikel 18 Abs. 1, 3, 4, Artikel 19, 21 der Seestraßenordnung hatte dieser Dampfer die Kurshaltepflicht. Erst wenn irgendwie beide Dampfer einander so nahe gekommen waren, daß eine Kollision durch Manöver des Gegendampfers allein nicht mehr vermieden werden konnte, durfte Dampfer „Barmen“ nach der Anmerkung zu Artikel 21 a. a. O. manövrieren, wie es zur Abwendung eines Zusammenstoßens (nicht zur Abwendung der Gefahr eines Zusammenstoßens) am dienlichsten war. Zugegebenermaßen waren die Fahrzeuge zu der Zeit, als Dampfer „Barmen“ zuerst Ruder legte, noch mindestens eine Seemeile, sogar vielleicht etwas mehr, von einander entfernt und hätte ein Ruderlegen der „Frankfurt“, wenn es nur unverzüglich erfolgt wäre, die Kollision verhütet. Unter diesen Umständen mußte Dampfer „Barmen“ auch derzeit noch Kurs halten und durfte, wenngleich ihm ein Steuerbordruderlegen mit Rücksicht auf die bisherige Untätigkeit des Gegendampfers als Unterstützung seines demnächst zu erwartenden Manövers und als Minderung einer Gefahr der Kollision am dienlichsten scheinen mochte, ein Ruderlegen noch nicht vornehmen. Eine weniger strenge Auffassung der Kurshaltepflicht ist gerade bei Dampfern, welche beinahe auf Gegenkursen in sehr spitzem Winkel aufeinander zuliegen, gefährlich, da erfahrungsgemäß des öfteren bei derartiger Annäherung, zumal bei ungenauem Steuern, die beiderseitigen Lichterbeobachtungen einander nicht entsprechen. Immerhin dient zur Entschuldigung der Schiffsführung des Dampfers „Barmen“, daß sie sich über das Maß der Annäherung (die Seitenlichter der „Frankfurt“ waren elektrisch und sind offenbar erheblich weiter als 2 sm sichtbar gewesen) getäuscht haben wird und daß sie das nach ihrer Auffassung der Sachlage allein zu erwartende und allein mögliche Manöver des Gegendampfers lediglich hat unterstützen und erleichtern wollen.

Daß ein Dampfer, der, wie hier Dampfer „Frankfurt“, die Stellung der Schiffe als grün gegen grün beobachtet hat, keine besonderen Ausweichemanöver macht, wird im allgemeinen nicht als Verstoß gegen die Seestraßenordnung anzusehen sein. Hier liegen jedoch mehrere Umstände vor, welche bei gehöriger Rücksichtnahme auf alle Gefahren der Schiffahrt und des Zusammenstoßens (Artikel 27 der Seestraßenordnung) ein Handeln auf Seiten der „Frankfurt" hätte angezeigt erscheinen lassen. Einmal hatten die beiden wachehabenden Brückenoffiziere der „Frankfurt" das grüne Seitenlicht des Gegendampfers, obwohl es nach Stellung und Entfernung hätte sichtbar sein müssen, nicht in Sicht bekommen. Infolgedessen blieb auch bei anscheinend ganz klar zeigenden Topplichtern eine gewisse Unsicherheit der Beobachtung und der Situation bestehen. Die Schätzung, daß der Gegendampfer bei Beibehaltung seines Kurses $1^1/_2$ bis 2 sm klar von der „Frankfurt" passieren würde, war daher nicht als genau und sicher anzunehmen. Da Dampfer „Frankfurt" Passagierdampfer war und über 400 Reisende an Bord hatte, wäre bei dieser Sachlage, zumal der Gegendampfer nur einen Strich an Steuerbord voraus war und eine immerhin mögliche Kursänderung unmittelbar Gefahr bringen konnte, angezeigt gewesen, daß Dampfer „Frankfurt" vorsichtshalber durch Backborduderlegen mehr Raum zum Passieren grün gegen grün gegeben hätte. Dieses wäre auch deshalb besser gewesen, weil die beiden Wachehabenden der „Frankfurt" anscheinend infolge Vornahme der Kurspeilung den Gegendampfer nicht ständig genau beobachtet haben. Denn bei unausgesetzter Beobachtung hätten sie wohl ebenso wie der Ausgucksmann und der Bootsmann zunächst das grüne Licht der „Barmen" gesichtet. Bei ständiger Beobachtung hätten die Offiziere dann das Durchwandern der Topplichter sehen müssen. Tatsächlich haben aber die Offiziere erst nach der Kursänderung der „Barmen" deren rotes Seitenfeuer in Sicht bekommen. Daß beide Offiziere normale Sehschärfe und Farbenunterscheidungsvermögen besitzen, ist durch eine vom Seeamt veranlaßte augenärztliche Untersuchung dargetan. Hätte Dampfer „Frankfurt" rechtzeitig Backbordruder gelegt und dieses durch Signal angezeigt, so wäre die Kollision wahrscheinlich vermieden worden. Die später eingeleiteten Ausweichemanöver der „Frankfurt", auch die im allgemeinen zu widerratende Änderung der Ruderlage von Steuerbord nach Backbord, entsprachen den nach bester Überzeugung beobachteten Manövern des Gegendampfers, sind bei Zugrundelegung der tatsächlichen Angaben der Wachoffiziere hinreichend begründet und erschienen hiernach am besten geeignet, die drohende Kollision noch zu verhüten.

Daß der im Kesselraume, glücklicherweise ohne Explosion eines Kessels, schwer havarierte Dampfer „Frankfurt" schwimmfähig blieb, da die Kesselraumschotten (abgesehen von einem geringfügigen Lecken des Schotts nach Raum 3, der aber mit geringer Mühe gelenzt werden konnte) dicht hielten, bildet für die Bauart des Dampfers (erbaut von Tecklenborg in Geestemünde) ein sehr gutes Zeugnis. Die Schiffsleitung, welche zunächst mit der Möglichkeit eines Sinkens des Schiffes rechnen und für die Rettung der Passagiere und Mannschaften Sorge tragen mußte, hat sich der (durch die Dunkelheit der Nacht und durch das Verlöschen des elektrischen Lichtes noch besonders erschwerten) Situation völlig gewachsen gezeigt. Es sind von dem deutschen Konsulat in Rotterdam gemäß § 15 des Seeunfallgesetzes zwei Passagiere über die Ereignisse nach der Kollision vernommen. Aus den Aussagen auch dieser Zeugen ist zu entnehmen, daß die nötigen Anordnungen von den Offizieren schnell und ruhig veranlaßt sind, und daß die Mannschaft völlige Disziplin bewahrt hat, so daß der Ausbruch einer Panik unter den Passagieren verhütet worden ist. Eine gewisse Verwirrung und aufgeregtes Schreien der zahlreichen Frauen und Kinder in der dunklen Nacht war natürlich unvermeidlich, hat aber keinen größeren Umfang angenommen. An Bord befanden sich 28 völlig ausgerüstete Boote, ausreichend für angeblich 1530 Personen, während sich nur etwa 600 Seelen auf dem Schiffe befanden. Das Zuwasserlassen der Boote soll in ungefähr 5 Minuten erfolgt sein. Die Passagiere hatten Korkwesteu angelegt, worin sie nach dem Schiffstagebuch am Tage zuvor unterwiesen worden waren, und wurden über die hinuntergefierten Fallreeps in die Boote geleitet; doch ist die Einbootung bald gestoppt, da sich das Schiff bei näherer Prüfung als schwimmfähig erwies.

Dem Seeamt hat eine Beschwerde zweier Zwischendeckspassagiere (von dem 24 jährigen Studenten der Rechte Moses Katz und dem 35 jährigen Ökonomieverwalter Karl Thim, beide Österreicher) an die Behörde für das Auswandererwesen in Hamburg vorgelegen. In dieser Beschwerde behaupten die Genannten, abgesehen von anderen hier nicht interessierenden Beschwerden über Unterkunftsverhältnisse, daß nach der Kollision die Rettungsgürtel gefehlt hätten und teilweise unbrauchbar gewesen wären, daß das Zuwasserlassen der Boote 3/4 Stunden gedauert und daß eine allgemeine Disziplinlosigkeit und Kopflosigkeit geherrscht hätte. Diese Behauptungen sind von den vor dem Seeamt vernommenen Zeugen als erdichtet bezeichnet. Charakteristisch ist jedenfalls die Behauptung der Beschwerdeführer, etwa 25 Russen wären über Bord gesprungen und hätten in der Dunkelheit wieder aufgefischt werden müssen. Daß einzelne Passagiere bei der Notbeleuchtung ihre Rettungsgürtel und den

Ausgang (zumal die üblichen Durchgänge durch die Schotten geschlossen waren) nicht gleich gefunden haben, erscheint möglich; es ist jedoch, abgesehen davon, daß eine Frau durch übereiltes Hineinspringen in ein Boot, in welchem ihr Mann saß, geringen Schaden erlitten hat, niemand von den vielen Passagieren oder Mannschaften zu Schaden gekommen.

Das Verhalten der beiden Dampfer „Frankfurt" und „Barmen" nach der Kollision entsprach den Vorschriften über Hilfeleistung auf See. Anzuerkennen ist, daß der etwa 2 Seemeilen der „Frankfurt" voraufdampfende Bremer Frachtdampfer „Juno" auf die von ihm beobachtete Kollision hin sofort umgedreht ist und der „Frankfurt" tatkräftigen Beistand geleistet hat, wie auch der Dampfer „Themis" der gleichen Reederei (Neptun-Bremen) sich an dem Einschleppen der „Frankfurt" beteiligt hat.

52.
Schleppdampfer „Concurrent" von Hamburg.
Strandung.
Seeamt Hamburg, 12. September 1912.

Spruch: Der Schleppdampfer „Concurrent" ist am 18. Dezember 1911 bei Eckelsudde auf Öland gestrandet und nach zwei Tagen mit erheblichem Bodenschaden wieder abgeschleppt worden.

Der Unfall ist darauf zurückzuführen, daß das Schiff während der letzten zwei Stunden in dichtem Nebel um zirka sechs Meilen nach Osten versetzt ist. Worauf dies zurückzuführen ist, ob ein Kursfehler vorgelegen hat oder ob eine starke östliche Deviation mitgewirkt hat, war nicht mit Sicherheit zu entscheiden.

Den Schiffer Totzilowski trifft aber jedenfalls der Vorwurf, daß er nicht genügend gelotet hat und daß er während dichten Nebels seine Fahrt mit einem seit sieben Monaten nicht kontrollierten Kompaß fortgesetzt und die an Bord vorhandene Deviationstabelle nicht einmal richtig angewendet hat.

Es ist dringend darauf hinzuweisen, daß die Schiffer ständig die auf den Deviationstabellen angegebenen Deviationen kontrollieren und neu bestimmen, da schon eine geringe Änderung in Länge und/oder Breite eine Änderung der Deviation zur Folge hat.

Tatbestand. Der Dampfer „Concurrent" befand sich mit dem Leichter „August" im Tau auf der Reise von Kopenhagen nach Timmernabben und hatte am 18. Dezember 1 U. 30 M. Vm. Sandhammar dwars. Von dort wurde NOzO1/2O bei frischem Südwestwind gesteuert und um 11 U. Vm. Utklippan im Abstand von 2 Seemeilen passiert. Der Kurs wurde nach Passieren der Rosenklint-Tonne auf NO geändert. Der Wind drehte nach Süden, die Luft wurde diesig. Der Schleppzug machte etwa 6½ Meilen Fahrt. Auf den östlichen Kursen brachte der Kapitän eine östliche Deviation von ¼ Strich, auf nordöstlichen Kursen eine solche von ⅛ Strich in Ansatz.

Um 1 U. 40 M. wurde gelotet, und es wurden 22 Meter Wasser gefunden, worauf der Kurs auf NNO1/2O geändert wurde. Inzwischen war es stark nebelig geworden. Um 2 U. fand man 20 Meter Wasser und behielt den Kurs bei. Die nächste im Journal erwähnte Lotung ist nach dem Journal um 3 U. 15 M. vorgenommen, nach der Verklarung um 3 U. 50 M. und ergab 14 Meter. Der Kurs wurde nunmehr auf Nord geändert. Um 4 U. 15 M. kam an Steuerbord ein weißes Licht in Sicht, welches der Kapitän als zu einem Fischerboote gehörig ansprach. Kapitän Totzilowski, welcher seiner Behauptung nach immer noch glaubte, an der westlichen Seite des Sundes zu sein, ließ jetzt ganz langsam fahren und die lange Schlepptrosse einholen, da er vor Anker gehen wollte. Als eine dann vorgenommene Lotung 10 Meter ergab, wurde der Kapitän bedenklich, und er wurde, zumal das Wasser sehr unruhig war, zweifelhaft, ob er sich nicht an der Ostseite bei Öland befinde. Er begab sich deshalb in die Kajüte, um seinen Schiffsort festzustellen. Etwa 8 Minuten später lief der „Concurrent" auf und blieb sitzen.

Der Leichter konnte noch eben freisteuern und dann vor Anker gehen. Alle Versuche, den Dampfer wieder flottzumachen, blieben zunächst erfolglos. Bei aufklarendem Wetter wurde festgestellt, daß der Dampfer bei Eckelsudde auf Öland aufgelaufen war. Auf gezeigte Notsignale kam um 12 U. 30 M. Nm. der Bergungsdampfer „Argo" heran, mit welchem der Kapitän einen Bergungskontrakt abschloß.

Wegen des stürmischen Wetters konnte aber nicht mit dem Abschleppen begonnen werden, und der „Concurrent" lief am folgenden Vormittag voll Wasser, so daß die Besatzung ihn verlassen mußte. Sie begab sich auf den Leichter „August", mit welchem abends der Hafen von Kalmar erreicht wurde. Der Dampfer „Concurrent" ist später wieder abgebracht und in Oscarshamn repariert worden.

Da Kapitän Totzilowski vor dem Seeamt seine starke Abirrung vom Kurse auf erdmagnetische Störungen zurückzuführen gesucht hat, ist die Seewarte um ein Gutachten darüber ersucht worden, ob hier erdmagnetische Störungen im Spiele gewesen sein können.

Die Seewarte hat erwidert, daß in dem Kalmar-Sund in der Tat magnetische Lokalstörungen vorhanden sind, welche allerdings, soweit bisher bekannt sei, nur ungefähr 2—3° betrügen. Wie unter anderem aus einem Berichte des Kapitäns vom Dampfer „Hans Leonhardt" hervorgehe, seien solche Störungen auf der Fahrt von Utklippan bis Hoborg, besonders bei Ölands Södra Udde gefunden worden. Hier habe sich die Deviation stets um 2—3° westlicher als bei den anderen Orten gezeigt.

Über den benutzten Kompaß ist festgestellt, daß dieser zuletzt im Mai 1911 nachgesehen, repariert und auf Gebrauchsfähigkeit geprüft worden ist. Eine vom 21. April 1911 datierte Deviationstabelle ist zu den Akten eingereicht, welche auf NOzO-Kursen 4° östliche Deviation angibt.

Der Reichskommissar hat die Ursachen der Strandung in der Hauptsache in dem Nebel und darin gefunden, daß der Kompaß eine starke östliche Deviation gehabt hat. Es sei unvorsichtig und sorglos gewesen, bei dichtem Nebel nach einem Kompaß Kurse in der Nähe von Land zu steuern, dessen Deviation 7 Monate nicht bestimmt und daher unbekannt gewesen sei.

Häufigeres Loten hätte auch Aufschluß über die starke östliche Versetzung gegeben.

Gründe. Wenn man die von dem Schlepper angeblich zurückgelegten Kurse uud Distanzen auf der Karte verfolgt, so hätte sich das Schiff zur Zeit der Strandung hart an der schwedischen Seite des Kalmar-Sundes befinden müssen, während die Strandungsstelle sich an der gegenüberliegenden Küste von Öland befindet.

Das Besteck stimmt ziemlich genau bis zu der am 18. Dezember um 1 U. 40 M. Nm. vorgenommenen Lotung, welche 22 Meter ergab, wenn man eine östliche Deviation von ungefähr 1/2 Strich rechnet. Zu dieser Zeit hat sich der Dampfer zweifellos noch auf der westlichen Seite der tiefen Rinne des Kalmar-Sundes unter der Küste des schwedischen Festlandes befunden.

Wenn von da an wirklich NNO$^1/_2$O gesteuert ist, wie Kapitän Tozilowski und der Schiffer des Leichters übereinstimmend bekunden, so ist es schwer zu erklären, auf welche Weise der Schlepper nach der gegenüberliegenden Seite des dort über 8 Seemeilen breiten Sundes hinübergekommen ist. Wenn dagegen von 2 U. Nm. an wieder der alte NO-Kurs aufgenommen worden wäre, so würde dieser Kurs das Schiff direkt an die Strandungsstelle geführt haben. Es lag daher zunächst nahe, an einen solchen Kursfehler zu denken, zumal auch der Wortlaut des Journals hier nicht klar ist.

Der Wortlaut: „Änderten Kurs NO, 1 U. 40 mittags loteten 22 Meter Wasser, änderten Kurs NNO$^1/_2$O, 2 U. loteten 20 Meter Wasser, steuerten Kurs weiter", läßt möglicherweise auch die Auslegung zu, daß um 2 U. der frühere NO-Kurs weitergesteuert sei.

Da der Kapitän dies aber entschieden bestreitet, läßt sich nicht feststellen, daß hier die Erklärung für den Unfall liegt.

Geht man davon aus, daß die von den Zeugen angegebenen Kurse wirklich gesteuert worden sind, so ist, da erdmagnetische Störungen nach dem Gutachten der Seewarte nicht in Frage kommen können, die etwa zwei Striche betragende Abirrung vom Kurse nur durch eine außergewöhnlich starke östliche Deviation des Kompasses zu erklären, und die dann auffallende Tatsache, daß diese Deviation sich erst während der letzten zwei Stunden vor der Strandung geltend gemacht hat, würde allenfalls dadurch ihre Erklärung finden, daß bis zu der um 1 U. 40 M. Nm. vorgenommenen Lotung das Wetter noch so sichtig war, daß im wesentlichen nach Seezeichen und Landmarken gesteuert wurde, während von da ab bei dem dichter einsetzenden Nebel der Kompaß allein die Richtung gab.

Immerhin ist eine solche östliche Deviation selbst in dem Gebiete der Ostsee, wo erfahrungsgemäß die Kompasse häufig eine östlichere Deviation annehmen, so ungewöhnlich, daß das Seeamt auch hierin nicht mit Sicherheit die Ursache des Unfalls feststellen kann.

Mit Sicherheit konnte dagegen ausgesprochen werden, daß die Navigierung des Kapitäns eine recht nachlässige und unvorsichtige gewesen ist.

Die Deviation des Kompasses war zuletzt im April 1911 auf der Elbe bestimmt worden, und der Kapitän hat es, trotzdem er die nötigen Kenntnisse dafür besitzt, nicht für nötig gehalten, die Deviation nachzukontrollieren, was um so dringender geboten gewesen wäre, als er das Gebiet der Ostsee befuhr, während die Deviationstabelle auf der Elbe aufgestellt war. Nach seiner Aussage hat er nur einmal im Kaiser Wilhelm-Kanal im November 1911 eine Deviationsbeobachtung vorgenommen.

Sehr auffallend ist ferner, daß er auf den hier gesteuerten nordöstlichen Kursen die in seiner Deviationstabelle angegebene Deviation nicht einmal richtig in Ansatz gebracht hat, da er nur mit 1/8 Strich anstatt 3/8 Strich östlicher Deviation gerechnet hat. Die Vermutung ist dadurch gegeben, daß er die Tabelle garnicht eingesehen und die Deviation nur seinem Gedächtnis entnommen hat.

Die Navigierung mit diesem Kompaß war hiernach jedenfalls eine recht unsichere, und es ist dem Reichskommissar darin durchaus beizustimmen, daß der Kapitän unter diesen Umständen bei einsetzendem dichten Nebel seine Fahrt auf den dicht an der Küste entlang führenden Kursen nicht hätte fortsetzen dürfen.

Der gegen den Kapitän zu erhebende Vorwurf wird noch dadurch verstärkt, daß er bei dieser gefährlichen und unsicheren Navigierung nicht genügend gelotet hat. Für die Zeit von 2 U. Nm. bis 3 U. 50 M. — die im Journal im Gegensatze zur Verklarung hier angegebene Zeit 3 U. 15 M. muß nach der zurückgelegten Distanz ein Schreibfehler sein — weist das Journal keine Lotung auf. Die Behauptung des Kapitäns, daß er während dieser Zeit noch mehrfach gelotet und große Tiefen gefunden habe, ist hiernach recht unglaubwürdig, zumal er während dieser Zeit gerade die tiefe Rinne des Sundes passiert haben muß, die dort gefundenen Tiefen ihn also ohne weiteres darüber aufgeklärt hätten, daß er von der westlichen nach der östlichen Seite des Sundes hinüberkam. Aus welchem Grunde er dann aber diese für die Beurteilung der Navigierung wichtigsten Lotungen nicht in das Journal eingetragen haben sollte, wäre völlig unverständlich.

Dem Kapitän Totzilowski war hiernach, wenn auch die wahre Ursache der Besteckversetzung nicht mit Sicherheit zu ermitteln gewesen ist, der Vorwurf zu machen, den Unfall durch seine unvorsichtige und wenig sorgfältige Navigierung verschuldet zu haben.

Dieser Fall enthält eine dringende Mahnung gerade für die Kleinschiffer, sich nicht auf ihre Deviationstabellen zu verlassen, vielmehr die Deviation ihrer Kompasse ständig nachzukontrollieren und neu zu bestimmen.

Selbst wenn die Deviation auf der Elbe neu bestimmt ist, kann sie sich schon, wie der Sachverständige, Kapitän Krause, der Seewarte bestätigt hat, beim Herauskommen aus der Elbe verändern und schon geringe Änderungen in Länge und Breite haben Einfluß auf die Deviation.

Es ist dies eine Tatsache, welche besonders auf kleineren Schiffen wenig beachtet wird und welche auf solchen Schiffen besonders in die Erscheinung tritt, da auf kleineren Schiffen die Aufstellung des Kompasses oft schlechter ist als auf größeren Schiffen und öfter größeren Erschütterungen durch Seeschlag und dergleichen ausgesetzt ist.

53.

Gaffelschoner „Glückauf" von Stralsund. Selbstentzündung von Braunkohlenbriketts. Seeamt Stettin, 21. September 1912.

Spruch. Der Brand, der in der aus Briketts bestehenden Ladung des Stralsunder Gaffelschoners „Glückauf", Unterscheidungssignal J P S T, am 12. Juli 1912 entstanden ist, ist höchstwahrscheinlich auf Selbstentzündung zurückzuführen.

Gründe. Der Segler „Glückauf", Kapitän Ludwig Jürgens aus Seedorf auf Rügen, wurde im Stettiner Hafen vom 5. bis 9. Juli 1912 mit 130 Tonnen Briketts beladen. Die Briketts waren Marke „Ilse, Bergbau Act.-Ges. sechszackiger Stern und sechszackiger Stern mit Halbmond" und direkt mit der Bahn von der Grube Ilse, Niederlausitz ab Station Senftenberg bis zur Verladestelle transportiert, wo die Überladung in den Segler sofort erfolgte. Ablader war die Firma „Hermann Gehrke G. m. b. H." in Stettin. Am folgenden Tage nach Übernahme der Ladung bemerkte der Kapitän, daß die Ladung sehr heiß war, was er dem Ablader meldete. Am folgenden Morgen wurde die Fahrt nach Swinemünde angetreten, wo das Schiff am 12. Juli um 9 U. ankam. Um 12 U. bemerkte der Kapitän Feuer im Schiffe bei der Vorderluke, worauf er alles von der brennenden Stelle frei machte, sodaß das Feuer gedämpft wurde. Auch wurde eine Wache gegen Brand ausgestellt. Am Abend fing es an mehreren Stellen wieder an zu rauchen. Die

Feuerluke wurde leer gemacht; es zeigte sich, daß die Briketts angebrannt waren. Die brennenden Briketts wurden auf Deck geworfen und Wasser darüber gegossen. Nachdem Feuer und Rauch nachgelassen hatten, wurde abermals eine Brandwache ausgestellt. Am folgenden Morgen 4 U. brannte es an derselben Stelle wieder; das Feuer wurde durch Wasseraufgießen gelöscht. Da sich am 14. und 15. Juli die Ladung kühler zeigte, wollte der Kapitän am Abend des 15. die Weiterreise nach Memel antreten. 9 U. Nm. zeigte sich jedoch wieder Feuer in der Ladung im Vorderschiffe. Die Stelle wurde ausgeräumt und mit Wasser begossen, worauf das Feuer verschwand. Da der Kapitän aber fürchtete, daß die Ladung trotz Abkühlung auf See wieder anfangen würde zu brennen, wenn die jetzt offenen Luken dicht gemacht werden müßten, fragte er bei dem Sachverständigen an, ob die Löschung der Ladung geboten sei, worauf dieser die Entlöschung anordnete. Es zeigte sich, daß von der Hitze der Ladung das Deck und Ganier leck geworden war.

Eine Probe der Briketts ist von dem vereidigten Chemiker Dr. Wimmer als Sachverständigen untersucht. Dieser hat festgestellt, daß die Briketts 12,60 % Wasser und in der bei 100 Grad getrockneten Substanz (auf mineralstoffreie Substanz berechnet) folgende Stoffe enthält:

Kohlenstoff	61,21 %
Wasserstoff	5,67 %
Schwefel (flüchtiger)	0,36 %
Sauerstoff und Stickstoff	32,76 %

und daß in 100 g der Mineralstoffe (Asche) enthalten sind:

Schwefel	7,53 g
Eisenoxyd	25,70 g

Der Sachverständige gibt an, daß danach wegen des hohen Gehalts an Sauerstoff und Wasser immerhin mit einer gewissen Wahrscheinlichkeit Selbstentzündung der Briketts anzunehmen sei, wenn auch der Gehalt an Pyrit (flüchtiger Schwefel), dessen Vorhandensein sonst die Selbstentzündung wesentlich begünstige, nur gering sei. Wenn sonst irgendwelche Anhaltspunkte über anderweitige Ursachen der Entzündung fehlten, müsse als nächstliegende Ursache des Brandes Selbstentzündung angenommen werden.

Das Seeamt hat in der Erwägung, daß derartige Anhaltspunkte nicht vorhanden sind, dem Gutachten des Sachverständigen entsprechend, Selbstentzündung als höchstwahrscheinlichste Ursache des Brandes angenommen.

Mit Rücksicht darauf, daß dies seit 1908 bei dem Stettiner Seeamt bereits der vierte Fall von Selbstentzündung einer Brikettladung ist, wenn es auch in den früheren Fällen sich um andere Marken und Firmen handelte, hält das Seeamt es für geboten, eindringlich auf die Gefährlichkeit der Verladung von Briketts, die einen hohen Gehalt von Sauerstoff und Wasser oder Pyrit enthalten, hinzuweisen. Bei Auskommen des Brandes auf offener See hätte leicht ein Untergang des Schiffes und Lebensgefahr für die Besatzung eintreten können.

54.

Bark Westfalen von Emden.

Brand der Kohlenladung.

Seeamt Emden, den 26. September 1912.

Spruch. Auf der Bark „Westfalen" —NGHS— ist am 30. Oktober 1911 während der Reise von Emden nach Montevideo die Ladung, bestehend aus Kohlen, Koks und Briketts, in Brand geraten.

Die Schiffsführung trifft kein Verschulden.

Das Verhalten nach dem Unfall gibt zu Bedenken keinen Anlaß.

Tatbestand. Das Schiff ist im September 1911 im hiesigen Hafen beladen worden. Die Ladung bestand aus Kohlen, Koks und Briketts. Die Kohlen, die zur Verladung gekommen sind, stammen aus Gruben, die Kohlen fördern, die nicht als schwefelkieshaltig bekannt sind.

Die Ladung des Schiffes ist erfolgt, als es trockenes Wetter war. Sie ist trocken ins Schiff gekommen.

Die Aufsicht beim Laden hat der jetzige erste Steuermann Wilhelm Campen, der das Zeugnis zur Befähigung als Seesteuermann besitzt, geführt. Seitens der Belader, der W. T. A. G., hat der Lademeister Jan Redenius die Aufsicht geführt.

Wie der Steuermann Campen bekundet, ist die Ladung unter Beobachtung der von der See-Berufsgenossenschaft erlassenen Vorschriften erfolgt.

Auch der Lademeister Redenius bekundet eidlich, daß die Kohlen vorsichtig, d. h. nicht gestürzt, eingeladen sind, daß die Kohlen gut abgedeckt worden sind, bevor Koks darauf gelagert ist, daß namentlich Spielraum zum Abzug der Gase geblieben ist.

Es ist ferner festgestellt, daß Rohre in die Laderäume eingeführt sind. Die Temperatur ist während der Reise stets gemessen worden.

Am 30. Oktober 1911 bemerkte man, daß aus der Vorluke Rauch herauskam. Das Schiff befand sich 34° 14' S und 52° 34' W. Die Temperatur in der Vorluke ergab im vorderen Rohre 20° C, im hinteren 28° C, in der Großluke 21,5° C bzw. 27,5° C, in der Achterluke 22,5° C. Rauch wurde in der Groß- und Achterluke nicht bemerkt.

Es wurde daher angenommen, daß der Herd des Feuers sich zwischen Groß- und Fockmast befinde. Es wurde versucht, den Feuerherd offenzulegen. Von dem Versuche mußte Abstand genommen werden, da die Leute ohnmächtig wurden.

Die Vorluke wurde luftdicht verschlossen.

Am 1. Dezember 1911 versuchte man, die Groß- und Vorluke zu öffnen, um die Temperatur zu messen. Jetzt kam auch aus der Großluke Qualm. Das Thermometer zeigte über 70° C, in der Vorluke 32,5° C.

Der Kapitän ließ die Rettungsboote bereit machen.

Um 12 U. mittags wurde Lobos-Feuerturm in r/w. N 56° W in einem Abstand von 3 Seemeilen gepeilt.

Am 2. Dezember trat leichter Rauch aus dem Fockmast aus. Groß- und Fockmast wurde abgedichtet. Es füllten sich bereits die Kammern mit Rauch. Um 5 U. wurde Flores-Feuertum r/w. NWz W3/4W, etwa 5 Seemeilen ab, gepeilt. Versuche, zu signalisieren, blieben ohne Erfolg.

Infolge einer gegen 9 U. aufkommenden östlichen Brise gelangte das Schiff zur Reede von Montevideo.

Es wurde das Quarantänesignal und das Notsignal „NH" gesetzt. Es kam der Pumpendampfer „Atlantica".

Es gelang mit Hilfe verschiedener Dampfer, das Feuer zu löschen.

Dieser Sachverhalt wurde auf Grund der vor dem Kaiserlichen Konsulat zu Montevideo abgelegten Verklarung, den Aussagen des Kapitäns Thiel und des Steuermanns Campen vor dem Kaiserlichen Konsulat zu Havre und der eidlichen Aussage des Lademeisters Redenius vor dem Seeamt für erwiesen erachtet.

Gründe. Die Verhandlung hat nicht ergeben, daß bei Ladung der Kohlen, Koks und Briketts die Vorschriften der See-Berufsgenossenschaft sowie der Denkschrift über Steinkohlenladungen in Kaffahrteischiffen, bearbeitet vom Reichsamt des Innern, nicht beachtet worden sind. Die Ladung ist ordnungsmäßig erfolgt.

Während der Fahrt ist mit der nötigen Aufmerksamkeit die Ladung beobachtet.

Der Brand ist auf Selbstentzündung zurückzuführen.

Die von der Schiffsführung getroffenen Maßregeln nach Feststellung des Brandes sind durchaus sachgemäß gewesen.

55.

Logger „Borkum" von Emden, Verlassen.

Seeamt Emden, den 26. September 1912.

Spruch. Am 27. Juni 1912 hat die Besatzung des Loggers „Borkum" —KJQR—, als er in der Nordsee vor Lerwick in Höhe von Bard Head und Noss Head kreuzte, das Schiff verlassen.

Das Verlassen des Schiffes war nicht erforderlich.

Die Schiffsführung trifft insofern eine Schuld, als nicht versucht ist, die Mannschaft zurückzuführen, und als der Schiffer selbst auf Zureden der Mannschaft sein Schiff verlassen hat.

Tatbestand. Führer ist der Schiffer Wilhelm Knake aus Hiddensen, der das Patent als Schiffer auf kleiner Fahrt von 1896 besitzt.

Die Besatzung bestand aus 14 Mann, von denen inzwischen drei entlaufen sind. Es sind mehrere Holländer darunter, jetzt noch drei, die Matrosen Langedyk, Posthumius und Hiemstra, die des Deutschen nicht mächtig sind, es auch nicht verstehen.

Gemäß Auftrag steuerte der Logger auf Lerwick zu. Am 27. d. M. um 6 U. Vm. war der Kurs SSW, es waren alle Segel gesetzt. Noss Head wurde in einigen Meilen Abstand gepeilt. Es herrschte eine flaue Brise aus SSO bei schwerer Dünung aus SSW.

Der Schiffer steuerte denselben Kurs weiter, um um Bard Head herumzukommen. Während bis jetzt noch das Land zu sehen gewesen war, trat etwa um 8 U. Vm. dichter Nebel ein. Der Schiffer hörte hinter sich Brandung, er beschloß, einen Schlag zu machen. Er ging über Stag. Dieses Manöver gelang noch gut. Jetzt setzte plötzlich Windstille ein. Das Schiff gehorchte dem Steuer nicht mehr und trieb auf die Brandung zu.

Der Schiffer bemannte das Boot mit fünf Mann, um den Versuch zu machen, den Logger zu schleppen. Es gelang nicht. Es wurde der Anker ausgeworfen, der scheinbar aber nicht faßte, da das Schiff weiter abtrieb.

Der Schiffer rief das Boot längsseits, um, falls etwas passieren sollte, es zur Hand zu haben.

Die Mannschaft, die immer aufgeregter geworden war, sprang, als das Boot längsseits lag, sofort in dasselbe.

Der Kapitän hatte versucht, die Mannschaft zu beruhigen, ging aber selbst, als alle Leute im Boot waren, auf das Zureden derselben ins Boot.

Während man noch Versuche machte, den Logger zu schleppen, kamen zwei Dampfer vorbei, die es aber ablehnten, das Schiff zu schleppen. Es wurde ferner das Nebelhorn eines Dampfers gehört.

Der Schiffer steuerte mit dem Boote auf das Nebelhorn zu, stets Nebelsignale gebend. Es kam kurz nach 8 U. ein Dampfer in Sicht. Durch Schreien der Mannschaft wurde die Aufmerksamkeit des Dampfers auf das Boot gelenkt. Der Dampfer stoppte und nahm die Leute an Bord.

Der Dampfer war der Fischdampfer „Pearl", beheimatet in Lowestoft.

Er suchte den Logger „Borkum" und fand ihn vor Anker liegend zwischen Bard Head und Noss Head etwa 2 m von dem Felsen entfernt mit dem Heck dem Strande zu, mit dem Kopfe ungefähr nach SW.

Vom Fischdampfer „Pearl" ist der Logger dann in den Hafen von Lerwick eingeschleppt worden, ohne irgend welche Schwierigkeiten. Der Logger ist unbeschädigt.

Dieser Sachverhalt wurde auf Grund der Aussagen des Schiffers Wilhelm Knake, des Bestmanns Heinrich Knake, der Matrosen Posthumius, Szalranck sowie der von dem Schiffer des „Pearl", French Linholm, abgelegten Verklarung vor der zuständigen Behörde in Lerwick am 27. Juni d. J. festgestellt.

Gründe. Das Verlassen des Loggers „Borkum" seitens der Mannschaft war nicht berechtigt. Der Anker war eben fallen gelassen und statt abzuwarten, ob er faßte, sind die Leute kopflos, da sie die Brandung hörten, und da sie merkten, daß das Schiff trieb, ins Boot gestiegen. Das Verhalten der Mannschaft ist strafbar nach § 94 ff. der Seemannsordnung. Sie waren daher nicht zu beeidigen.

Der Kapitän, der nach eigener Angabe direkte Gefahr nicht befürchtete und zugibt, daß ein Grund zum Verlassen des Schiffes nicht vorlag, hat ebenfalls kopflos gehandelt. Es wäre seine Pflicht gewesen, die Mannschaft vom Verlassen des Loggers abzuhalten und sie zu ihrer Pflicht zurückzuführen. Selbst zu Gewaltmaßregeln (§ 91 der Seemannsordnung) hätte er greifen dürfen, bevor er zuließ, daß das seiner Führung anvertraute Schiff, obwohl völlig seetüchtig, in Stich gelassen wurde. Der Kapitän hat sogar selbst das Schiff verlassen, ohne hierzu einen Grund zu haben.

Das Verhalten des Kapitäns ist um so weniger verständlich, als in der Nähe das Nebelhorn eines Dampfers gehört wurde, der sich dicht bei dem Logger befand, wie sich nachher herausgestellt hat.

Anderseits ist zu berücksichtigen, daß der Logger sich auf der ersten Reise befand, daß der Kapitän seine Leute noch nicht kannte. Ein Teil der Mannschaft ist des Deutschen nicht mächtig, der Kapitän konnte sich mit ihnen verständigen.

56.

Schleppzug „Farge-Ajax" von Bremen und Dampfer „Christine Sell" von Flensburg. Zusammenstoß.

Seeamt Bremerhaven, 15. Oktober 1912.

Spruch. Die Kollision zwischen dem auf der Weserreede vor Bremerhaven zu Anker liegenden Flensburger Dampfer „Christine Sell" —LMVQ— und dem von See im Tau des Schleppers „Farge" —QKCM— aufwärts kommenden Bremer Seeleichter „Ajax" —QKBT— am 13. September 1912 gegen 1 U. Vm. ist zurückzuführen darauf, daß der Schleppzug „Farge" durch unvorschriftsmäßige Lichterführung des Dampfers

„Christine Sell" über die Sachlage getäuscht worden ist. Dem Schleppzug ist ein Verschulden an dem Unfall nicht beizumessen.

Gründe. Am 12. September 1912 abens 7 U. schleppte „Farge" die drei leeren Bremer Leichter „Unterweser J", „Unterweser N" und „Ajax" von Helgoland nach der Weser. Gegen 1 U. Vm. kam der Schleppzug auf der Weserreede vor Bremerhaven an. Man steuerte in der Feuerlinie des Geestemünder Fischereihafens. In Höhe des Neuen Hafens von Bremerhaven angekommen, sichtete man eben an Steuerbord voraus etwa querab vom Oldenburger Lotsenschoner „Friedrich August", der auf seiner Station unterhalb Blexen lag, einen Dampfer. Dieser zeigte zwei weiße Feuer, das hintere etwas höher wie das vordere, anscheinend Topplichter. „Farge" ging auf halbe Kraft voraus, um zunächst den Gegendampfer näher auszumachen, von dem man auf eine kurze Zeit auch das grüne Seitenfeuer sah. Um nun entsprechend den Vorschriften Backbord zu Backbord passieren zu können, gab „Farge" etwas Steuerbordruder und einen kurzen Ton mit der Dampfpfeife. Auch die hintereinander im Schlepptau befindlichen Kähne gaben Steuerbordruder. Als der Schleppzug schon nach Steuerbord drehte, sah man auf „Farge" erst, daß der andere Dampfer, dessen grünes Feuer inzwischen verschwunden war, zu Anker lag. Da ein Zurückdrehen nicht mehr möglich war, weil bei dem derzeit ziemlich starken Flutstrom die Schleppkähne dann dem anderen Dampfer vor den Bug getrieben wären, ging „Farge" mit hart Steuerbordruder volle Kraft voraus, um so möglicherweise noch klar vor dem anderen Dampfer überzugehen. Dieses Manöver gelang jedoch bei der kurzen Distanz nicht mehr ganz. Leichter „Ajax", der letzte im Schleppzug, kam bei dem Manöver mit dem Schlepptau, seiner Ankerkette, auf die Ankerkette des fremden Dampfers, scheerte aus und lief dem Dampfer gegen seine Steuerbordseite, wobei die Schleppverbindung des „Ajax" mit dem vor ihm befindlichen Leichter brach. Durch die Kollision wurde dem Leichter „Ajax" der Steven verbogen, die Reeling an Steuerbord gespalten, die Steuerbordankerklüse gebrochen und der Steuerbordanker ging verloren. Der Leichter war dicht geblieben und wurde von „Farge", nachdem dieser mit dem zu Anker liegenden Dampfer die nötigen Angaben gewechselt hatte, wieder in's Tau genommen.

„Christine Sell" hatte am 12. September 1912 11 U. 45 M. Nm. auf der Geestemünder Reede dicht beim Lotsenschoner geankert, um Hochwasser abzuwarten und dann in den Geestemünder Hafen zu gehen. 12 U. 30 M. kam der Hafenlotse an Bord und begab sich zum Kapitän in die Kajüte, während der erste Steuermann Petersen und ein Matrose an Deck Wache gingen. Der 1. Steuermann Petersen wurde auf den ankommenden Schleppzug erst aufmerksam, als dieser in einem Abstand von vielleicht 3 bis 4 Schiffslängen vor dem Bug der „Christine Sell" nach Steuerbord hinüberging. Gleich darauf, ehe etwas weiteres getan werden konnte, erfolgte die Kollision, durch welche der „Christine Sell" die Verschanzung an Steuerbord stark eingebogen und beschädigt wurde, doch blieb der Dampfer dicht. (Der Schaden ist auf M 1 600 taxiert.)

Zur Zeit der Kollision lag der Dampfer, wie durch die Zeugenaussagen einwandfrei festgestellt ist, außerhalb der Leitfeuerlinie westlich auf erlaubtem Ankergrunde. Gegen die gewählte Ankerstelle sind daher Bedenken nicht zu erheben, wohl aber gegen die Lichterführung des Dampfers. Entgegen der (dem Artikel 11 der Seestraßenordnung entsprechenden) Vorschrift des § 45 der polizeilichen Weserschiffahrtsvorschriften hat er die beiden von ihm geführten Ankerlichter vorne und achtern in etwa gleicher Höhe angebracht, nicht wie vorgeschrieben das achtere Licht mindestens $4^1/_2$ m niedriger als das vordere. Zwar behauptet Kapitän Viereck, das hintere Ankerlicht sei erheblich niedriger wie das vordere, vielleicht 3 m, angebracht gewesen. Diese ungenaue Angabe (bei welcher sich Kapitän Viereck über die gesetzlich vorgeschriebene Höhendifferenz der Ankerlaternen nicht orientiert gezeigt hat) wird jedoch widerlegt nicht nur durch die glaubwürdigen Angaben der Zeugen des Schleppzugs, sondern auch durch die Bekundungen des 1. Offiziers der „Christine Sell" und durch den ganz unbeteiligten Lotsenaspiranten Moosmüller, der von dem dicht bei der „Christine Sell" zu Anker liegenden Oldenburger Lotsenschoner „Friedrich August" aus die Ankerlaternen der „Christine Sell", zumal nach der Kollision, mit ganz besonderem Interesse beobachtet hat. Diese letztgenannten Zeugen geben sämtlich an, daß die beiden Ankerlaternen in etwa gleicher Höhe, die hintere möglicherweise eine Kleinigkeit höher wie die vordere, aufgehängt gewesen seien. Auch daß die Zeugen des Schleppers „Farge" auf kurze Zeit das grüne Licht der „Christine Sell" gesehen haben wollen, ist trotz des Bestreitens der Zeugen des Dampfers, die ein solches Licht nicht gezeigt haben wollen, nicht unmöglich. Denn die Seitenlaternen des Dampfers sind alsbald bei dem Anbordkommen des Lotsen angezündet worden, nachdem sie schon vorher einmal irrtümlich (weil man glaubte, der Lotse käme, während es sich um ein anderes Boot handelte) angezündet gewesen und brennend auf die Brücke getragen, dort aber wieder ausgelöscht waren. Es erscheint nun durchaus nicht ausgeschlossen, daß bei dem Anzünden der Laternen, wenngleich sie dann hinter der dichten Brücke auf den Boden gestellt sind, der die Laternen bedienende Mann sie zur Prüfung des Lichtes zeitweilig in die Höhe gehoben und so den Irrtum des Schleppzugs, daß ein Seitenlicht gezeigt würde, hervorgerufen hat. Dadurch würden die von den Zeugen des Schleppzugs übereinstimmend gemachten Aussagen über das Sichten des grünen Lichtes sich ohne weiteres erklären.

Nach dem Gesagten ist die Führung des Schleppzugs ohne eigene Schuld (der Ausguck war ordnungsmäßig besetzt) durch die unvorschriftsmäßige Lichterführung des Dampfers „Christine Sell" getäuscht und in den Irrtum versetzt, der Dampfer mache Fahrt. Das Manöver des Schleppzugs, die rechte Seite seines Fahrwassers gegenüber dem ankommenden Dampfer, den man in dem Manöver des Lotsennehmens und in der Drehung vor Bremerhaven vermutete, zu halten, war durchaus richtig und entsprach dem § 61 der polizeilichen Weserschiffahrtsvorschriften (Rechts-Halten in engen Revieren). Die Schuld an dem Unfall trifft also lediglich die „Christine Sell", die auch entgegen § 71 der polizeilichen Weserschiffahrtsvorschriften einen Abdruck dieser Bestimmungen nicht an Bord hatte.

57.

Dampfer „Vandalia" von Hamburg. Zusammenstoß mit einem Schwimmdock und Dampfer „Graecia" von Hamburg. Auflaufen auf das Wrack der „Vandalia". Seeamt Hamburg, 16. Oktober 1912.

Spruch. Am 4. Oktober 1912 hat auf der Elbe etwas oberhalb Krautsand ein Zusammenstoß zwischen dem ausgehenden Dampfer „Vandalia" und einer für die Reiherstieg-Schiffswerfte bestimmten, im Tau der holländischen Schlepper „Schelde" und „Donau" befindlichen Docksektion stattgefunden, durch welchen die „Vandalia" zum Sinken gebracht wurde und zwei Leute ihrer Besatzung ihren Tod fanden.

Etwa eine Stunde später ist der Dampfer „Graecia" auf die gesunkene „Vandalia" aufgefahren und hat sich den Boden so beschädigt, daß er in sinkendem Zustand auf Grund gesetzt werden mußte.

Der Zusammenstoß ist in erster Linie darauf zurückzuführen, daß bei Ausführung des für die Schiffahrt auf der Elbe gefährlichen Schlepptransports nicht mit der genügenden Vorsicht verfahren ist und zwar hätte insbesondere die Schlepptrosse rechtzeitig gekürzt werden müssen.

Die Führung der „Vandalia" trifft aber auch insofern eine Mitschuld, als sie wohl Veranlassung gehabt hätte, vorsichtiger zu fahren, da die gesichteten Lichter des Schleppzugs ihr kein klares Bild von der Gestalt des Schleppzugs gaben und sie recht dicht hinter der „Alesia", die ihr die Aussicht nach vorn verdeckte, auffuhr.

Die Führung der „Graecia" trifft keine Schuld.

Tatbestand. Von den Zeugen der „Vandalia" wird der Hergang ihres Unfalls wie folgt dargestellt:

Die „Vandalia" hatte am 4. Oktober um 7 U. 45 M. Nm. den Hamburger Hafen verlassen und fuhr unter Assistenz des Kompagnielotsen Johann Berend Jorjan, geboren 1855, Befähigungszeugnis zum Schiffer auf großer Fahrt von 1881, bei klarem feuersichtigen Wetter und flauer südwestlicher Brise elbabwärts. Als man gegen 11 U. Nm., 2 1/2 Stunden nach Hochwasser, die Kursänderung von dem Pagensandfahrwasser nach den Krautsand-Feuern machte, kamen voraus die Lichter zweier dicht nebeneinander liegenden Schlepper in Sicht, und zwar führten beide Schlepper neben den zwei weißen Topplichtern noch zwei rote Lampen übereinander als Zeichen der Manövrierunfähigkeit. Von einem Anhang dieser Schleppdampfer konnte nichts ausgemacht werden.

Die „Vandalia" fuhr jetzt im Kielwasser des ihr etwa eine Schiffslänge vorauffahrenden Dampfers „Alesia" und hielt sich in der nördlichen Hälfte des Fahrwassers, da die Feuer von Krautsand nördlich offen waren.

Nach Behauptung des Lotsen Jorjan, welcher der wachehabende Maschinist allerdings bestimmt widerspricht, ist schon gleich nach der Kursänderung auf Krautsand-Feuer zu die Fahrt von volle Kraft (10 Knoten) auf halbe Kraft (8 Knoten) ermäßigt worden, da man der „Alesia" zu nahe auflief und sie dort nicht überholen wollte. Kapitän Meyer befand sich zu dieser Zeit auf der unteren Brücke, wo er ein Bedürfnis verrichtete. Auf der oberen Brücke befanden sich neben dem Lotsen der wachehabende 3. Offizier Hamann, der Kompaßregulierer Thaesler und der Matrose Schmidt als Rudersmann.

Nachdem der nördlicher liegende Schlepper in einer Entfernung von etwa 50 m an Backbord passiert war, bemerkte der Lotse Jorjan, daß die vorauffahrende „Alesia" plötzlich hart nach Steuerbord ausbog. Als hierdurch sein Ausblick nach vorn frei geworden war, sah er etwas über Steuerbord voraus einen hohen dunklen Gegenstand (das Schwimmdock), auf welchem jetzt drei rote Lampen sichtbar waren. Zwei dieser Lampen waren ganz oben auf dem Dock übereinander als Zeichen der Manövrierunfähigkeit angebracht, während die dritte rote Lampe (das Backbordseitenlicht) tiefer befestigt war. Das Ruder wurde jetzt auf Hartsteuerbord und die Maschine auf volle Kraft vorwärts beordert, da der Lotse meinte, nur noch mit diesen Manövern das gesichtete Hindernis klaren zu können. Als er durch diese Manöver das Dock klar an Backbord seines Dampfers gebracht hatte, ließ er das Ruder wieder nach Hartbackbord überlegen, um dadurch das Hinterschiff von dem Dock freischwingen zu lassen. Dieses Manöver mißlang aber, da die Backborddecke des Docks den Dampfer am Maschinenraum traf und ihn so schwer beschädigte, daß er sich alsbald mit Wasser zu füllen begann und nach wenigen Minuten sank. Der Lotse versuchte noch, da das Ruder Hartbackbord lag, das Schiff nach der Süd an Grund laufen zu lassen, es gelang dies aber nicht, da das Schiff zu schnell sank und die Maschine plötzlich stehen blieb. Der 3. Offizier hatte das Kommando „Stopp" in die Maschine telegraphiert, weil er der Meinung war, dieses Kommando, welches nicht gegeben ist, gehört zu haben. Kapitän Meyer gab gleich nach dem Zusammenstoße den Befehl, die Boote auszusetzen und zog anhaltend die Dampfpfeife, um die Aufmerksamkeit der in der Nähe befindlichen Fahrzeuge zu erregen. Alle Leute wurden nach oben beordert und dort aufgerufen. Hierbei sollen sich auch die beiden später vermißten Leute gemeldet haben, auch wird berichtet, daß diese Leute von dem Steward Peschke und dem Jungen Eberius, welche allerdings nicht vor dem Seeamt vernommen sind, an Deck gesehen seien. Da sie nachher mit dem Schiffe untergegangen sind, wird angenommen, daß sie noch einmal, um irgend etwas zu bergen, nach unten gegangen sind und dann beim Wegsinken des Dampfers den

Tod gefunden haben. Die Leiche des Kochs Wagner ist inzwischen aus dem Dampfer geborgen worden.

Die hinteren Boote konnten, da das Hinterschiff schnell zu sinken begann, nicht ausgesetzt werden. Während man noch mit dem Aussetzen der vorderen Boote beschäftigt war, kam ein Boot längsseit, welches der Dampfer „Celia" der Reederei Kirsten ausgesetzt hatte. Die Besatzung, 29 Mann, wurde von diesem Boote aufgenommen und auf den Fischerewer „Anna Maria", Schiffer Holst, übergesetzt, welcher sie in Krautsand landete. An Bord der „Vandalia" blieben der Kapitän, der Lotse, der 1. und der 2. Offizier, der 1. Maschinist und ein Heizer zurück und haben in den Wanten des gesunkenen Dampfers eine weiße Laterne aufgehängt, welche sie von dem inzwischen längsseit gekommenen Fischerewer „Maria", Schiffer Külper, requiriert hatten. Darauf verließen auch diese letzten Zurückgebliebenen das Wrack mit dem Ewer „Maria" und veranlaßten den Schiffer des Ewers, etwas unterhalb des Wracks vor Anker zu gehen. Kurze Zeit darauf ertönte plötzlich ein Knall, und der Dampfer sank auch mit dem Vorderteil schnell in die Tiefe, wobei die in den Wanten zur Bezeichnung des Wracks aufgehängte Lampe verlöschte.

Es waren inzwischen die Schlepper „Bravo" und „W. Th. Stratmann", welche dem Dockschleppzug zur Assistenz von Hamburg entgegengeschickt waren, herangekommen, und der Schiffer Külper gab die von ihm geborgenen Leute der „Vandalia" auf den „Bravo" über. Es wurde jetzt der Kapitän des Dampfers „W. Th. Stratmann", auf welchen drei Leute überstiegen, veranlaßt, zwei rote Laternen in seinem Schiffsboot nach dem gesunkenen Wrack hinüberzuschicken, wo sie zur Bezeichnung des Wracks am Hintermast aufgehängt werden sollten. Während man aber noch mit dem Herunterlassen des Bootes beschäftigt war, kam der Dampfer „Graecia" abwärts und rannte auf das zu dieser Zeit noch nicht durch Lichter bezeichnete Wrack. Auf diesen zweiten Unfall ist noch später zurückzukommen.

Die erste Hälfte des von der Flensburger Schiffsbau-Gesellschaft erbauten, für die Reiherstieg-Schiffswerfte bestimmten Schwimmdocks war im September von den holländischen Schleppern „Donau" und „Schelde" nach Hamburg geschleppt worden und am 22. September ohne Unfall dort angekommen. Am 27. September traten dieselben Schlepper mit der zweiten Hälfte des Docks die Reise von Flensburg an. Die Dockhälfte hatte eine Länge von 255 Fuß, eine Breite von 133 Fuß, die Trosse des stärkeren Schleppers „Schelde" wurde auf einem Hahnpoot befestigt, während die Schleppkette der „Donau" auf einem Poller an Deck des Docks, welcher sich auf ungefähr 1/3 der Dockbreite befand, befestigt war. Die hinter dem Heck der „Schelde“ ausstehende Manilatrosse war 90 Faden lang, darauf folgten 15 Faden Stahldraht und schließlich die Länge des Hahnpoot — 10 Faden —, so daß der Abstand zwischen Heck der „Schelde“ und Bug des Docks etwa 115 Faden, oder unter Berücksichtigung des Durchsackens der schweren Trosse 200 m betrug. Die „Donau“ hatte an 14 zölligem Manilakabel, Stahldraht und Schleppkette die gleiche Trossenlänge ausstehen, so daß die beiden Schleppdampfer nebeneinander liegend schleppten.

An Bord des Docks befanden sich sieben Leute zum Bedienen der Lampen und der Trossen. Die Führung des Schleppzugs hatten abwechselnd die Kapitäne der Schlepper, je nachdem sie Wache hatten.

Der in Rotterdam beheimatete Schleppdampfer „Schelde“ ist 1906 erbaut, zu 336 Reg.-Tons brutto vermessen, führt eine Maschine von 140 nominellen Pferdestärken und wird geführt von dem Kapitän Willem Verschoor.

Der gleichfalls in Rotterdam beheimatete Schleppdampfer „Donau“, 1910 erbaut, ist zu 239 Reg.-Tons brutto vermessen, hat eine Maschine von 79 nominellen Pferdestärken und wird geführt von dem Kapitän Willem Weltevreden.

Am 4. Oktober passierte der Schleppzug nach stürmischer Reise Helgoland, und es wurde des Morgens gegen 8 U. in der Nähe der Westertilltonne der Seelotse O. Petrowsky an Bord der „Schelde“ genommen. Da trotz des jetzt flauen nordöstlichen Windes das Dock bei der langen Trosse den Schleppern nicht in gerader Richtung folgte, sondern seitwärts abtrieb, sagte der Lotse dem Kapitän Verschoor, er möge doch vom 1. Feuerschiff aus um einen weiteren Schlepper telegraphieren, welcher das Dock hinten anfassen könne. Kapitän Verschoor hat nach Aussage des Lotsen geantwortet, er wolle keinen Schlepper bestellen, wenn es nötig täte, werde er die „Donau“ nach hinten beordern.

Da es später ganz windstill wurde und das Dock dann den Schleppern besser folgte, hat sich der Lotse hierbei beruhigt.

Um 3 U. 45 M. Nm. wurde Cuxhaven passiert und um 7 U. Nm. Brunsbüttel erreicht, wo der Seelotse von dem Böschlotsen Peter Wahlen, geboren 1842, Befähigungszeugnis zum Schiffer auf großer Fahrt von 1874, abgelöst wurde.

Der Schleppzug hatte am Tage zwei schwarze Bälle als Zeichen der Manövrierunfähigkeit geführt und setzte jetzt für die Nacht die beiden roten Lampen, welche in Artikel 4 der Seestraßenordnung für den Fall der Manövrierunfähigkeit durch Unfall vorgeschrieben sind. Diese beiden roten Lampen wurden auf beiden Schleppern oberhalb der beiden weißen Lampen und auf dem Dock oben auf dem Steuerbordflügel gesetzt. Die holländischen Kapitäne hatten diese Ball- beziehungsweise Lichterführung untereinander verabredet und haben auch das Einverständnis der Lotsen eingeholt.

Lotse Wahlen behauptet, als er um 6½ U. an Bord der „Schelde" gekommen sei, mit dem Kapitän verabredet zu haben, die Trossen bei Brunshausen bei Stauwasser aufzukürzen. Eine Kürzung der Trosse vorher sei nicht tunlich gewesen, da das Dock dabei schwer zu halten gewesen sein würde und man dadurch andere Dampfer gefährdet hätte. Ein Verankern des Docks sei nicht möglich gewesen, da das Dock zwar Anker, aber kein zum Wiederhieven der Anker genügendes Spill gehabt hätte. Der Lotse räumt ein, daß das Aufschleppen des Docks mit der langen Trosse mit nur zwei Schleppern vorn eine schwierige und gefährliche Sache gewesen sei, und daß es besser gewesen wäre, hinten noch einen dritten oder gar einen vierten Schlepper zu haben. Er sei aber unter den gegebenen Umständen gezwungen gewesen, weiterzufahren.

Es wurde nur durch die Agenten der Schlepper in Brunsbüttelkoog nach Hamburg an die Reiherstieg-Schiffswerfte telephoniert, daß der Schleppzug unterwegs sei, wodurch man einmal erreichen wollte, daß die Hafenbehörden benachrichtigt würden und zum anderen, daß dem Schleppzug Schlepper etwa bis Blankenese entgegengeschickt würden, von wo an man allerdings die Hilfe weiterer Schlepper für nötig hielt.

Bei der Fortsetzung der Fahrt elbaufwärts trat ungefähr bei Glückstadt Ebbe ein. Nach Behauptung des Lotsen und der Schlepperkapitäne soll sich das Dock jetzt im allgemeinen gut hinter den Schleppern gehalten haben. Die Steuerbordwand des Docks sei ungefähr hinter der Mitte der „Schelde" gewesen, weiter sei das Dock nicht ausgeschoren.

Der Zusammenstoß ereignete sich dann, als die Schlepper schon die Leitlinie der Feuer von Krautsand passiert, die Kursänderung nach Steindeich-Elsfleth aber noch nicht gemacht hatten, da sie zunächst noch weiter nach der Süd hinüberschleppen wollten. Der Schleppzug machte zu dieser Zeit nur etwa 4 Meilen durch das Wasser und 1 Meile Fahrt über den Grund. Die Feuer von Krautsand waren nach Süden offen an Steuerbord achteraus, das Dock lag etwa 1½ Striche an Backbord achteraus.

Jetzt kamen die beiden Dampfer „Alesia" und „Vandalia" entgegen, welche zunächst ihr grünes, dann beide ihr rotes Seitenlicht zeigten. Der hintere Dampfer „Vandalia" zeigte dann wieder auf einen Augenblick grün und kam dadurch nach Ansicht der holländischen Kapitäne etwas an Backbord des vorauffahrenden Dampfers zu liegen und dadurch näher an den Schleppzug heran als die „Alesia". Als er die „Schelde" in nahem Abstand passierte, wurde ihm zugerufen, daß man ein großes Dock im Tau habe, worauf aber eine Antwort nicht erfolgte. In der Erkenntnis der Gefahr stoppten die Schlepper die Maschine. Gleich darauf sah man, daß der Dampfer hart nach Steuerbord ausbog, dadurch aber nicht von dem Dock freikam, vielmehr an Backbordseite von der Backbordecke des Docks getroffen wurde. Durch den Stoß brach die Schlepptrosse der „Donau", so daß diese zunächst die Trosse einhieven mußte, während die „Schelde" das Dock halten mußte.

Hierdurch waren beide Schlepper verhindert, der „Vandalia" zu Hilfe zu eilen. Da aber jetzt die Schlepper „W. Th. Stratmann" und „Bravo" herankamen, setzte der Kapitän der „Schelde" diese von dem Unfall in Kenntnis und forderte sie zur Hilfeleistung auf.

Als die Schlepperführer dann sahen, daß genügende Hilfe zur Stelle war, setzten sie die Fahrt mit dem Dock fort, wobei die „Schelde" das Dock bis Brunshausen gegen die Ebbe allein schleppte, während die „Donau" sich zur Hilfeleistung bereit in der Nähe hielt. Bei Brunshausen, wo man bei Tagesanbruch und Niedrigwasser anlangte, machte die „Donau" wieder auf dem Poller an Backbord fest und beide Schlepper kürzten ihre Trossen jetzt auf 50 m auf.

Um ein klares Bild über die Navigierung des Schleppzugs zu gewinnen, hat das Seeamt noch die Lotsen einiger anderer Dampfer vernommen, welche das Dock passiert haben.

Der Lotse Steffens der „Alesia" hat, als er die Kursänderung bei Steindeich-Elsfleth machte, die beiden Schlepper in der Leitlinie der Krautsand-Feuer, nicht südlicher, gesehen und gewahrte nach einiger Zeit nördlich von den Schleppern das Dock. Er hat das Dock, welches nach seiner Behauptung sehr erheblich nach Norden herumgeschwoit war, unter Hartsteuerbordruder passiert, passierte dabei die Tonne 3/5 (jetzt 5) dicht an Steuerbord, so daß er noch befürchtete, mit seinem 26 Fuß tiefgehenden Dampfer an Grund zu kommen.

Der Lotse Fock der „Celia", welche etwa 1/2 Meile hinter der „Vandalia" fuhr, hat den Schleppzug schon vor der Kollision gesehen und bestätigt ebenfalls, daß das Dock ziemlich weit nach der Nord hinüberlag.

Lotse Ebeling der „City of Bradford" passierte den Schleppzug nach der Kollision. Er hat die Schlepper in einem Abstand von einigen hundert Metern passiert, mußte aber des Docks wegen immer weiter nach Steuerbord ausweichen, da dieses immer mehr nach der Nord hinüberkam.

Der Dampfer „Celia" drehte, als man auf ihm den Unfall bemerkte, gegen die Ebbe auf, ging etwa eine Schiffslänge oberhalb der gesunkenen „Vandalia" vor Anker und sandte ein Rettungsboot zur „Vandalia" hinüber. Dieses Boot barg die Besatzung und brachte sie zu dem Fischerewer hinüber. Während dies Boot dann wieder eingenommen wurde, sank die „Vandalia" mit laut zischendem Geräusch auch mit dem Vorderteil unter. Als die „Celia" dann den Anker hieven wollte, kam der Dampfer „Graecia" der Hamburg-Amerikanischen Packetfahrt-Actien-Gesellschaft abwärts und passierte die „Celia" in geringem Abstand. Es wurde ihm von der „Celia" aus zugerufen, Steuerbordruder zu geben, da hinter der „Celia" ein Dampfer im Grunde liege, und man kam dieser Warnung auf der „Graecia" sofort nach. Kaum war das Ruder dort nach Hartsteuerbord übergelegt, als auch schon der Schornstein des Wracks gesichtet wurde, und gleich darauf der Zusammenstoß mit dem Wrack erfolgte. Die „Graecia" lief mit dem Backbordbug gegen das Wrack und zog sich so schwere Schäden zu, daß sie sofort, um ihr Sinken in tiefem Wasser zu verhüten, an der Nordseite des Fahrwassers zwischen den Tonnen 4 und 5 auf den Grund gesetzt werden mußte.

„Graecia" stand unter Führung des Kapitäns Heinrich Johann Friedrich Bark, welcher sich zusammen mit dem Lotsen Dölling und dem 1. Offizier Kroß auf der Brücke befand. Alle drei Zeugen bestätigen, daß der Schornstein des Wracks erst nach der Warnung der „Celia" gesichtet wurde und daß nichts anderes übrig geblieben sei als der Versuch, das Wrack unter Hartsteuerbordruder zu klaren. Insbesondere hätte man durch Rückwärtsarbeitenlassen der Maschine bei der kurzen Entfernung des Wracks den Unfall auf keinen Fall vermeiden können.

Über die zwecks Benachrichtigung der Empfänger des Docks und der Hamburger Marinebehörden von dem Eintreffen des Docks auf der Elbe ergriffenen Maßregeln ist folgendes ermittelt worden:

Während beim Transport der ersten Dockhälfte die Reiherstieg-Schiffswerfte schon einige Tage vor Eintreffen des Docks dem Oberhafenamte mitgeteilt hatte, daß das Dock in einigen Tagen vor der Elbe ankommen werde und die Bitte um Benachrichtigung und Warnung der aufwärts und abwärts fahrenden Lotsen hinzugefügt hatte, ist bei dem hier fraglichen Transport der 2. Dockhälfte eine solche rechtzeitige Mitteilung nicht ergangen.

Es ist lediglich am 4. Oktober um 10 U. 30 M. Vm. vom 1. Feuerschiff aus der Flensburger Schiffsbau-Gesellschaft und der Schlepperreederei in Rotterdam gemeldet worden, daß der Schleppzug dort passiert sei. Diese Meldung war auch schon vorher von Helgoland nach Flensburg gemacht worden und auf diese hin reiste der Ingenieur Johannsen von Flensburg nach Hamburg, um dort die erforderlichen Maßnahmen für Empfangnahme und Unterbringung des Docks zu treffen. Nach Ankunft in Hamburg erfuhr Herr Johannsen auf telephonische Anfrage in Cuxhaven, daß der Schleppzug dort um 3 U. 40 M. Vm. passiert sei. Diese Mitteilung überbrachte er dann persönlich der Reiherstieg-Schiffswerfte und veranlaßte den Oberbetriebsingenieur der Werft, Herrn Jacobsen, dieses dem Oberhafenamte telephonisch zu melden. Nach Aussage des Jacobsen ist die zwischen 4¼ und 4½ U. gemachte telephonische Meldung auf dem Oberhafenamte nicht angenommen worden. Es soll vielmehr geantwortet worden sein, man möge um 6 U. wieder anrufen, da der Oberhafenmeister erst dann wieder anwesend sein werde. Die Meldung ist dann um 6 U. wiederholt worden und vom Oberhafenamte der Marineverwaltung weitergegeben. Diese hat dann noch dem Lotsenbureau für das Elbabwärtslotsen Mitteilung machen lassen, den Lotsen Jorjan der „Vandalia", welcher als Kompagnielotse das Lotsenbureau nicht aufsucht, hat aber die Meldung nicht mehr erreicht, und er hat auch sonst keine Kenntnis davon erlangt, daß das Dock auf der Elbe erwartet werde.

Die roten Lampen des Docks sind von der Seewarte untersucht und alle drei für ungenügend befunden worden. Die beiden Lampen, welche zur Kennzeichnung der Manövrierunfähigkeit geführt wurden, hatten nur 0,3, die rote Seitenlampe 0,6 der vorgeschriebenen Sichtweite.

Der Reichskommissar hat ausgeführt, daß die alleinige Schuld an der Kollision den Schleppzug treffe.

Es sei festgestellt, daß der Zusammenstoß im nördlichen Teile des Fahrwassers stattgefunden habe, die Schlepper hätten sich zwar im richtigen Teile des Fahrwassers befunden, das Dock sei aber infolge der Kursänderung und unter Einfluß der stark setzenden Ebbe, des Windes und der sehr langen Trosse bedeutend nach Norden in das falsche Fahrwasser vertrieben.

Die von den Schleppern geführten zwei roten Lampen hätten nicht der Voraussetzung des Artikel 4 der Seestraßenordnung entsprochen.

Die Führung der „Vandalia" treffe ebensowenig eine Schuld an der Kollision wie die Führung der „Graecia" an dem Auflaufen auf das Wrack.

Für die Zukunft dürfte für solche Docktransporte zu fordern sein:

Schleppen mit kurzer Schleppleine, Transport nur am Tage, oder wenn bei Nacht, Beleuchtung des Docks mittels Scheinwerfers,

Schlepper am Heck zum Steuern,

vorherige und rechtzeitige Benachrichtigung der Behörden und Lotsen der die Elbe befahrenden Schiffe.

Gründe. Das Seeamt hat dem Reichskommissar in der Beurteilung der Navigierung des Dockschleppzugs lediglich beistimmen können. Es ist durch eine Reihe einwandfreier Zeugen festgestellt, daß das Dock nach der nördlichen Hälfte des Fahrwassers hinübergeschwoit war und dadurch den elbabwärts fahrenden Schiffen den Weg versperrte.

Je weiter sich die Schlepper also an der Süd befunden haben, desto stärker muß dieses Herumschwoien des Docks gewesen sein. Es ist aber auch durchaus nicht als erwiesen anzusehen, daß die Schlepper erheblich über die Leitlinie der Krautsand - Feuer hinausgekommen sind, da der Lotse Steffens sowohl wie der Kompaßregulierer Thaesler sie, als die „Alesia" beziehungsweise die „Vandalia" den Kurs auf Krautsand änderten, gerade in der Leitlinie gesehen haben, und der Schleppzug nur sehr geringe Fahrt voraus gemacht hat, sich also bis zur Kollision nur wenig fortbewegt haben kann. Wenn die Schlepper aber so anlagen, daß sie die Krautsand-Feuer an Steuerbord, das Dock aber an Backbord achteraus hatten, so ergibt sich hieraus ohne weiteres, daß das Dock an der langen Trosse weit in die nördliche Hälfte des Fahrwassers hineingeraten sein muß.

Der erste in die Augen springende Fehler, welcher hier gemacht ist und welcher für den Unfall kausal geworden ist, liegt darin, daß man die Trosse nicht aufgekürzt hat, sondern mit der 200 m langen Trosse elbaufwärts gefahren ist. Wenn das Dock auch bei Windstille auf See gut hinter den Schleppern gelegen haben mag, so mußte es doch auf der Hand liegen, daß die lange Trosse in dem engen belebten Fahrwasser der Elbe und bei den Einflüssen des Windes, des Stromes und der Kursänderungen auf das Verhalten des steuerlosen Docks eine erhebliche Gefahr bedeuten mußte.

Wenn das Dock bei einer etwa 50 m langen Trosse wohl auch schärfer hin- und hergegiert haben würde, so würde dies doch eben wegen der Kürze der Trosse nicht annähernd die Gefahr bedeutet haben, wie das langsamere aber weit ausgiebigere Ausscheren bei der langen Trosse.

Es wäre also Pflicht der Schlepperkapitäne gewesen, die Trosse schon beim Einfahren in die Elbe zu kürzen, und es erscheinen hier neben den Kapitänen auch die beiden Lotsen verantwortlich. Daß ein Kürzen der Trossen während des Fahrens gegen den Strom nicht tunlich gewesen sei, wie der Lotse Wahlen geltend macht, ist nicht anzuerkennen. Es hat sich gezeigt, daß die „Schelde" allein imstande war, das Dock gegen die Ebbe zu schleppen, es war hiernach also gewiß den Schleppern möglich, einer nach dem anderen die Trosse zu kürzen.

Als weitere Vorsichtsmaßregel wäre es geboten gewesen, rechtzeitig für einen dritten und eventuell einen vierten Schlepper zu sorgen, welche das Dock hinten hätten anfassen und am Scheren verhindern sollen. Der Lotse Petrowsky hat dies zunächst verlangt, hat sich aber bedauerlicherweise bei dem Widerspruche des Kapitäns Verschoor beruhigt, da das Dock damals gut hinter den Schleppern lag. Dem Lotsen Wahlen muß zugegeben werden, daß er sich, als er bei Brunsbüttel an Bord der „Schelde" kam, in einer Zwangslage befand, da dort keine Schlepper waren und das Dock beim Fehlen eines genügenden Ankerspills nicht vor Anker gelegt werden konnte.

Ein dritter Fehler, welcher von den Schlepperkapitänen gemacht ist, liegt darin, daß sie auf den Schleppern und dem Dock die roten, zum Anzeigen der Manövrierunfähigkeit bestimmten Lampen aufsetzten. Es lag hierin ein Verstoß gegen den Artikel 4 der Seestraßenordnung, da diese Lampen nur geführt werden dürfen, wenn ein Schiff durch Unfall manövrierunfähig geworden ist. Dieser Fall lag aber hier nicht vor.

Es kann nun nicht geleugnet werden, daß durch die Führung solcher Lichter, ohne daß die gesetzliche Voraussetzung für ihre Führung vorliegt, unter Umständen folgenschwere Irrtümer hervorgerufen werden können.

Im vorliegenden Fall hat sich dies allerdings, worauf bei der Behandlung der Navigierung der „Vandalia“ noch zurückzukommen ist, nicht feststellen lassen, es kann daher in dieser falschen Lichterführung eine Ursache des Unfalls nicht gefunden werden.

Ebensowenig kann mit Sicherheit gesagt werden, daß die ungenügende Sichtweite der Docklampen für den Unfall kausal geworden ist, da es sehr wohl möglich ist, daß man auf der „Vandalia“ ebenso wie auf der „Alesia“ die Lampen trotz ihrer schlechten Beschaffenheit rechtzeitig gesehen hätte, wenn sie nicht von der voraufrenden „Alesia“ bis zu ihrer Schwenkung nach Steuerbord verdeckt gewesen wären.

Nach allem Vorstehenden ist auszusprechen, daß bei diesem Docktransport nach den verschiedensten Richtungen hin nicht mit genügender Vorsicht und Sorgfalt verfahren ist und daß hierfür neben den Schlepperkapitänen und den Lotsen auch die Erbauerin und Absenderin des Docks ein Vorwurf trifft. Es konnte auch der Flensburger Schiffsbau-Gesellschaft nicht verborgen sein, daß das Schleppen eines solchen enormen Docks in dem belebten Fahrwasser der Elbe ein schwieriges und für die Schiffahrt gefährliches Unternehmen war. Hieraus erwuchs aber auch für die Flensburger Schiffsbau-Gesellschaft die Pflicht, sich selbst mehr als sie es getan hat um den Transport und die zu ergreifenden Vorsichtsmaßregeln zu kümmern, anstatt sich ganz darauf zu verlassen, daß die holländischen Schlepper den Transport wohl auszuführen wissen würden. Vor allen Dingen hätte die Werft rechtzeitig, das heißt ebenso wie bei dem Transport der ersten Dockhälfte schon einige Tage, vorher die hiesigen Hafenbehörden benachrichtigen und etwaige zu ergreifende besondere Vorsichtsmaßregeln mit ihnen überlegen müssen. Daß sie sich dies nicht klar gemacht hat, ergibt deutlich die Tatsache, daß man nicht einmal am Vormittage des 4. Oktober nach Eingang der Nachricht von Helgoland die Hafenbehörden telegraphisch benachrichtigte, vielmehr hiermit wartete, bis sich der Vertreter der Flensburger Schiffsbau-Gesellschaft nach Hamburg begeben hatte. Daß die erst gegen 4½ U. Nm. gemachte Meldung, daß das Dock um 3 U. 40 M. Cuxhaven passiert habe, verspätet war und damit den Hafenbehörden die Möglichkeit genommen war, noch wirksame Maßregeln zu ergreifen, liegt auf der Hand. Es kommt daher nicht wesentlich darauf an, ob sich um 4½ U. ein zur Entgegennahme der Meldung bereiter Beamter am Bureau des Oberhafenamts befand, oder ob dies erst um 6 U. der Fall war. Immerhin würde es bedauerlich erscheinen, wenn durch solche Zufälligkeiten des inneren Dienstes die Weitergabe der wichtigen Meldung wieder um 1 1/2 Stunden verzögert wäre.

Ferner wäre es auch wohl noch möglich gewesen, die Lotsen der Hamburg-Amerika-Linie, welche als Kompagnielotsen zum größten Teil das Lotsenbureau nicht besuchen, sei es durch die Zolljacht oder auf andere Weise, von der Anwesenheit des Docks auf der Elbe noch rechtzeitig zu benachrichtigen.

Wenn aber hier auch die eine oder die andere Maßregel von den Behörden versäumt sein sollte, so würde in erster Linie die Schuld die Flensburger Schiffsbau-Gesellschaft treffen, weil diese nicht für eine rechtzeitige Benachrichtigung der Hafenbehörden Sorge getragen hat.

In Übereinstimmung mit dem Reichskommissar hat das Seeamt hiernach die Hauptschuld an der Kollision dem Dockschleppzuge beigemessen, hat aber im Gegensatze zu dem Reichskommissar einen Teil der Schuld auch der Führung der „Vandalia" zur Last legen zu müssen geglaubt.

Der Lotse Jorjan hat, als er die roten und weißen Lichter der Schlepper sichtete, nicht gewußt, was sie zu bedeuten hätten und hat trotz scharfen Ausgucks den Anhang der Schlepper, welcher nach den weißen Topplichtern doch vorhanden sein mußte, nicht ausmachen können. Er wußte also nur, daß ihm ein in seiner Gestalt vorläufig rätselhafter Schleppzug entgegenkomme, welcher sogar anscheinend infolge eines Unfalls der vollen Manövrierfähigkeit entbehrte.

In dieser Position hätte er nach Ansicht des Seeamts eine abwartende Stellung einnehmen müssen, also die Maschine auf langsam eventuell auf stopp beordern müssen, bis er die Sachlage voraus besser beurteilen konnte.

Dies hat er nicht getan, vielmehr seine Fahrt mit halber Kraft — 8 Meilen —, nach Aussage des wachehabenden Maschinisten sogar mit voller Kraft, fortgesetzt und ist dabei so dicht hinter der „Alesia" aufgesteuert, daß diese ihm die Aussicht nach vorn verdeckte, so daß er das Dock nicht eher in Sicht bekam, als bis die „Alesia" plötzlich vor dem Dock nach Steuerbord ausbog und ihm dadurch die Aussicht freimachte.

Da außerdem bei dem südwestlichen Winde der Rauch der Schlepper die Aussicht behinderte, mußte ausgesprochen werden, daß die Navigierung der „Vandalia" unter den gegebenen Umständen eine genügend vorsichtige nicht gewesen ist. Wenn dem Lotsen auch zuzugeben ist, daß er mit einem so weit von den Schleppern entfernten und so weit nach Norden vertriebenen Anhang kaum rechnen konnte, so mußte ihm doch ein wenn auch erheblich geringerer Teil der Schuld aus den angegebenen Gründen zur Last gelegt werden.

An dem Tode der beiden Leute der „Vandalia“ ist eine Sonderschuld niemandem nachgewiesen, wenn auch dieses weitere Unglück sich vielleicht nicht ereignet hätte, wenn der 3. Offizier nicht die Maschine hätte stoppen lassen, wenn der Dampfer also noch weiter mit voller Fahrt nach der Süd in flacheres Wasser hätte laufen können. Da der 3. Offiizier aber das Kommando „Stopp“ verstanden hatte, und es nicht klar ist, wodurch dieser Irrtum hervorgerufen ist, war ihm eine direkte Schuld nicht nachzuweisen. Im übrigen ist seitens der Offiziere alles getan, um alle Leute der Besatzung an Deck zu rufen, und es scheint, daß die beiden Verunglückten wieder von Deck nach unten gegangen sind, um irgend etwas zu holen, und daß sie dabei den Tod gefunden haben.

Der Führung der „Graecia“ war eine Schuld an dem Auflaufen auf das Wrack der „Vandalia“ nicht beizumessen, da die „Vandalia“ damals nicht durch Lichter bezeichnet war, und der Schornstein des Wracks erst auf so kurze Entfernung in Sicht kam, daß der Zusammenstoß nicht mehr zu vermeiden war. Auch die Warnung der „Celia“ vor dem hinter ihr liegendem Wrack erfolgte, da die „Celia“ nur eben oberhalb des Wracks ankerte, so spät, daß der Unfall durch Rückwärtsarbeitenlassen der Maschine nicht verhütet wäre. Zudem rief man von der „Celia“ hinüber, daß Steuerbordruder zu geben sei, und es kann auch schon aus diesem Grunde der Schiffsleitung der „Graecia“ kein Vorwurf daraus gemacht werden, daß sie dieser Warnung entsprechend handelte.

Auch daß das Wrack damals nicht durch Lichter kenntlich gemacht war, gereicht niemandem zum Vorwurf, da die zuerst aufgehängte Lampe beim Sinken des Vorderschiffs der „Vandalia“ verlöscht war und man bei der Kürze der Zeit mit dem Ausbringen der inzwischen requirierten neuen Lampen noch nicht fertig geworden war.

Dieser folgenschwere Unfall hat dem Reichskommissar Anlaß gegeben, die Frage aufzuwerfen, ob nicht für solche gefährlichen Docktransporte besondere Bestimmungen zu erlassen seien. Das Seeamt ist der Ansicht, daß es allerdings nicht richtig erscheint, daß man sich bei derartigen, für die allgemeine Schiffahrt gefährlichen Transporten lediglich auf die Vorsicht und Diligenz der beteiligten Kapitäne und Reedereien verläßt und würde es allerdings für richtig halten wenn für solche besonderen Fälle auch besondere bindende Vorschriften erlassen würden.

Diese würden sich unter anderem zu erstrecken haben auf die Länge der Trosse, die Zahl der zu verwendenden Schlepper, auf die Frage der besonderen Beleuchtung solcher Schleppzüge, auf die Frage, ob solche Transporte nur bei Tage oder auch bei Nacht zulässig sein sollen und ob solche Docks nicht mit ausreichender Ankervorrichtung zu versehen seien, auf die rechtzeitige Benachrichtigung der Behörden und so weiter.

Wenn solche Vorschriften aber erlassen werden sollten, so müßte auch dafür gesorgt werden, daß ihre Befolgung erzwungen werden könnte, was beim Fehlen einer Strompolizei auf der Elbe bisher recht zweifelhaft erscheint. Zum mindesten sollte in Cuxhaven ausreichende polizeiliche Macht stationiert werden, welche solchen, den Vorschriften nicht entsprechenden, eine Gefahr für die Schiffahrt bedeutenden Schleppzügen die Fortsetzung der Fahrt elbaufwärts untersagen könnte und welche auch imstande wäre, die Befolgung eines solchen Verbots durch Gewalt zu erzwingen.

Der Führung des Dampfers „Celia" ist für die prompt ergriffenen und erfolgreichen Rettungsmaßregeln besondere Anerkennung zu zollen.

58.
Dampfer „Elisabet" von Wismar.
Strandung.
Seeamt Rostock, 28. Mai 1912.
Ober-Seeamt, 22. Oktober 1912.

Spruch des Seeamts. Der Wismarer Dampfer „Elisabet", Unterscheidungssignal MSKG, ist am 19. April 1912 3 U. 30 M. Vm. auf der Fahrt von Rotterdam nach Boneß bei Boulmer bei nebligem Wetter auf Grund geraten und am Nachmittag mit fremder Hilfe wieder flott geworden. Den Kapitän Frahm trifft insofern eine Schuld an dem Unfall, als er vorher nicht genügend gelotet hat; jedoch wird ihm die Befugnis zur Ausübung des Schiffergewerbes belassen.

Gründe. 1. Der zu netto 287 Tons vermessene Dampfer verließ am 17. April 1912 4 U. Nm. in Ballast den Hafen von Rotterdam, um nach Boneß zu fahren. Der Tiefgang betrug vorne 5′ 11″, hinten 8′ 6″. Nachdem um 5 U. 55 M. Hoek van Holland passiert war, ging der Lotse von Bord. Das Wetter war schön und die See ruhig. Bei östlichem Winde wurde NNW-Kurs gesteuert.

Am Nachmittag des 18. April kam Nebel auf. Deshalb wurde die Maschine auf halbe Kraft gestellt, und es wurden Nebelsignale gegeben. Der gesetzte Kurs wurde unverändert beibehalten. Um 12 U. Mn. befanden sich auf der Brücke der Kapitän Frahm und der 2. Steuermann Steuer, und zwar ersterer an B. B.-, letzterer an St. B.-Seite. Der Matrose Heim stand von 1—2 und 3—4 U. morgens am Ruder, Ausguck hielt von 2—3 U. niemand. Da um 1 U. der Nebel etwas nachließ, gab der Kapitän das Kommando, mit voller Kraft zu fahren. Gelotet wurde nicht. Der Kapitän und der Steuermann wollen verschiedentlich Lichter von entgegenkommenden Schiffen gesehen haben, letzterer nur an B. B.-, ersterer auch an St. B.-Seite. Der Matrose Heim hat dagegen keine Lichter bemerkt. Um 3 U. wurden von Land her Nebelsignale gehört. Der Kapitän und Steuermann nahmen mit Recht an, daß diese von der Station Coquet herkamen. Aber obwohl diese Station nach dem gesetzten Kurse 15 sm entfernt sein mußte, und sie bei solcher Entfernung die Signale nicht hätten hören können, wurde der Kurs nicht geändert und keine Lotung vorgenommen. Um 3 U. 30 M. bemerkte der Kapitän an B. B.-Seite Land. Er ließ sofort hart St. B.-Ruder geben, aber im selben Augenblick lief das Schiff bei Boulmer-Northumberland auf Grund. Die Maschine wurde jetzt gestoppt und dann auf volle Kraft rückwärts gestellt, um das Schiff frei zu bekommen, aber dies gelang nicht. Es wurde darauf der schwere Warpanker mit zwei zusammengesetzten Stahltrossen nach St. B. achteraus gebracht, und wurden die Vorder-Ballasttanks zum Lenzen angestellt, sodann steif gehievt. Aber da das Warp auf dem harten Grunde nicht hielt und das Wasser fiel, gelang es nicht, das Schiff abzubringen.

Um 6 U. kamen Fischer an Bord, die 2 Warpanker weit achteraus verbrachten, auch wurden alle Ballasttanks gelenzt. Nachmittags kam bei steigendem Wasser ein Schlepper von Warkworth heran, der eine Schlepptrosse an Bord gab, und mit dessen Hilfe gelang es um 3 U. 7 M. Nm. das Schiff flott zu bringen. Dabei stieß es wiederholt hart auf Grund. Es konnte dann mit eigener Maschine nach North Shields fahren, wo es um 6 U. 45 M. bei Smith's Dock Co. fest machte. Die Untersuchung ergab, daß 1 Platte erneuert und 6 Platten repariert werden mußten, auch waren mehrere Rohre infolge Überanstrengung ausgelaufen.

2. Nach diesen auf Grund der Hauptverhandlung getroffenen Feststellungen muß die Schuld an der Strandung des Schiffes dem Kapitän Frahm beigemessen werden. Er hat zunächst insofern vorschriftswidrig gehandelt, als er von 2—3 U. Vm. vor der Strandung keinen Ausguckmann bestellt hat. Freilich möchte durch die Bestellung eines solchen der Unfall nicht verhütet sein. Aber jedenfalls hätte er bei dem nebligen Wetter loten müssen. Denn wenn er auch den Kurs richtig abgesetzt hatte, so mußte er doch bei der Küstenströmung damit rechnen, daß der Dampfer von dem Kurse abkommen würde. Es kann ihn nicht entschuldigen, daß er nach seiner Behauptung vor der Strandung mehrere Lichter auf See gesehen haben will. Denn wahrscheinlich hat es sich hierbei um Fischerboote gehandelt, wie er sich bei gehöriger Überlegung sagen mußte. Besonders aber mußte es ihn stutzig machen, daß er um 3 U. das Nebelsignal von Coquet hörte. Denn nach dem von ihm gesetzten Kurse mußte er etwa 15 sm von Land entfernt sein, dann aber konnte er das Signal nicht hören.

Das Seeamt hat aber trotzdem diesmal noch davon abgesehen, dem Kapitän Frahm, wie vom Reichskommissar beantragt ist, das Schifferpatent zu entziehen. Denn nach seiner Angabe hat er früher nur einmal im Jahre 1904 mit einem von ihm geführten Dampfer eine Havarie erlitten, wegen deren er von dem Seeamt Flensburg nicht frei von Schuld gesprochen ist, sonst aber keine Unfälle mit den von ihm geführten Schiffen gehabt. Es kann deshalb aus der von ihm jetzt gezeigten Nachlässigkeit noch nicht der Schluß gezogen werden, daß er nicht die zur Ausübung des Schiffergewerbes erforderliche Qualifikation besitzt.

Entscheidung des Ober-Seeamts.

Auf die Beschwerde des Reichskommissars gegen den Spruch des Seeamts zu Rostock vom 28. Mai 1912 über die Strandung des Wismarer Dampfers „Elisabet" hat das Kaiserliche Ober-Seeamt in seiner zu Berlin am 22. Oktober 1912 abgehaltenen öffentlichen Sitzung nach mündlicher Verhandlung der Sache entschieden, die Beschwerde wird zurückgewiesen, die baren Auslagen des Beschwerdeverfahrens bleiben außer Ansatz.

Gründe. Der in Wismar beheimatete Dampfer „Elisabet" von 287 Reg.-Tonnen netto hat am 17. April 1912 unter Führung des Kapitäns Friedrich Frahm in seetüchtigem Zustand, gut ausgerüstet und vollzählig bemannt, in Ballast, Tiefgang vorn 5' 11", hinten 8' 6", bei schönem klaren Wetter und fast ruhiger See den Hafen von Rotterdam zur Reise nach Boneß in Schottland verlassen. Es wurde Kurs NNW gesteuert und der Kurs auch, nachdem am 18. April mittags der Schiffsort nach Loggrechnung auf 54° 8' Nord und 1° 0' Ost, durch Observation 53° 56' Nord (Chronometer waren nicht an Bord) bestimmt war, beibehalten. Am 18. April 5½ U. Nm. kam Nebel auf und hielt mit Unterbrechungen mehr oder minder stark an. Die Fahrt wurde dementsprechend zeitweise ermäßigt, auch wurden Nebelsignale gegeben. Der Kapitän Frahm will sich seit Mittag, abgesehen von kurzen Unterbrechungen, dauernd auf der Brücke befunden haben. Seit 12 U. Nm. 19. April hatte der 2. Steuermann Steuer die Wache; der Ausguckposten war nicht besetzt. Dieser Dienst wurde von dem an Backbord befindlichen Kapitän Frahm und dem an Steuerbord befindlichen Steuermann Steuer wahrgenommen. Von 1 U. Vm. an hielt man die Sichtigkeit für genügend, um volle Kraft fahren zu können, ließ aber noch Nebelsignale geben. Aus dem Sichten passierender Lichter an Backbord und Steuerbord, die für Dampfer gehalten wurden, schloß der Kapitän, daß er sich auf dem richtigen Wege befände. Um 3 U. am 19. April hörte man Coquet-Nebelsignal achterlicher als dwars und langsam nach hinten auswandernd. 3 U. 30 M. am 19. April wurde plötzlich Land an Backbord gesichtet, und das Schiff lief, trotzdem sofort hart Steuerbordruder gegeben und mit voller Maschinenkraft rückwärts gearbeitet wurde, auf Grund — wie sich später herausstellte bei Boulmer.

Ungeachtet aller Bemühungen mit Warpanker und Stahltrossen sowie Lenzen des Ballasttanks, wobei bald auch herzukommende Fischer Hilfe leisteten, blieb das Schiff sitzen und fiel mit dem sinkenden Wasser gänzlich trocken. Erst am Nachmittag desselben Tages (19. April) um 3 U. 7 M., als das Wasser wieder gestiegen war, gelang es einem herbeigerufenen Dampfer, die „Elisabet" abzuschleppen, wobei sie heftig auf Grund stieß. Die ausgefahrene Stahltroß wurde nun gekappt, und man konnte mit eigener Maschinenkraft nach North Shields gehen und dort um 6 U. 45 M. Nm. festmachen.

Dieser Sachverhalt ist auf Grund der vom Seeamt vorgelegten Akten und der vor dem Ober-Seeamt geflogenen Verhandlung für festgestellt erachtet. In formaler Beziehung war an den Seeamtsverhandlungen zu beanstanden, daß der 2. Steuermann Steuer und der Maschinist Boehnke nicht beeidet worden sind. Über die Bestimmungen des § 22 des Seeunfallgesetzes hat sich das Ober-Seeamt schon wiederholt ausgesprochen — zu vergl. Entsch. Band 15 S. 421, S. 779 —. Nachdem von dem Reichskommissar gegen den 2. Steuermann und den Maschinisten Anträge auf Entziehung der Gewerbebefugnis nicht gestellt waren, stand deren Beeidigung grundsätzlich nichts entgegen und sie wäre unter Würdigung der dem Gesetze zu Grunde liegenden Absicht zu beschließen gewesen, wenn nach der Ansicht des Seeamts ein Verschulden der beiden Personen an dem Seeunfall oder an dessen Folgen nicht in Frage kam. Für die Annahme eines solchen Verschuldens ist aber in dem Ergebnis der Untersuchung ein Anhalt nicht zu erblicken. Glaubte das Seeamt gleichwohl von der Beeidigung absehen zu sollen, so hätte es das durch einen besonderen Beschluß begründen müssen. Im übrigen mußte das Ober-Seeamt, da es die Behauptung des Reichskommissars, daß im Protokoll nicht enthaltene Erklärungen in der Verhandlung vor dem Seeamt abgegeben seien, auf seine Richtigkeit nicht nachprüfen konnte, das Protokoll der Seeamtsverhandlung für maßgebend erachten.

In sachlicher Beziehung war davon auszugehen, daß der Schiffer Frahm, als er auf der Fahrt nach Boneß in Schottland bei zuerst klarem, dann mehrfach dickem Wetter die ostenglische Küste auf etwa 15 Seemeilen Entfernung ansteuerte, sich dabei unberechtigter Weise auf sein nach Loggrechnung gefundenes — lediglich die Breite war am 18. April mittags nach Observation festgelegt, Chronometer befanden sich nicht an Bord — Besteck verlassen und dabei weder die Möglichkeit einer Stromversetzung noch des Versteuerns in Rücksicht gezogen, auch eine Kontrolle der Deviation nicht vorgenommen, vielmehr den Kurs ohne zu loten beibehalten hat und trotz des unsichtigen Wetters zuletzt mit voller Maschinenkraft gefahren ist. Ebensowenig hat er sich durch die Warnung, die ihm das Vernehmen der Nebelsignale von Coquet hätte geben müssen, von der vorgefaßten Meinung der Richtigkeit seines Bestecks abbringen lassen und zur Kontrollierung desselben durch Loten veranlaßt gesehen. Die Strandung des Dampfers „Elisabet" bei Boulmer ist mithin lediglich seinem Verschulden zur Last zu legen.

Es fragt sich nun, ob, wie der Reichskommissar beantragt, der Kapitän Frahm sich durch seine Schiffsführung auf der „Elisabet" zur ferneren Ausübung des Schiffergewerbes als untauglich erwiesen hat.

Dem Reichskommissar ist darin beizutreten, daß es ein erheblicher Leichtsinn des Kapitäns Frahm war, sich auf ein gerade hinsichtlich des wichtigsten Teiles, nämlich der Länge, unsicheres Besteck zu verlassen und unter den obwaltenden Verhältnissen den an der Küste längsführenden Kurs ohne Rücksicht auf mögliche Ablenkungen und ohne Kontrolle durch Loten weiterzusteuern. Die Handlungsweise des p. Frahm, die einen Mangel an Vorsicht verrät und ein fast eigensinniges Sichverlassen auf die Richtigkeit seiner nautischen Berechnung zeigt, verdient einen um so schwereren Tadel, als gerade durch solches Verhalten schon mancher Seeunfall verursacht worden ist. Im vorliegenden Falle hätten einige Lotwürfe, die einen kaum nennenswerten Aufenthalt des Schiffes herbeiführen konnten, dem Schiffsführer die Sicherheit gegeben, daß er zu nahe an der Küste stand und daher seinen Kurs ändern mußte.

Ebenfalls bedenklich, und zwar auch einer eigensinnigen Überzeugtheit von der Richtigkeit seiner Situation entspringend, ist die Außerachtlassung der Warnung der Nebelsignale von Coquet gewesen, denn er mußte sich bei ruhiger Überlegung sagen, daß er sie auf die in Frage kommende Entfernung eigentlich nicht vernehmen konnte und daraus den Schluß ziehen, daß er dem Lande zu nahe gekommen war.

Die Nichtbesetzung des Ausguckpostens ist dagegen, da der Kapitän für ausreichenden Ausguck anderweit gesorgt hatte, ihm nicht besonders zur Last gelegt. Auch ist ihm nicht zum besonderen Vorwurf gemacht, daß er sich durch die passierenden Lichter — vermutlich waren es Fischerboote, welche er in dem dicken Wetter für Dampfer hielt — täuschen ließ. Desgleichen ist angenommen, daß die Unterlassung der Herabminderung der Fahrt bei der ohnehin geringen Schnelligkeit des Dampfers „Elisabet" von etwa 9 Knoten für die Herbeiführung der Strandung nicht von Bedeutung gewesen ist.

Nach alledem sowie in Würdigung des am 14. Februar 1904 vom Königlichen Seeamt zu Flensburg gefällten Spruches, welcher durch Verlesung bekannt gegeben wurde, ist das Kaiserliche Ober-Seeamt zu der Überzeugung gekommen, daß das Verhalten des Schiffers Frahm zwar ernsten Tadel verdient, aber, da die ihm zu Grunde liegenden Fehler sich ablegen lassen und der gezeigte Mangel an Vorsicht nicht auf Unfähigkeit oder Nachlässigkeit beruht, keinen zwingenden Grund abgibt, ihm sein Schifferpatent zu entziehen. Der Schiffer Frahm hat im übrigen in seinem Verhalten vor, während und nach der Strandung sich als ein pflichttreuer, seinen Beruf verstehender und ernst nehmender Mann erwiesen. Seine Behauptung, daß er von Beginn des Nebels an beinahe unausgesetzt auf der Brücke gewesen ist, ist nicht widerlegt. Auch seine Reederei hat ihm nach dem Unfall ihr Vertrauen nicht entziehen zu sollen geglaubt; er fährt noch jetzt in ihrem Dienste als Kapitän. Endlich läßt sein Auftreten vor dem Ober-Seeamt die Annahme berechtigt erscheinen, daß er seine Fehler eingesehen hat, daß er aus der gemachten Erfahrung die nötigen Lehren ziehen, und sich in der Folge bei der Navigierung einer größeren Vorsicht befleißigen wird.

Danach war die Beschwerde zu verwerfen.

Die baren Auslagen bleiben außer Ansatz, da die Beschwerde vom Reichskommissar eingelegt worden ist.

59.
Dampfer „Paros" von Hamburg.
Feuer in der Ladung.
Seeamt Hamburg, 25. Oktober 1912.

Spruch. Am 20. Juli 1912 ist auf dem deutschen Dampfer „Paros" auf der Reede von Canea Feuer ausgebrochen, welches die ganze Ladung im Hinterschiffe vernichtet hat.

Die Entstehung des Feuers ist unaufgeklärt.

Die angestrengte und erfolgreiche Tätigkeit der ganzen Besatzung beim Löschen des Feuers ist besonders lobend hervorzuheben; auch gebührt der von dem französischen Kriegsschiff „Bruix", dem englischen Kriegsschiff „Medea" und dem russischen Kriegsschiff „Donetz" geleisteten Hilfe dankende Anerkennung.

Tatbestand und Gründe. Der der Deutschen Levante-Linie zu Hamburg gehörige Dampfer lag vom 18. bis 20. Juli 1912 auf der Reede von Canea vor Anker, um 270 Tonnen Ladung zu löschen.

Das Schiff hatte im ganzen etwa 5000 Tonnen Ladung, davon 80 Tonnen Salpeter in Nr. 1 Zwischendeck und Unterraum, Papierballen im Raum Nr. 5, sowie Kohlen und Zement. Eine für Odessa bestimmte Ladung Korkballen war auf Deck von vorn bis hinten ungefähr 20 Fuß hoch verstaut. Man löschte am 20. Juli morgens aus Luken 1 und 4 und wollte um Mittag die Reise fortsetzen. Um 9 U. 45 M. Vm. wurde dem Kapitän gemeldet, daß die auf dem Achterdeck verstauten Korkballen an Backbordvorkante in Brand geraten seien. Es wurde sofort aus zwei Schläuchen Wasser gegeben und die ganze Besatzung zum Begießen der Korkballen mit Pützen angestellt, es gelang aber nicht, des Feuers Herr zu werden, und innerhalb 10 Minuten stand das ganze Achterdeck in Flammen. Die Feuerbrigade aus Canea kam zur Hilfe herbei, konnte aber nicht viel ausrichten, weil ihre Druckpumpe nicht in Ordnung war. Als nun gar einige auf dem Achterdeck verstaute Kohlensäurezylinder explodierten, verließ die Feuerbrigade schleunigst wieder das Schiff. Durch die Explosionen wurde auch der Großmast gebrochen und der 2. Maschinist Behnke von einem in die Luft geschleuderten brennenden Korkballen auf den Kopf getroffen, wobei er recht erhebliche Brandwunden am Gesicht, Rücken, Brust und Armen davontrug, die ihn mehrere Wochen lang arbeitsunfähig machten.

Das Feuer teilte sich durch die offene Luke der Ladung im Raum 4 mit, wo es sich, durch den Salpeter und die Papierballen begünstigt, rasch ausbreitete. Während die Mannschaft unermüdlich die Löscharbeiten fortsetzte, rief der deutsche Konsul im Einverständnis mit dem Kapitän die in der Sudabay ankernden fremden Kriegsschiffe um Hilfe an, welche sofort Unterstützung auf dem Landweg mittels Wagen schickten. Zuerst erschien gegen 1 ½ U. eine Abteilung russischer Matrosen vom Kanonenboot „Donetz", nach einer Stunde auch ein Kommando vom französischen Panzerkreuzer „Bruix" und eine Abteilung vom englischen Kreuzer „Medea". Sämtliche Mannschaften waren mit Druckpumpen ausgerüstet und unterstützten in tatkräftiger, anstrengender Arbeit die Besatzung der „Paros" beim Löschen, was dankbar anzuerkennen ist. Bis 9 U. Nm. arbeiteten die Hilfsmannschaften und zogen sich dann zurück, da das Schiff nach Ansicht des französischen Kommandanten nicht zu retten und weitere Löschversuche zwecklos waren.

Die eigene Besatzung hat dann die ganze Nacht im Raum 4 und im Maschinenraum gelöscht, und es gelang, das Feuer nach und nach zu dämpfen. Am Sonntag wurde ununterbrochen weiter gearbeitet, und nachmittags 4 U. war es möglich, in das Zwischendeck Nr. 4 zu kommen, jedoch mußte man nach einer Stunde wieder hinausflüchten, weil der ganze Unterraum ein Glutmeer war.

Bis zum Freitag, den 26. Juli, wurde unermüdlich und ununterbrochen Tag und Nacht die Löscharbeit fortgesetzt, die überaus schwierig war, da die steife Brise das Feuer immer wieder anfachte. Es gelang aber, den Brand auf das Hinterschiff zu beschränken und endlich ganz zu löschen. Am Dienstag, Mittwoch und Donnerstag war auch die Feuerbrigade aus Canea wieder an Bord gekommen und hatte sich von morgens bis abends an der Löscharbeit beteiligt, konnte aber wirksame Hilfe nicht leisten, da ihre Pumpe immer wieder versagte; nichtsdestoweniger kann ihr die Anerkennung für ihren guten Willen nicht vorenthalten werden.

Der schließliche Erfolg ist aber doch der unermüdlichen und opferwilligen Anstrengung der Schiffsbesatzung zu verdanken.

Der entstandene Schaden ist sehr erheblich: Raum 4 und 5 sind gänzlich ausgebrannt, ebenso die Werkstatt, wo alle Maschinen, Werkzeug und Material vernichtet sind. Ferner sind die Lichtmaschine und Lichtleitung völlig zerstört und viele Maschinenteile stark beschädigt.

Am 26. Juli erhielt das Schiff ein Seetüchtigkeitsattest und dampfte nach Piräus als Nothafen zur gründlichen Reparatur.

In Übereinstimmung mit den Ausführungen des Herrn Reichskommissars hat das Seeamt die Entstehungsursache des Brandes nicht für festgestellt erachtet. Zweifellos ist das Feuer in der Decksladung, den Korkballen, ausgebrochen und hat sich von dort durch die offene Luke auf die Raumladung erstreckt. Eine Selbstentzündung der Korkballen erscheint ausgeschlossen, wie auch das Chemische Staatslaboratorium annimmt. Es ist aber sehr wohl möglich, daß einer der kretensischen Arbeiter, die an Bord beschäftigt waren, und die trotz des Rauchverbots und strenger Beaufsichtigung es nicht unterlassen können, immer wieder eine Zigarette zu rauchen, achtlos ein brennendes Streichholz weggeworfen und damit die überaus trockenen Korkballen entzündet hat.

Die Schiffsleitung trifft jedenfalls kein Verschulden.

60.
Dampfer „Coblenz" von Bremen.
Wellenbruch.
Seeamt Bremerhaven, 2. November 1912.

Spruch. Der Bruch der Backbord-Schwanzwelle des Bremer Doppelschraubendampfers „Coblenz" (QGJW) am 20. Februar 1912 während der Fahrt von Kuchinotzu nach Hongkong auf 29° 44' N und 124° 39' O ist zurückzuführen auf den zu geringen Durchmesser der Welle, welcher, wenngleich den Anforderungen des Germanischen Lloyd zur Zeit der Einlegung 1901, doch nicht mehr den heutigen Anforderungen entsprach, sowie auf ungünstige Beschaffenheit des Materials, welche anscheinend erst im Laufe des Betriebs eingetreten ist. Ein äußerer Anlaß des Bruches, etwa ein Aufschlagen der Schraube, hat sich nicht feststellen lassen. Mängel in der Lagerung der Welle oder ein Verschulden der Schiffs- und Maschinenleitung haben nicht vorgelegen.

Gründe. Der Dampfer befand sich am 20. Februar 1912 auf der Fahrt von Kuchinotzu nach Hongkong, als 9 U. 4 M. Nm. etwa 340 sm von Kuchinotzu auf 29° 44' N und 134° 39' O bei ruhiger See und schönem Wetter plötzlich die Backbordmaschine durchging. Die Maschine wurde von dem wachehabenden Maschinisten innerhalb einiger Sekunden gestoppt. Eine genaue Überholung der ganzen Maschine wurde durch den Obermaschinisten vorgenommen, jedoch wurden Beschädigungen an Kuppelungen, Bolzen und Wellen nicht gefunden. Es war daher anzunehmen, daß die Schraube beschädigt war. Mit Rücksicht auf die Dunkelheit wurde eine weitere Untersuchung auf den nächsten Morgen verschoben und die Fahrt allein mit der Steuerbordmaschine fortgesetzt. Bei Tagesanbruch wurde das Schiff auf kurze Zeit gestoppt und festgestellt, daß die Backbordschraubenwelle kurz hinter dem hinteren Wellenlager und dem Dichtungsring gebrochen und mit der Schraube verloren war. Die Weiterfahrt mit der Steuerbordmaschine ergab eine Durchschnittsgeschwindigkeit von 9 Knoten. Man erreichte Hongkong ohne weitere Zwischenfälle mit einem Tage Verspätung am 24. Februar 10 U. Vm.

Im Dock ist dann festgestellt, daß die Bruchstelle der Schraubenwelle durchaus rein und ohne Anzeichen von schlechten Stellen war. Die Welle war zuletzt am 2. Oktober 1911 gezogen und von dem Obermaschinisten, dem Experten des Germanischen Lloyd und dem Gouvernements-Surveyor genau untersucht; fehlerhafte Stellen wurden nicht gefunden. Bei weiterer Überholung der ganzen Backbordmaschine wurde festgestellt, daß alle Wellenenden der Kurbelwelle sich in den Kurbelschenkeln mehr oder weniger verdreht hatten, indem die Befestigungskeile über die Flächen der Wellen hinübergepreßt worden waren. Die Welle der Niederdruckmaschine hatte sich 3 mm, die der Mitteldruck- und der Hochdruckmaschine 14 bezw. 6 mm verschoben, der Mitteldruckkurbelzapfen zeigte am Prisonstift Anzeichen von Beanspruchung, der eine Schenkel war gegen den anderen um einen halben Millimeter verschoben. Die übrigen Maschinenteile waren in guter Ordnung.

Die Kurbelwellen wurden mit der Reservekurbelwelle in die Werkstatt gegeben, die Mitteldruckkurbel durch die Reservekurbel ersetzt, die Wellenenden wurden aus den Schenkeln entfernt und neue Enden und Keile eingepaßt, die alte Kurbelwelle ist zur Reservewelle bestimmt. Am 28. Februar war das Einziehen der neuen Schraubenwelle und das Aufsetzen der Schraube beendet, am 6./7. März wurde die Kurbelwelle eingelegt.

Die gebrochene Backbordwelle war aus Siemens-Martin-Stahl gefertigt, 1900 von Haniel & Lueg, Düsseldorf, gefertigt und geliefert und hatte einen Durchmesser von 245 mm. Sie ist am 15. April 1901 eingelegt und hat also eine Arbeitsdauer von 10 Jahren 10 Monaten gehabt. Die geleistete Umdrehungszahl ist nicht bekannt. Die Welle hat bei der letzten Besichtigung leichte, aber unbedenkliche Anfressungen zwischen den Futtern gezeigt. Der Dampfer hat, soweit bekannt, weder an Grund gesessen noch mit der Schraube aufgeschlagen. Der Verbrauch an Schraubenflügeln ist ein normaler gewesen. Es ist die Vermutung ausgesprochen, daß nach Lage der Umstände, insbesondere nach dem Verdrehen der Wellenenden in allen drei Kurbelschenkeln, die Backbordschraube vielleicht auf ein teilweise unter Wasser befindliches Wrack aufgeschlagen sei; dahingehende positive Beobachtungen sind jedoch von niemand an Bord gemacht.

Das Seeamt hat, nachdem von der Reederei die vorhandenen Bruchstücke der Schraubenwelle nach hier geschafft und zur Verfügung gestellt sind, die Entnahme von Probestäben und Vornahme von Zerreiß- und Biegeproben veranlaßt. Die Versuche sind von dem Sachverständigen des Seeamts, Kesselrevisor Grambow, Bremerhaven, vorgenommen, der über das Resultat und die mutmaßlichen Ursachen des Bruches folgendes Gutachten erstattet hat.

„Der Bruch erfolgte kurz hinter dem Bocklager, die Bruchfläche selbst gibt zu Bedenken keinen Anlaß, sie ist gleichmäßig von Aussehen und ohne Anzeichen, daß in einer früheren Periode ein Anbruch stattgefunden hat, auch ist sie frei von Hohlstellen.

Die Lagerung der Welle an sich gibt zu Bemerkungen keinen Anlaß, ob in dem Bocklager ein größerer Spielraum gewesen ist, läßt sich nicht feststellen. Nach dem Berichte des Obermaschinisten ist die Welle zuletzt am 2. Oktober 1911 von ihm selbst und vom Germanischen Lloyd im Trockendock besichtigt und ohne Fehler befunden.

Nach den Bestimmungen des Germanischen Lloyd von 1896 mußte der Durchmesser der Welle 245 mm betragen, welche Abmessungen sie in Wirklichkeit auch gehabt hat. Die heutigen Vorschriften des Germanischen Lloyd, die auf Erfahrung aufgebaut sind, verlangen dagegen unter Berücksichtigung des Schrauben-Durchmessers von 4038 mm einen Wellen-Durchmesser von 268 mm, das würde einen um 20% größeren Querschnitt bedeuten.

Die Eigenschaften des Materials bei Herstellung der Welle waren nach den Mitteilungen des Germanischen Lloyd folgende: Bruchfestigkeit = 44,9 kg, Dehnung = 28,5%, die Biegeproben ergaben ein gutes Resultat. Die Welle war also von einer Qualität, die den damaligen und heutigen Ansprüchen des Germanischen Lloyd durchaus genügte.

Um festzustellen, ob im Laufe des Betriebs sich das Material ungünstig verändert hat, wurden aus einem Wellenstumpf nahe der Bruchfläche mehrere Proben herausgeschnitten und auf der Zerreißmaschine des Norddeutschen Lloyd durch mich geprüft, es ist folgendes Resultat erzielt.

Stab. Nr.	Ø	Bruchfestigkeit total	Bruchfestigkeit pr. qmm	Dehnung	Kontraktion	Zerreißlänge
1	7 mm	3150 kg	82 kg	9 %	13 %	50 mm
4	10 mm	3900 kg	49,7 kg	24 %	45,2 %	100 mm
5	20 mm	24 300 kg	77,5 kg	10 %	15 %	150 mm

Die Härtungsbiegeprobe Stab 2 (30 mm □) brach bei einem Winkel von ca. 5°, Stab 3 (ebenfalls 30 mm □) bei einem Winkel von 10°. Beide Bruchflächen zeigen grobe, weißglänzende Kristalle. Gefordert werden vom Germanischen Lloyd für die Zerreißproben 40 bis 47 kg Festigkeit bei 33 %, 25 % und 21,5 % Dehnung unter Berücksichtigung der Zerreißlängen; für die Härtungsbiegeproben eine Biegung bis 90°, ohne Anrisse zu zeigen.

Es geht aus den Proben ohne weiteres hervor, daß im Laufe des Betriebs eine sehr ungünstige Veränderung des Materials eingetreten ist, die sich besonders im Kern der Welle bemerkbar macht und nach dem Umfang zu abschwächt. Bei Stab 4, der am Umfang der Welle entnommen ist, sind die Veränderungen noch nicht sehr erheblich: 49,7 kg gegen 44,9 kg und 24 % gegen 28,5 % Dehnung. Stab 5, der noch außerhalb der Zone entnommen wurde, die nach den Regeln des Germanischen Lloyd für eine Ausbohrung gestattet ist, zeigt jedoch schon ein Material, das für Verwendung zu Schraubenwellen auszuschließen ist, noch schlechter sind die Resultate mit Stab 1. Diese beiden Stäbe ergaben eine viel zu hohe Festigkeit bei einer gänzlich ungenügenden Dehnung und Kontraktion. Auch durch die Härtungsbiegeproben, die ein vollständig ungenügendes Resultat brachten, bestätigt sich, daß das Material der gebrochenen Welle als durchaus ungeeignet bezeichnet werden muß.

Nach meinem Dafürhalten ist der Bruch der Schraubenwelle auf Dampfer „Coblenz" eine Folge des nicht genügenden Durchmessers der Welle in Verbindung mit einem gänzlich ungeeigneten Material. Es ist nicht anzunehmen, daß das Material schon bei Herstellung diese mangelhaften Eigenschaften gehabt hat, es muß vielmehr nach hier gemachten Erfahrungen behauptet werden, daß im Laufe des Betriebs diese ungünstige Veränderung eingetreten ist. Ein Verschulden des Maschinenpersonals liegt nicht vor."

Der Obermaschinist hat bezüglich des Spielraums in der Lagerung der gebrochenen Welle angegeben, daß die Welle bei Besichtigung im Oktober 1911 im Bock und im Sternrohr 3½ bis 4 mm Spielraum gehabt habe. Die unteren Pockhölzer seien erneuert. Die Welle laufe ungefähr in 2 Jahren 3 mm Pockholz aus. 2 Reisen vor der Besichtigung in Sydney habe man in Brisbane am Pier einen Schraubenflügel durch Aufschlagen verbogen. Der Flügel sei in Sydney gerade gebogen, einen Riß habe die Welle bei Besichtigung nicht gezeigt. Späterhin habe der Dampfer weder aufgesessen noch mit der Schraube aufgeschlagen. — Der Sachverständige

Grambow hat das Aufschlagen der Schraube in Brisbane als für den Unfall irrelevant erklärt, da die Welle festgestelltermaßen keinen älteren Einriß oder Anbruch gezeigt habe.

Reichskommissar sowie Seeamt haben sich dem Gutachten des Sachverständigen über die mutmaßliche Ursache des Unfalls angeschlossen. Die Verbiegung der Kurbel kann vielleicht durch ein Aufschlagen der Schraube auf einen treibenden harten Gegenstand verursacht sein, doch ist Positives in dieser Richtung nicht bemerkt und auch nicht festzustellen, zumal Abschürfungen am Schiffsboden oder Wellenbock nicht bemerkt werden konnten, und die Verbiegungen auch durch das Durchgehen der Maschine herbeigeführt sein können.

61.

Dampfer „Luise Leonhardt" von Hamburg.

Untergang.

Seeamt Hamburg, 21. November 1912.

Spruch. Der Hamburger Dampfer „Luise Leonhardt" hat am 30. Oktober 1912 im Biscayischen Meerbusen in schwerem Wetter Beschädigungen erlitten und ist leck geworden. Nachdem er in Algier ein Seetüchtigkeitsattest erhalten hat, ist die Reise fortgesetzt, jedoch haben sich die Leckagen derart vergrößert, daß das Schiff voll Wasser lief und von der Besatzung verlassen werden mußte. Es ist nach 8 Stunden am 10. November 1912 gesunken.

Es ist nicht nachgewiesen, daß das Schiff zu früh verlassen ist.

Als auffallend ist es zu bezeichnen, daß zwei passierende Dampfer auf die abgegebenen Notsignale nicht reagiert haben.

Tatbestand. Der Dampfer „Luise Leonhardt", RNGD, im Jahre 1882 bei Turnbull & Son in Whitby erbaut, zu $\frac{4502{,}6}{2354{,}8}$ cbm = $\frac{1589{,}4}{831{,}1}$ Reg.-Tons vermessen, war Eigentum der Firma Leonhardt & Blumberg in Hamburg, die es im Jahre 1904 durch Kauf erworben hatte, in Hamburg beheimatet und stand unter

Führung des Kapitäns Paul Friedrich Fretwurst, Inhabers eines Befähigungszeugnisses zum Schiffer auf großer Fahrt von 1905.

Das Schiff hatte am 24. Oktober 1912 die Reise von Burntisland mit einer Ladung Kohlen nach Savona angetreten. Am 30. Oktober vormittags befand sich das Schiff im Golf von Biscaya auf etwa 45° 52′ nördlicher Breite, 6° 45′ westlicher Länge, im Sturm aus WSW in Stärke 10, es stampfte und rollte schwer, Deck und Luken waren beständig unter Wasser, sodaß man stundenlang beigedreht liegen mußte. Um 7 U. 30 M. Vm. wurden zwei heftige Stöße unter dem Schiffsboden verspürt, nach Ansicht des Kapitäns und des 1. Offiziers verursacht durch Aufstoßen auf ein unter Wasser treibendes Wrack. Die Bilgen wurden gepeilt und lenz gefunden, jedoch meldete um 4 U. Nm. der 1. Maschinist, daß aus dem Hinterpiektank viel Wasser in den Tunnel liefe. Der Deckel des Tanks wurde geöffnet und zwei Leckagen am Hintersteven gefunden. An die obere war von Innenbords nicht anzukommen, die untere, größere, etwa 2 Zoll im Durchmesser, wurde mit Packung möglichst abgedichtet, was aber nur teilweise gelang. Der ganze Rudersteven bewegte sich beim Rollen des Schiffes je 2 Zoll nach jeder Seite. Der Tank konnte mittels der Pumpen gut lenz gehalten werden.

Der schwere Sturm dauerte bis zum nächsten Morgen an, dann wurde das Wetter besser und zu Mittag konnte mit voller Kraft arbeitender Maschine die Reise fortgesetzt werden. Am 5. November abends langte man in Algier an und ging im Hafen zu Anker. Am folgenden Tage wurde auf Veranlassung des Vertreters des Germanischen Lloyd eine Besichtigung des Schiffes durch einen Sachverständigen, den pensionierten französischen Fregattenkapitän Hiart, vorgenommen, welcher auf Grund der Untersuchung durch einen Taucher feststellte, daß das untere Verbindungsstück des Rudertstevens mit dem Hintersteven direkt unter der Schraube gebrochen, einige Platten nach hinten verbogen und eine Anzahl Nieten gelockert und losgesprungen waren. Da die Schäden sich nicht als erheblich herausstellten, erteilte der Sachverständige ein Seetüchtigkeitsattest für die Weiterreise nach Savona.

Am 7. November 1912, 6 U. Nm., wurde Anker gelichtet und seewärts gedampft.

Am 8. November 4 U. Nm. brach auch das obere Verbindungsstück zwischen Rudersteven und Schiff, und die oberen Platten rissen; man mußte daher von nun ab mit halber Kraft fahren. Am nächsten Morgen um 8 U. wurde dann bei gestoppter Maschine der Rudersteven vom Boot aus mittels 120 Faden $2^1/_2$ zölligen Stahldrahts vom obersten Fingerling nach den hinteren Seitenklüsen gelascht und um 9 U. 20 M. mit halber Kraft weiter gefahren. Das Schiff hatte hierbei nur geringe Steuerfähigkeit, man versuchte eine Zeitlang die Fahrt zu erhöhen, mußte dies aber wieder aufgeben, weil die Beschädigungen am Hinterschiff zunahmen und die stärkere Inanspruchnahme nicht aushielten. Um 5 U. Nm. meldete der 1. Maschinist, daß das Wasser im Achterpiektank stark zunahm, und der Kurs wurde nun auf Titan-Feuer (Heyeres Inseln) gesetzt, weil man den Bestimmungsort nicht mehr erreichen zu können glaubte und die Rettungsboote klar gemacht. Das Wasser nahm immer mehr zu und konnte durch die angestellten Pumpen nicht bewältigt werden. Um 10 U. standen in der Bilge 2 bis $2^1/_2$ Fuß Wasser, das schnell stieg und bald die Kessel fast erreichte. Die Feuer wurden nun herausgerissen, und der Kapitän beschloß, das Schiff zu verlassen. Die ganze Besatzung, im ganzen 21 Mann, begab sich in die beiden Rettungsboote, die jedoch in der Nähe des Schiffes blieben, bis dieses morgens 6 U. 30 M. am 10. November etwa 24 Meilen SO vom Kap Camarat sank. Man ruderte dann nach der Küste und landete nachmittags in Saint Tropez.

Während der Nacht hatte man in den Booten wiederholt Notsignale mittels Raketen und Blaufeuern gemacht. Ein anscheinend von Genua kommender Passagierdampfer passierte in einigen Meilen Entfernung, ohne auf die Signale zu achten; ein Frachtdampfer kam in ungefähr $1^1/_2$ Meilen Entfernung vorüber und antwortete mit einem Blaufeuer, setzte aber seine Reise fort, ohne näher zu kommen.

Der Reichskommissar hat ausgeführt, daß das Schiff durch die in der Biscaya Bay bei schwerem Wetter erlittenen Beschädigungen Leckagen im Hinterschiff erhalten hat, welche sich nachher auf der Reise von Algier nach Savona derart vergrößert haben, daß das Schiff vollgelaufen und gesunken ist.

Aus übertriebener Besorgnis vor einer eventuellen Kesselexplosion sei das Schiff sehr frühzeitig verlassen worden.

Da zwei nahe passierende Dampfer auf die abgegebenen Notsignale nicht reagiert hätten, so sei eine gesetzliche Verpflichtung zur Hilfeleistung in Seenot erforderlich.

Gründe. Ob die „Luise Leonhardt“ am 30. Oktober in der Biscaya Bay tatsächlich auf ein treibendes Wrack aufgestoßen ist oder durch das Rollen und Stampfen im schweren Wetter die geschilderten Beschädigungen erlitten hat, ist nicht festzustellen gewesen.

In der Monatskarte für den Nordatlantischen Ozean für November 1912 sind treibende Wracks bei Quessant und bei Kap Ortegal am 17. September angegeben, die hier aber wohl kaum in Betracht kommen.

Das Einlaufen in Algier zwecks Besichtigung und Feststellung der Schäden war gerechtfertigt, ebenso die Fortsetzung der Reise nach Erhalt eines Seetüchtigkeitsattestes. Zweifelhaft erscheint allerdings, ob ein solches glattes Attest ausgestellt werden durfte.

Dem 1. Maschinisten, der bei der Verhandlung des Tauchers mit dem Besichtiger nicht hinzugezogen worden war, kam die Sache etwas gefährlich vor, und er hätte richtiger getan, dem Kapitän seine Bedenken mitzuteilen. Das Attest hätte wohl nur erteilt werden sollen unter der Bedingung der reduzierten Fahrt, denn die Vergrößerung der Schäden, die schließlich den Untergang des Schiffes zur Folge hatten, sind auf die starke Inanspruchnahme der schon beschädigten Teile bei mit voller Kraft arbeitender Maschine zurückzuführen. Nach dem Schiffsjournal haben am 7. und 8. November NO-Winde von Stärke 5 bis 7 geherrscht, und das Schiff hat stark gestampft. Hierbei ist der ganze Rudersteven an weiteren Stellen gebrochen und völlig lose geworden, und Heckplatten in und unter der Wasserlinie sind gerissen, so daß das einströmende Wasser nicht mehr bewältigt werden konnte.

Von einigen Leuten der Besatzung ist behauptet, daß das Schiff schon vorher leck und die Maschine nicht in Ordnung gewesen sei. Diese Bemängelung ist nach Aussage der Maschinisten unbegründet, das Schiff hatte beim Germanischen Lloyd die Klasse + 100 A L. vom Januar 1912 ab und war im Januar zu Antwerpen nach Kollision mit einem englischen Schiffe auf der Schelde zuletzt einer Besichtigung unterzogen worden, unter Bestätigung der Klasse. Die letzte Kesselrevision hat im Mai 1912 stattgefunden, wobei alles in gutem Zustand gewesen ist.

Was das Verlassen des Schiffes betrifft, so haben ebenfalls einige Leute der Besatzung sich dahin geäußert, daß das Schiff zu früh verlassen worden sei und noch hätte bei Saint Tropez auf den Strand gesetzt werden können, aber ein maßgebendes Urteil darüber kann ihnen nicht zugesprochen werden.

Allerdings ist das Schiff erst etwa 8 Stunden nach dem Verlassen gesunken. Es mag dies reichlich früh geschehen sein, und die Befürchtung des Kapitäns, der Offiziere und der Maschinisten, daß eine Kesselexplosion beim Tiefersinken des Schiffes eintreten könne, war unbegründet, denn durch Eindringen des Wassers von außen in den Kesselraum kann eine Explosion der Kessel nicht herbeigeführt werden. Immerhin ist aber in Erwägung zu ziehen, daß die Maschine nicht stärker angespannt werden konnte, das Schiff hierbei nicht genügende Steuerfähigkeit hatte und der Kapitän sich gesagt haben mag, daß unter solchen Umständen keine Aussicht vorhanden war, das Schiff noch auf den Strand zu bringen.

Einen Beweis dafür, daß das Schiff ohne Grund zu früh verlassen ist, hat die Verhandlung nicht erbracht.

Mit Recht hat der Reichskommissar hervorgehoben, daß auffälligerweise zwei passierende Schiffe, von denen eines jedenfalls die Notsignale der Schiffbrüchigen gesehen hat, ohne sich darum zu kümmern, weiter gedampft sind. Diese Tatsache läßt die gesetzliche Verpflichtung zur Hilfeleistung in Seenot erforderlich erscheinen.

62.
Dampfer „Silesia" von Hamburg.
Strandung.
Seeamt Hamburg, 23. November 1912.

Spruch. Der Hamburger Dampfer „Silesia" ist am 30. Juli 1912 infolge von Nebel auf die Felsen von Port Hamilton, Korea, geraten, von dem japanischen Transportdampfer „Wakamiya Maru" abgeschleppt und sodann vom Kapitän im Hafen von Port Hamilton auf den Strand gesetzt worden.

Der Unfall ist darauf zurückzuführen, daß an Bord entschuldbarerweise die Sichtigkeit der Luft und der Abstand vom Lande überschätzt worden sind.

Volle Anerkennung gebührt der seemännischen Tüchtigkeit des Kapitäns Ernst, dem es nach dem Abschleppen geglückt ist, sein Schiff vor dem Sinken zu bewahren. Die vom japanischen Dampfer geleistete Hilfe ist dankbar zu erwähnen; besonders hervorzuheben ist die opferwillige Unterstützung durch den Kommandanten und die Besatzung S. M. S. „Gneisenau" bei Abbringung des auf den Strand gesetzten Schiffes und seiner Überführung nach Nagasaki.

Sehr wünschenswert ist es, daß bei dem Feuer von Port Hamilton eine Nebelsignalstation eingerichtet wird.

Tatbestand. Am 29. Juli 1912, 6 U. 37 M. Vm., verließ das Schiff die Reede von Izuhara auf der Südspitze der Insel Tsushima in der Korea-Straße mit der Bestimmung nach Tsingtau. Die Ladung bestand aus 1570 Tonnen Zinkerz, 294 Tonnen Fischöl, 120 Tonnen Zucker, 840 Ballen Baumwolle, 75 Tonnen Kupferbarren und etwa 1100 Tonnen Bunkerkohlen; in den Tanks 1 bis 7 waren 660 Tonnen Wasserballast. Der Tiefgang war vorn 17 Fuß 1 Zoll, hinten 23 Fuß 3 Zoll. Die Besatzung bestand außer dem Kapitän, den deutschen Schiffs- und den Maschinenoffizieren, Obersteward und Zimmermann, aus 40 chinesischen Matrosen und Heizern. Es war windstill bei hellem Mondschein. Nach Peilung des Kozaki-Feuers rechtweisend N, 1½ Seemeilen ab, wurde der Kurs rechtweisend S 87° W gesteuert, mit dem das Schiff Castle Island in 2 Meilen, Port Hamilton-Feuer in 1½ Meilen Abstand südlich passieren sollte.

Im Wachorderbuch hatte der Kapitän eingetragen, daß er geweckt werden sollte, wenn Castle Island in Sicht käme (etwa 2 U. 30 M. Vm.). Er wurde vom wachehabenden 2. Offizier bereits um 2 U. geweckt, weil es etwas neblig wurde. Als er auf die Brücke kam, war noch Mondschein, aber eine niedrige Nebelschicht lagerte über dem Wasser, die das Schiff zeitweilig ganz einhüllte. Es wurde deshalb nach Bedarf langsam und halbe Kraft gefahren, unter Abgabe von Nebelsignalen in kurzen Zwischenräumen. Um 3 U. Vm. wurde an Steuerbord querab ein deutliches Echo der Dampfpfeife gehört, das nach der durchlaufenen Distanz von Castle Island zurückgeworfen sein mußte. Um 4 U. Vm., als der erste Offizier zu dem Kapitän auf Wache kam, wurde es wieder ganz klar und die Maschine auf volle Kraft gesetzt. Um 4 U. 20 M. wurde es wieder unsichtiger, der Mond bedeckt, und als um 4 U. 24 M. der Kapitän eine dicke Nebelwand vor sich zu sehen glaubte, wurde die Maschine wieder auf halbe Kraft gestellt und Hartbackbordruder gegeben, um südlich abzudrehen, da man nahe bei Port Hamilton sein mußte. Gleich darauf hörte man das Echo der Dampfpfeife 4 Strich an Steuerbord voraus und gab volle Kraft rückwärts, um die Fahrt aus dem Schiffe zu nehmen. Aber fast unmittelbar darauf, 4 U. 27 M., stieß das Schiff vorn auf die Felsen und blieb festsitzen. Das Feuer von Port Hamilton war weder vorher gesehen noch jetzt sichtbar.

Man versuchte durch Vorwärts- und Rückwärtsarbeiten der Maschine wieder abzukommen, aber ohne Erfolg.

Es wurde nun durch Peilen der Tanks und Bilgen festgestellt, daß Vorpiek und Raum 1 sich schnell mit Wasser füllten, während im übrigen alles dicht geblieben war. Lotungen ergaben an Steuerbord von der Back bis zum Heck tiefes Wasser, an Backbord vom Heck bis Luke 1 ebenfalls tiefes Wasser, vorn aber nur 15 Fuß. Sämtliche Rettungsboote wurden ausgeschwungen und bis zur Reeling gefiert, klar zum sofortigen Gebrauche. Dann wurden, um das Vorschiff hochzutrimmen, Tank 2 und 3, zusammen 200 Tonnen Wasserballast, gelenzt und aus Nr. 1 Zwischendeck Ladung geworfen (ungefähr 700 Ballen Baumwolle), sowie von den auf dem Vordeck lagernden 150 Tonnen Bunkerkohlen etwa 120 über Bord geschaufelt, der Rest in die Bunker genommen. Nachdem Nr. 1 Zwischendecksluke freigemacht war, wurde sie mittels Persenningen sorgfältig geschalkt, mit doppelten Bohlenlagen längsschiffs und querschiffs belegt und mit Scherstöcken gegen das Oberdeck abgestützt. Nachdem die Schwimmfähigkeit des Schiffes bei einem etwaigen Abkommen notdürftig hergestellt war, wurde wiederum erfolglos versucht, mit eigener Maschinenkraft das Schiff abzubringen und mit Werfen von Ladung fortgefahren.

Um 8 U. Vm. am 30. Juli passierte ein japanischer Dampfer, der das Signal um Schlepphilfe ablehnend beantwortete. Um 10 U. Vm. kam der japanische Transportdampfer „Wakamiya Maru" Kommandant Kapitän Jhara, in Sicht, der in der Nähe der „Silesia" zu Anker ging. Schleppversuche blieben zunächst erfolglos, da das Wasser mittlerweile gefallen war. Mit der Abendflut um 7 U. gelang es aber durch achteraus nach Steuerbord Schleppen, wobei die „Silesia" eine Schlagseite von ungefähr 40° erhielt und in eine nicht ungefährliche Lage geriet, das Schiff glücklich von den Felsen abzubringen. Als es flott geworden und in freies Wasser gekommen war, füllte sich Nr. 1 Unterraum bis an das Zwischendeck mit Wasser; das Schiff richtete sich allmählich wieder auf und lag vorn etwa 30 Fuß tief. Der Kapitän beschloß nun das schwer havarierte Schiff im Hafen von Port Hamilton auf den Strand zu setzen. Die Einsteuerung in den Hafen und seine Bodenbeschaffenheit waren ihm von früher her bekannt; mit langsamer Fahrt wurde das kaum manövrierfähige Schiff, das nur mit abwechselnd Hartsteuerbord und Hartbackbord einigermaßen in Richtung gehalten werden konnte, durch die schmale Einfahrt in den nicht befeuerten Binnenhafen gebracht und dort um 10 U. Nm. auf Grund gesetzt und nach achtern durch Anker vertäut. Der japanische Transportdampfer setzte dann seine Reise fort unter Ablehnung jedes Entgelts für die geleistete Hilfe.

Am 31. Juli nachmittags wurde das deutsche Geschwader durch den Kaiserlichen Botschafter in Tokio telegraphisch von dem Unfall der „Silesia" in Kenntnis gesetzt, und der große Kreuzer „Gneisenau", Kommandant Kapitän zur See Brüninghaus, abgeschickt mit dem Befehl, das Schiff abzubringen und jede mögliche Hilfe zu gewähren. Am 1. August 1 U. Nm. traf „Gneisenau" vor Port Hamilton ein und ging unter der Sunhodo-Insel, dem nördlichen der den Hafen bildenden Inselarme, zu Anker, und es wurde zunächst die Lage des Dampfers eingehend untersucht. Durch den Taucher S.M.S. „Gneisenau" wurde festgestellt, daß der Kiel vorn vom Kollisionsschott bis zum Vorsteven auf etwa 12 Meter vollständig zerschmettert war; an Steuerbordseite vorn waren die Platten eingedrückt und teilweise geborsten, an Backbordseite hart nach außen umgebogen. Ein Abdichten des Lecks ohne zu docken war ausgeschlossen, es kam also in erster Linie darauf an, den Dampfer abzuschleppen, seine Schwimmfähigkeit auch für Seegang sicher zu stellen, und ihn in das nächste erreichbare Dock, nach Nagasaki, zu bringen. Zu diesem Zwecke wurden zwei starke Arbeitskommandos, 100 Matrosen, an Bord der „Silesia" geschickt, welche in ununterbrochener Tätigkeit abwechselnd arbeitend ungefähr 250 Tonnen Erz von Nr. 1 Raum nach Nr. 5 und 75 Tonnen Kupferbarren von Nr. 2 nach Nr. 4 umstauten. Die Arbeit ging nur langsam und unter sehr ungünstigen Verhältnissen vor sich, da das Erz im Raum in Pützen geschaufelt und an Oberdeck geheißt werden mußte, von wo die Mannschaften es auf der Schulter nach hinten förderten. Auf diese Weise wurden im ganzen etwa 10000 Pützen Erz nach achtern gestaut, wodurch das Schiff vorn so viel Auftrieb erhielt, daß es am 2. August abends bei Flut freischwamm mit einem Tiefgang von vorn 26 Fuß, hinten 19 Fuß 6 Zoll.

S. M. S. „Gneisenau" war mittlerweile am 2. August mittags nach eingeholter Erlaubnis der japanischen Regierung in den für Kriegsschiffe geschlossenen Hafen eingelaufen und hinter der „Silesia" zu Anker gegangen. Als diese flott geworden war, wurde von Mannschaften des Kreuzers die notdürftig abgestützte Zwischendecksluke besser gedichtet und nach oben durch massive Stützen abgesteift, ebenso das ganze Zwischendeck vor der Luke und das Schott zwischen Raum 1 und 2. Die große Bordscheibe der „Gneisenau" mit ihrem starken Eichenholzbalken lieferte äußerst wertvolles Material für diese Sicherungsarbeiten. Am 3. August 10 U. Vm. wurde das Schiff von seinem Liegeplatze genommen und aus dem Hafen gesteuert. Um 11 U. wurde unter Führung der „Gneisenau" die Reise nach Nagasaki angetreten, wo man am 4. August 1 U. Vm. glücklich anlangte mit einer Durchschnittsfahrt von über 10 Knoten.

Der Reichskommissar hat sich dahin geäußert, daß die Strandung der „Silesia" dadurch verursacht ist, daß die Schiffsleitung bei falscher Beurteilung der Sichtigkeitsverhältnisse der Luft sich zu sehr auf die Richtigkeit des gesteuerten Kurses und das rechtzeitige Insichtkommen des Feuers von Port Hamilton beziehungsweise des Landes verlassen hat; es wäre bei der herrschenden Witterung richtiger gewesen, die Südspitze von Port Hamilton in größerem Abstand anzusteuern.

Die Hilfeleistungen des japanischen Transportdampfers und des großen Kreuzers „Gneisenau" sowie die energischen und umsichtigen Maßnahmen seitens der Schiffsleitung nach der Strandung verdienten in jeder Beziehung volle Anerkennung.

Gründe. Wie Kapitän Ernst in seinem Bericht an die Reederei selbst sich äußert, findet er die Ursache der Strandung darin, daß er sich zu sicher fühlte, indem er sich über den Sichtigkeitsgrad der Luft täuschte, und zu dem gleichen Resultat hat die seeamtliche Untersuchung des Unfalls geführt. Es fragt sich nur, ob das Versehen des Kapitäns ein entschuldbares ist oder nicht, und das Seeamt hat diese Frage bejaht.

Als um 3 U. Vm. am 30. Juli das Echo der Dampfpfeife gehört wurde, hat der 2. Offizier mehrmals die zwischen Ton und Echo verstreichende Zeit durch langsames Zählen auf 35 Sekunden festgestellt. Da nach der durchfahrenen Distanz von 80 Meilen Castle Island gerade querab sein mußte, wurde bei dem ganz windstillen Wetter der Abstand mit Recht auf $2^1/_2$ Meilen bestimmt, man befand sich also auf dem richtigen Kurs, mit dem man Port Hamilton in mindestens $1^1/_2$ Meilen Abstand passieren sollte. Der Kapitän hat die Sichtweite bei dem anscheinend nicht starken Nebel auf 4 Seemeilen geschätzt. Die Entfernung von Castle Island bis Port Hamilton beträgt 15 Meilen, das Schiff lief mit einer Fahrt von 10 Knoten, das Feuer von Port Hamilton hätte danach bald nach 4 U. in Sicht kommen müssen. Da dies nicht der Fall war, hätte der Kapitän sich sagen müssen, daß es über Land doch wohl nebliger sei und hätte südlicher steuern müssen. Er hat aber angenommen, daß er sich südlicher, in größerem Abstand von Port Hamilton, befände, und diese

Annahme war berechtigt, da er Castle Island in $2^1/_2$ Meilen Abstand, $^1/_2$ Meile mehr als nach dem gesteuerten Kurs berechnet war, passiert hatte, und deshalb ist sein Versehen entschuldbar. In der Tat war aber der Nebel, wie das bei stillem Wetter häufig vorkommt, über dem hohen Lande sehr dick, was daraus hervorgeht, daß nach der Strandung von der Brücke aus bei Tagwerden selbst der hoch und steil vor dem Schiffe aufragende Felsen nicht zu sehen war, sondern nur vom Vorschiff aus. Die Vermutung des Kapitäns, daß das Feuer von Port Hamilton in jener Nacht nicht gebrannt habe, ist unbegründet, da es nach amtlicher Auskunft der japanischen Behörden ordnungsmäßig funktioniert hat. Es ist aber bei einer Höhe von 67 Metern über Hochwasser von dichtem Nebel vollständig verhüllt gewesen. Der Leuchtturm besitzt keine Nebelsignalstation; wäre solche damals vorhanden und in Tätigkeit gewesen, so würde das Schiff ohne Zweifel rechtzeitig gewarnt und gerettet worden sein. Es ist daher dringend wünschenswert, daß eine Nebelsignalstation dort eingerichtet wird.

Die nördliche Versetzung des Schiffes ist erst zwischen Castle Island und Port Hamilton eingetreten, wo, wie beim Abschleppen des Schiffes konstatiert wurde, damals eine starke nordöstliche Strömung herrschte. Mit einer solchen zu rechnen lag keine Veranlassung vor, da die Strömungen sehr unsicher und bei sehr leichten Winden, wie im vorliegenden Fall, in der Regel nur schwach sind. Auf alle Fälle aber wäre es richtiger gewesen, schon bei Castle Island, als der Nebel aufkam, den Kurs etwas südlicher zu legen und Port Hamilton in größerem Abstand anzusteuern.

Nach der Strandung und dem Abschleppen des Schiffes hat Kapitän Ernst hervorragende seemännische Tüchtigkeit gezeigt, indem er bei dunkler Nacht das schwer havarierte und kaum manövrierfähige Schiff in den nicht befeuerten Hafen hineinbrachte und es an der ungefähr einzigen Stelle, die Sand und Schlick aufweist, an den Grund setzte.

Der erlittene Schaden ist verhältnismäßig nicht sehr bedeutend, und dies ist in erster Linie der energischen uneigennützigen Abschlepphilfe des japanischen Marinetransportdampfers „Wakamiya Maru“ zu verdanken, insbesondere aber der opferwilligen Hilfsbereitschaft des großen Kreuzers „Gneisenau“, dessen Besatzung in ununterbrochener Tätigkeit bei glühender Sonnenhitze und ungünstigen Transportverhältnissen die Ladung der „Silesia“ umgetrimmt und die Schwimmfähigkeit des Schiffes sichergestellt hat.

63.
Dampfer „Kanal II" von Sonderburg.
Strandung.
Seeamt Lübeck, 10. Oktober 1912.
Ober-Seeamt, 10. Dezember 1912.

Spruch des Seeamts. Die Strandung des Dampfers „Kanal II" an der Südspitze von Langeland ist auf verschiedene Unvorsichtigkeiten des Schiffers zurückzuführen. Dem Antrag auf Entziehung der Befugnis als Schiffer auf großer Fahrt wird nicht stattgegeben. Es wäre erwünscht, daß das Nebelsignal auf Kjels-Nor auch dann gegeben würde, wenn dort nur leichter Nebel zu beobachten ist.

Gründe. Der Dampfer „Kanal II", LMNS, ist zu $\frac{612,3}{323,4}$ cbm vermessen und 1898 in Lübeck aus Stahl erbaut. Seine Maschine hat 225 Pferdekräfte. Sein Führer ist der am 15. Februar 1871 geborene Kapitän Georg Ludwig Hockerup, der das Zeugnis als Schiffer auf großer Fahrt seit dem 18. August 1902 besitzt. Er führt den Dampfer „Kanal II" seit 1902 bis jetzt mit Ausnahme etwa eines Jahres — um 1907 herum —, während welches er den Dampfer „Kanal IV" befehligte. Als Führer dieses Dampfers hatte er am 10. November 1907 einen Zusammenstoß im Kaiser Wilhelm-Kanal mit dem Kieler Dampfer „Ernst". Das Seeamt zu Flensburg hat die Schuld an dem Zusammenstoße hauptsächlich der Führung des Dampfers „Kanal IV" zugeschrieben; da sich jedoch damals der Dampfer unter Führung eines Kanallotsen befand, diesen und nicht den Schiffer für verantwortlich erklärt. Ferner ist Hockerup mit „Kanal II" einmal in der Nähe von Linderup zwischen Kolding und Apenrade auf Strand geraten; es ist dies nach seiner Angabe schon vor längerer Zeit und bei Sturm und Regen geschehen. Endlich hat der Dampfer „Kanal II" unter Hockerups Führung im Februar dieses Jahres in der Lübecker Bucht bei schwerem Eisgang Havarie erlitten.

Als einziger Steuermann war der am 19. Mai 1878 geborene Hans Peter Thomsen angestellt, der ein Befähigungszeugnis als Schiffer auf kleiner Fahrt vom 1. Mai 1906 besitzt. Ferner hatte der Dampfer einen Maschinisten, den am 16. März 1869 geborenen Maschinisten zweiter Klasse Niels Heinrich Müller, dessen Zeugnis am 26. Januar 1897 ausgestellt ist. Endlich befanden sich noch 5 Mann Besatzung an Bord. Der Dampfer, der für die Fahrt von Kolding nach Lübeck 18 bis 19 Stunden gebraucht, war also nicht entsprechend den auf Grund des § 4 der Seemannsordnung erlassenen Bestimmungen des Bundesrats mit Schiffsoffizieren besetzt, wofür nach § 113 der Seemannsordnung den Kapitän die Verantwortung trifft.

Der Kompaß des Dampfers war vor dem hier zu untersuchenden Unfall zuletzt im Jahre 1902 reguliert; er zeigte damals bei südlichem Kurse eine westliche Deviation von 1/2 Strich. Nach dem Unfall im Eise im Februar 1912 sind größere Ausbesserungen an dem Dampfer auf der Koch'schen Werft in Lübeck vorgenommen; der Kompaß ist danach nicht reguliert worden, angeblich, weil damals der Deviationspfahl im Eise saß. Nach dem jetzt in Frage kommenden Unfall ist der Dampfer abermals auf der Koch'schen Werft ausgebessert und danach der Kompaß reguliert worden; er zeigte hierbei eine östliche Abweichung von etwa 2 Strich. Es ist daher anzunehmen, daß auch schon vor dem Unfall der Kompaß eine, wenn auch vielleicht geringere östliche Deviation hatte. Eine Deviationstabelle befand sich nicht an Bord, man rechnete mit einer westlichen Deviation von 1/2 Strich.

Der Dampfer hat schon seit längerer Zeit unter seinem jetzigen Befehle Vieh von Kolding nach Lübeck befördert. Auf der Fahrt wurde nach dem Passieren von Aarösund von der Ansegelungstonne ab ein Kurs von etwa SSO 1/4 O nach dem Kompaß genommen, der den Dampfer bei einer westlichen Kompaßdeviation von 1/2 Strich hart an der Südküste von Ärö entlang und in ziemlichem Abstand an der Südspitze von Langeland vorbeiführen mußte. Bei östlicher Abweichung würde die Entfernung dementsprechend größer gewesen sein.

Am 13. März 1912 verließ der Dampfer um 11 1/4 U. Vm. Kolding mit einer Ladung von 74 Stück Vieh. Es wurde zunächst nach den bekannten Land- und Seezeichen gesteuert und um 2 U. 20 M. Nm. die Ansegelungstonne von Aarösund passiert. Nun wurde der Kurs wie üblich auf SSO 1/4 O nach dem Kompasse gesetzt. Auf der Brücke befand sich der Steuermann Thomsen, am Ruder der dänische Matrose Kjeldsen, der gleich nach dem Unfall abgemustert hat. Der Ausguck war nicht besetzt und wurde auch später beim Nebel nicht besetzt, angeblich, weil zu wenig Mannschaft vorhanden war. Um 4 U. 20 M. sichtete der Steuermann in südlicher Richtung die undeutlichen Umrisse von Land. Er glaubte, es sei Tranesand an der Nordspitze von Alsen, und so wurde es auch in das Schiffstagebuch eingetragen. Auch in der Hauptverhandlung meinte er zunächst, es sei Tranesand gewesen; auf Vorhalt, daß er nach einer zweistündigen Fahrt von der Ansegelungstonne von Aarösund mit voller Fahrt — der Dampfer läuft bei voller Fahrt mindestens 7—8 Seemeilen — erheblich weiter gewesen sein müsse, meinte er, dann habe er sich wohl geirrt und es sei wohl Tokfensand gewesen. Kurz darauf setzte dichter Nebel ein und einige Zeit danach kam der Kapitän auf die Brücke, worauf wiederum nach einiger Zeit — die Zeitangaben sind hier völlig ungenau und unzuverlässig — der Steuermann die Brücke verließ. Die Fahrt wurde in derselben Richtung und mit voller Kraft fortgesetzt; Nebelsignale wurden gegeben. Der Kapitän unterließ es, entsprechend der Vorschrift in Artikel 16 der Seestraßenordnung, die Fahrt zu mäßigen, weil, wie er angibt, in dieser Gegend oft unberechenbare Strömungen herrschen, und er befürchtete, bei langsamer Fahrt stärker abzutreiben. Er ankerte nicht, weil er mit seiner lebenden Ladung möglichst schnell seinen Bestimmungsort erreichen wollte.

Gegen 8 U. Nm. wurde acht gegeben, ob nicht die Sirene des Kjelsnorleuchtturms an der Ostseite der Südspitze von Langeland, die bei Nebel in Tätigkeit treten soll, gehört wurde. Sie wurde nicht gehört, auch das Feuer nicht gesehen. Der Kapitän nahm nun an, daß sich der Dampfer ziemlich weit südlich von der Südspitze von Langeland befinde und setzte den Kurs etwas östlicher, um wie viel, kann er nicht angeben, aber so, daß er nach seiner Meinung etwa auf das Leuchtschiff von Fehmarnbelt lossteuerte. Einige Zeit danach — der Kapitän meinte anfangs, es sei 20 Minuten oder 1/2 Stunde später gewesen, später dagegen, es seien nur etwa 5 Minuten seit der Kursänderung vergangen — stieß der Dampfer plötzlich auf. Der Kapitän befahl sofort, die Maschine mit voller Kraft rückwärts gehen zu lassen, und der Dampfer kam auch wieder los; da aber Steine am Grunde waren und die Schraubenflügel gegen sie schlugen, verlor er, gerade als er wieder frei kam, seine Schraubenflügel und kam gleich danach wieder fest. Da ruhiges Wetter war, telegraphierte der Kapitän erst am folgenden Morgen an seine Reederei, die die Dampfer „Heimdal" und „Adler" schickte, von denen der erstere die

Viehladung übernahm, während der letztere den „Kanal II" nach Lübeck einschleppte, wo er auf der Koch'schen Werft gedockt wurde. Die Strandungsstelle befand sich bei Södgaard an der Südspitze von Langeland, etwa 1/2 Seemeile vom Strande. Der Dampfer hatte vorn einen Tiefgang von etwa 5 Fuß, hinten einen solchen von etwa 8 Fuß; an der Strandungsstelle wurde vorn 4 Fuß, hinten 7 Fuß Wassertiefe gelotet. Das Nebelsignal ist auf dem Leuchtturm von Kjelsnor an jenem Abend nicht gegeben worden, wie durch die Aussage des Leuchtturmwärters Ryder festgestellt ist. Ryder gibt an, es sei um diese Zeit beim Leuchtturm nicht nebliges, sondern nur regendiesiges Wetter gewesen, auch später, um 9 U. Nm., sei es jedenfalls nicht in dem Maße neblig gewesen, daß es ihm erforderlich erschienen wäre, ein Nebelsignal zu geben.

Die Ursachen der Strandung haben sich bei den z. T. recht unbestimmten Angaben des Kapitäns Hockerup und des Steuermanns Thomsen mit voller Sicherheit nicht feststellen lassen. Bei den nach ihrer Angabe gesteuerten Kursen — selbst wenn man die früher festgestellte westliche Deviation des Kompasses als noch vorhanden annimmt — muß es als ausgeschlossen angesehen werden, daß der Dampfer auf der Südspitze von Langeland festgeriet, um so mehr, als er an der Südspitze von Ärö noch ungefährdet vorbeigekommen ist. Die vom Kapitän angenommene nördliche Strömung reicht zur Erklärung nicht aus. Es muß daher entweder der Mann am Ruder nach dem Passieren der Südspitze von Ärö zeitweilig einen anderen Kurs gesteuert oder der Kapitän muß seinen Kurs früher oder in stärkerem Maße geändert haben als er angibt. Welche von diesen beiden Möglichkeiten vorliegt oder ob beide zusammentreffen, läßt sich nicht feststellen. Der Kapitän will von Zeit zu Zeit sich vergewissert haben, ob der Mann am Ruder richtig steuere, und will Ordnungswidriges nicht bemerkt haben.

Dem Kapitän Hockerup fallen verschiedene z. T. erhebliche Verstöße gegen die Pflichten eines sorgfältigen Schiffers zur Last; seine Schiffsführung ist im hohen Grade mangelhaft gewesen. Schon die nicht ausreichende Besetzung des Dampfers mit Offizieren ist als sein Fehler zu rügen, denn er trägt nach dem Gesetze dafür die Verantwortung. Zu beanstanden ist ferner, daß der Kompaß innerhalb einer Zeit von 10 Jahren nicht reguliert ist, auch nicht, als der Dampfer eine größere Ausbesserung auf einer Werft erfahren hatte. Zu tadeln ist ferner, daß der Dampfer trotz dichten Nebels in einem befahrenen schmalen Fahrwasser seine Geschwindigkeit nicht gemäßigt hat; der von dem Schiffer hierfür gegebene Erklärungsgrund kann als eine ausreichende Entschuldigung nicht angesehen werden. Glaubte der Schiffer, bei Mäßigung seiner Fahrt Gefahr zu laufen, so mußte er trotz seiner Ladung ankern. Die eben gerügten Fehler stehen jedoch mit der Strandung nicht im Zusammenhange. Verursacht ist der Unfall jedoch durch folgende Fehler. Zunächst ist schwer zu tadeln, daß im dichten Nebel ein Kurs eingehalten wurde, der bei der von dem Schiffer angenommenen Deviation das Schiff in große Gefahr brachte, an der Südküste von Ärö zu stranden, zumal, wie dem Schiffer nach seiner eigenen Angabe bekannt war, dort wechselnde Strömungen herrschen. Bei einem Kurse, der ihn weiter von Ärö abführte, wäre die Strandung wohl vermieden worden. Vor allem ist aber zu tadeln die Leichtfertigkeit in der Schiffsführung in den letzten 1½ Stunden vor der Strandung. Obwohl der Kapitän den genauen Standort des Schiffes nicht kannte und bei dem Nebel ohne Lotungen auch nicht kennen konnte, setzte er aufs Geratewohl seinen Kurs etwas östlicher und verfuhr dabei so sorglos, daß er weder angeben kann, wann er diese Kursänderung vorgenommen hat, noch, welchen Kurs er nun hat steuern lassen. Und als er nun nach seiner eigenen Annahme sich der Südspitze von Langeland näherte, da unterließ er es, trotz der Ungewißheit darüber, wo er sich befand, zu loten und begnügte sich damit, daß er das Nebelsignal von Kjelsnor nicht hörte. Allerdings durfte er bei dem dort auf See herrschenden dichten Nebel wohl erwarten, das Nebelsignal zu hören, und es muß als dringend erwünscht bezeichnet werden, daß das Nebelsignal auch dann gegeben werde, wenn auf dem Leuchtturm nur geringer Nebel beobachtet wird; denn es kann doch leicht vorkommen, daß auf der See und vor allem an der Westseite von Langeland dichterer Nebel herrscht, wenn beim Leuchtturm nur diesiges Wetter oder leichter Nebel beobachtet wird, wie es im vorliegenden Falle nach den übereinstimmenden und hierin vollglaubwürdigen Aussagen der Zeugen Hockerup, Thomsen und Möller der Fall gewesen ist. Aber in der Erwartung, das Nebelsignal rechtzeitig zu hören, durfte der Kapitän doch nicht die gebotenen Vorsichtsmaßregeln unterlassen.

Sonach fallen dem Kapitän Hockerup erhebliche Verstöße gegen die Pflichten eines vorsichtigen Schiffers, vor allem eine große Ungenauigkeit und Nachlässigkeit in der Navigierung zur Last und es konnte wohl in Frage kommen, ob ihm nicht die Befugnis zur Ausübung des Schiffergewerbes zu entziehen sei. Wenn das Seeamt doch davon abgesehen hat, so waren dafür zwei Erwägungen maßgebend. Zunächst die, daß Schiffer, die dieselbe Strecke häufig befahren, leicht sorglos werden und daß daher eine gewisse Nachlässigkeit, wenn auch nicht entschuldbar, so doch erklärlich wird. Sodann die Erwägung, daß Hockerup 10 Jahre lang ein Schiff geführt hat, ohne daß ihm ein Unfall, der durch eine erheblichere Nachlässigkeit von ihm verschuldet wäre, vorgekommen ist, und daß man daher wohl die Hoffnung hegen darf, er werde in Zukunft sich einer peinlich genauen Sorgfalt befleißigen. Daß ihm unbedingt die Eigenschaften fehlen, die man bei einem Schiffer verlangen muß, läßt sich mithin trotz der hier vorgekommenen zahlreichen Fehler nicht feststellen. Dem Antrag des Reichskommissars auf Entziehung der Befugnis zum Schiffergewerbe war daher nicht stattzugeben.

Auch der Steuermann Thomsen hat einen argen Fehler begangen, indem er annahm, das Schiff sei um 4 U. 20 M. erst bei Tranesand. Zur Entziehung des Schifferpatents liegt aber kein Anlaß vor.

Die Maßregeln, die nach der Strandung ergriffen sind, bieten zu Bemerkungen keinen Anlaß.

Entscheidung des Ober-Seeamts.

Auf die Beschwerde des Reichskommissars gegen den Spruch des Seeamts zu Lübeck vom 10. Oktober 1912 über die Strandung des Sonderburger Dampfers „Kanal II" hat das Kaiserliche Ober-Seeamt in seiner zu Berlin am 10. Dezember 1912 abgehaltenen öffentlichen Sitzung nach mündlicher Verhandlung der Sache entschieden,

> der Spruch des Seeamts zu Lübeck vom 10. Oktober 1912 wird dahin abgeändert, daß dem Kapitän Hockerup die Befugnis zur Ausübung des Schiffergewerbes zu entziehen ist, die baren Auslagen des Verfahrens bleiben außer Ansatz.

Gründe. Der ordnungsgemäß vorgeladene Schiffer Hockerup war nicht erschienen. Er hat ein Schreiben an das Ober-Seeamt gerichtet, in dem er vorgibt, sich wegen völliger Mittellosigkeit weder einen Rechtsbeistand annehmen noch selbst der Ladung des Ober-Seeamts folgen zu können. Da der Schiffer Hockerup sich zur Sache zu äußern Gelegenheit gehabt hat, ist das Ober-Seeamt in die Verhandlung eingetreten.

Dem Schiffer Hockerup sind durch die seeamtliche Untersuchung eine Reihe von Fehlern und Verstößen nachgewiesen worden, die auch das Ober-Seeamt als solche erkennt. Es bleibt zu prüfen, ob diese Verfehlungen die mildere Auffassung verdienen, die das Seeamt zu der Ablehnung des Antrags des Reichskommissars auf Entziehung der Gewerbebefugnis geführt hat. Für die Beurteilung Hockerups darf dabei der Umstand nicht unberücksichtigt bleiben, daß er Schiffer auf großer Fahrt war, an dessen Handlungen und Unterlassungen ein strengerer Maßstab zu legen ist, als wenn sie von einem Schiffer auf kleiner Fahrt oder Küstenfahrt ausgingen.

Der Dampfer „Kanal II" befand sich auf der Reise, die zu seiner Strandung führte, in der Küstenfahrt; er hatte einen Bruttoraumgehalt von mehr als 400 cbm, und seine Reise von Kolding nach Lübeck dauerte voraussichtlich mehr als 16 Stunden ohne Unterbrechung. Unter diesen Umständen war nach § 4 der Bekanntmachung, betreffend die Besetzung der Kauffahrteischiffe mit Kapitänen und Schiffsoffizieren, vom 16. Juni 1903 — Reichs-Gesetzbl. S. 247 — das Schiff neben dem Kapitän mit einem Steuermann zu besetzen und es mußten wegen der voraussichtlichen Reisedauer mindestens 2 Maschinisten IV. Klasse an Bord sein; Hockerup hat aber die Reise mit einem Mann angetreten, der keine gesetzliche Befugnis hatte, als Seesteuermann zu fahren, und hatte nur einen Maschinisten an Bord. Wenn auch die in Rede stehende Bekanntmachung dem Kapitän in der Verpflichtung, das Schiff demgemäß mit Schiffsoffizieren zu besetzen, einen gewissen Spielraum läßt (vergl. § 10, Verantwortlichkeit des Kapitäns), so war doch in dem vorliegenden Falle die Voraussetzung des § 10 nicht gegeben; denn die Umstände hätten dem Kapitän sehr wohl gestattet, sein Schiff den Bestimmungen entsprechend mit Schiffsoffizieren zu besetzen und es war mindestens die volle Besetzung der Maschine um so mehr geboten, als die übrige Bemannung des Schiffes nur aus 5 Mann bestand und von Hockerup die unterlassene Besetzung eines besonderen Ausgucks mit dem Hinweis auf diese geringe Mannschaftsstärke entschuldigt worden ist; ihm muß daher der Vorwurf gemacht werden, daß er sich über den klaren Wortlaut der fraglichen Bekanntmachung leichtsinnig hinweggesetzt hat. Seine Einwendung, daß er nicht sicher gewußt habe, ob er 2 Maschinisten an Bord haben müsse, kann ihn nicht entschuldigen; denn von einem Schiffer auf großer Fahrt muß die Kenntnis solcher für die Sicherheit der Schiffahrt erlassenen Bestimmungen erwartet werden; auch widerspricht sich Hockerup selbst, indem er gleichzeitig behauptet, daß die Reederei die Besetzung der Maschine mit nur einem Maschinisten angeordnet habe. Wenn dies wahr wäre, so träfe auch die Reederei des Dampfers ein Verschulden an der ungenügenden Besetzung der Maschine.

Die seeamtliche Untersuchung hat ferner ergeben, daß keine Deviationstabelle vorhanden gewesen und mit einer Deviation navigiert worden ist, die vor 10 Jahren (1902) bestimmt war, trotzdem der Dampfer erst im Februar einer größeren Reparatur auf der Werft hatte unterzogen werden müssen. Die Unfallverhütungsvorschrift der See-Berufsgenossenschaft für Dampfer (Ausgabe 1909 § 65) fordert in solchem Falle, daß die Kompasse durch einen Vertreter der Seewarte oder Genossenschaft neu geprüft werden. Die seeamtliche Untersuchung läßt die Frage offen, ob dies geschehen ist; ebenso ob die gleichfalls vorgeschriebenen zweijährigen Prüfungen der Kompasse auf Beschaffenheit und Gebrauchsfähigkeit immer stattgefunden haben. Jedenfalls beweist die Tatsache, daß Hockerup mit einem Kompaß navigierte, dessen Deviation vor 10 Jahren zum letzten Male bestimmt war, einen für einen Schiffer auf großer Fahrt unverzeihlichen Mangel an Pflichtgefühl und an Verständnis für die Wichtigkeit eines zuverlässigen Kompasses in der Navigierung. Der zuverlässige Kompaß ist in der Küstenfahrt ebensowenig entbehrlich wie in der großen Fahrt; denn gerade unter der Küste können durch plötzlichen Nebel Lagen eintreten, in denen nur noch Kompaß und Lot die einzigen Wegweiser für den sicheren Kurs des Schiffes bilden.

Die Navigierung gibt bis zur südlichen Aarösund-Ansteuerungstonne keinen Anlaß zu Ausstellungen. Über den mißweisenden Kurs, der von da ab aufgenommen worden ist, haben Hockerup und sein Steuermann keine klaren bestimmten Aussagen zu machen gewußt, sie schwanken zwischen SSO 1/2 O und SSO 3/4 O. Da aber der letztere Kurs über Lille-Grund führt, wird SSO 1/2 O der ab Aarösund-Ansteuerungstonne aufgenommene Kurs gewesen sein. Gegen diesen Kurs ist bei klarem Wetter nichts einzuwenden, er führt frei von den Untiefen östlich der Insel Alsen und in etwa 1 sm. Abstand von Arö in die Kieler Bucht. Auf ihm kam um 4 U. 20 M. die Küste von Fünen in Sicht, die der Steuermann für Tranesand angesprochen hat, während es jedenfalls, wie in dem seeamtlichen Spruche schon richtig bemerkt worden ist, Taksensand gewesen sein wird. Dieser Irrtum hätte Hockerup und dem Steuermann bei einiger Aufmerksamkeit nicht entgehen können und es spricht für die oberflächliche Navigierung des ersteren, daß der Fehler auch in das Schiffstagebuch übernommen wurde; denn ein Blick in die Karte hätte ihm sagen müssen, daß er nach einer zweistündigen Fahrt mit 8 Kn. Geschwindigkeit seit Aarösund um 4 U. 20 M. nicht erst bei Tranesand sein konnte. Trotz des um diese Zeit aufkommenden dichten Nebels hat Hockerup seine Reise mit unverminderter Geschwindigkeit fortgesetzt. Abgesehen davon, daß er damit bewußt gegen die Bestimmungen der Seestraßenordnung verstieß, lag auch in dieser Handlungsweise bei seinem der Küste von Ärö nahen Kurse eine Gefahr für sein eigenes Schiff und eine arge Rücksichtslosigkeit gegen andere in dem schmalen Fahrwasser verkehrende Schiffe. Sein Verfahren ist um so leichtfertiger, als der Kompaß aus den schon erwähnten Gründen keine Gewähr für seine Zuverlässigkeit bot und der Ausguck auch selbst jetzt nicht besetzt wurde.

Als Hockerup glaubte, von der Südspitze der Insel Ärö frei zu sein, hat er seinen Kurs nach der Südspitze von Langeland hin geändert, um in die Hörweite der Sirene von Kjelsnor zu kommen und nach ihr seinen Kurs in den Fehmarnbelt zu bestimmen. An und für sich ist hiergegen nichts einzuwenden, vorausgesetzt, daß die Ansteuerung nach dem Schall des Nebelsignals durch Lotungen unterstützt wurde; dies ist aber nicht der Fall gewesen. Über die Unzulässigkeit der Orientierung lediglich nach dem Schalle von Nebelsignalen hat sich das Ober-Seeamt in dem Falle der Strandung des Dampfers „Luise" schon einmal ausgesprochen (vergl. Entscheidung des Ober-Seeamts vom 17. Januar 1911). Tatsächlich hat Kjelsnor an dem Abend überhaupt keine Nebelsignale gegeben und Hockerups Annahme: weil er keine Nebelsignale hörte, befände er sich mit seinem Schiffe außerhalb ihrer Hörweite, war ein verhängnisvoller Fehlschluß. Gerade der Umstand, daß die erwarteten Nebelsignale nicht zu hören waren, mußte zur Vorsicht mahnen; denn nun fehlte jeder Anhalt über den wahren Standort des Schiffes. Hockerup hat daher außerordentlich leichtsinnig und gewissenlos gehandelt, daß er in diesem Nebel unternahm, Langeland ohne Lot und mit einer Fahrt von 8—9 sm. anzusteuern und selbst dann nicht lotete, als die Sirene von Kjelsnor gegen alle Erwartung nicht gehört wurde. Die 20 Meter-Linie verläuft von Arö etwa quer zur Marstall-Bucht und umschließt südlich von Langeland das weit ausholende Gulstav-Flach; sie bietet einen guten Anhalt zur Anlotung der Küste und würde Hockerup bei Gebrauch des Lotes nicht nur einen sicheren Aufschluß über den Standort des Schiffes gegeben haben, sondern hätte ihn auch vor einer zu großen Annäherung an die Südspitze von Langeland rechtzeitig gewarnt. Für einen gewissenhaften Schiffer und ordentlichen Seemann mußte das Lot schon in Gebrauch treten, als man annahm, von Ärö frei zu sein und glaubte auf Langeland zuhalten zu können; denn diese Annahme beruhte in dem undurchdringlichen Nebel, der jeden Ausblick verdeckte, nur auf Schätzung der bis dahin zurückgelegten Distanz, und diese Schätzung konnte in der nördlich setzenden Strömung, die in jener Jahreszeit und bei dem vorherrschenden Winde zu vermuten war (vergl. Segelhandbuch für die Ostsee, Abt. 2 S. 327/28) und auch von Hockerup vermutet worden ist, einen unbekannten Fehler haben. Es ist daher nicht Hockerups Verdienst, wenn er mit seiner willkürlichen Kursänderung und leichtsinnigen Navigierung nicht schon unterhalb Arö auf den Strand gelaufen ist. Da er aber von der Südspitze dieser Insel frei geblieben ist und die Strandungsstelle von ihr in ungefähr südöstlicher Richtung liegt, so muß Hockerup seinen Kurs um wenigstens 1½ Strich auf Langeland zu geändert haben, um dort zu stranden, wo es geschehen ist; und wenn seine Behauptung, den ursprünglichen Kurs SSO ¾ oder ½ O bis kurz vor der Strandung (20—30 Min.) gesteuert zu haben, auf Wahrheit beruht, dann muß die Kursänderung auf Land zu noch größer und dementsprechend unvernünftiger gewesen sein.

Hockerup hat versucht, seine Strandung durch Stromversetzung zu erklären und zu entschuldigen; aber wenn auch die Tatsache einer nördlich setzenden Strömung in jener Nacht nicht zu bestreiten ist, so hätte sie doch, um zu der Strandung zu führen, in einer Stärke auftreten müssen, die in dem fraglichen Gebiete der Ostsee und bei der gegebenen Wetterlage höchst unwahrscheinlich ist. Für die Einwirkung des Stromes kann nur die kurze Strecke von etwa 11 Sm. zwischen Ärö und Langeland Südspitze in Betracht kommen, die der Dampfer mit 8—9 Kn. Geschwindigkeit durchlaufen hat; da aber der bis dahin gesteuerte Kurs gut 5 Sm. frei von Langeland führt, so muß es als ausgeschlossen angesehen werden, daß das Schiff um diese Entfernung in wenig mehr als einer Stunde lediglich durch den Strom versetzt sein soll; ganz abgesehen davon, daß eine sorgfältige Navigierung Stromversetzungen in Rechnung ziehen muß und nicht jede Stromversetzung einen Entschuldigungsgrund für durch sie herbeigeführte Seeunfälle bilden kann.

Die ganzen Vorgänge stellen es für das Ober-Seeamt außer Frage, daß die Hauptschuld an der Strandung des Dampfers „Kanal II" die höchst leichtsinnige und oberflächliche Navigierung des Schiffers Hockerup trägt. Die Strandung war nicht notwendig und kann auch nicht durch Nebel entschuldigt werden; sie hätte bei größerer Vorsicht und Gewissenhaftigkeit in der Navigierung vermieden werden können. Der Einwand Hockerups, daß ihn Lotungen, zu denen er hätte stoppen müssen, aus dem Kurse vertrieben haben würden, ist zwar an sich richtig; aber sobald er von seinem parallel zum Lande verlaufenden Kurse abwich und auf die Küste zuhielt, blieb ihm in dem Nebel gar nichts anderes übrig, als sich mit dem Lote vorsichtig an die Küste heranzufühlen, oder er mußte ankern und klares Wetter abwarten. Indem er beides in kurzsichtiger Verkennung der unabweislichen Notwendigkeiten oder in unverzeihlichem Leichtsinn unterließ, hat er seiner Reederei und sich selbst einen weit größeren Schaden verursacht, als wenn er eins von beiden getan hätte.

Das Seeamt hat in voller Würdigung der Größe der Verfehlungen Hockerups anerkannt, daß es wohl in Frage kommen könne, ob ihm nicht die Befugnis zur Ausübung des Schiffergewerbes zu entziehen sei; das Seeamt hat sich aber durch zwei Erwägungen bestimmen lassen, von einer Patententziehung abzusehen. Die eine der beiden Erwägungen bezieht sich auf die schon öfters beobachtete Sorglosigkeit der sogenannten Tourenfahrer; die andere auf die Tatsache, daß Hockerup das Schiffergewerbe 10 Jahre lang ohne Nachweis einer erheblicheren Nachlässigkeit ausgeübt hat. Das Ober-Seeamt vermag der seeamtlichen Auffassung, daß in diesen beiden Umständen vorliegend ein Grund gegeben ist, die Verfehlungen des Schiffers Hockerup milder zu beurteilen, nicht zu folgen. Was zunächst die Sorglosigkeit der Tourenfahrer in der Ostsee anbetrifft, so spielt sie allerdings auch in dem hier fraglichen Falle eine Rolle und sie ist von dem Ober-Seeamt schon wiederholt gerügt worden (vergl. Entsch. des Ober-Seeamts vom 14. Oktober 1910, betreffend den Dampfer „Pionier“, vom 17. Januar 1911, betreffend „Luise“, und vom 18. Juli 1911, betreffend Dampfer „Nordenham“). Aber gerade weil das Ober-Seeamt die Schiffer der kleinen Ostseefahrt wiederholt vor dieser schlechten Gewohnheit gewarnt und ihnen namentlich in der jüngsten Entscheidung noch besonders ans Herz gelegt hat, in einer Fahrt, in der alles auf eine sorgfältige Küstennavigierung ankommt, von den nautischen Hilfsmitteln derselben fleißig Gebrauch zu machen, kann es in dem Umstand, daß an dem vorliegenden Seeunfall auch diese schlechte Gewohnheit einen Teil der Schuld trägt, einen Milderungsgrund für die Beurteilung des Falles nicht erblicken. Die Hockerup nachgewiesene Leichtfertigkeit und Verständnislosigkeit für seine verantwortlichen Pflichten als Schiffer sind zu groß, als daß sie das Ober-Seeamt für einen Schiffer auf großer Fahrt, von dessen Vorbildung und Berufskenntnissen mit Recht größere Einsicht und Pflichtbewußtsein gefordert werden müssen, als entschuldbar ansehen kann. Dies schließt nach Erachten des Ober-Seeamts auch aus, der anderen Erwägung des Seeamts, die längere fehlerfreie

Berufsübung Hockerups betreffend, einen Milderungsgrund beizumessen. Das Ober-Seeamt vermag in dem ganzen Verhalten des Schiffers Hockerup keine Handhabe zu finden, die geeignet wäre, das Vertrauen zu geben, daß er fernerhin seinen Berufspflichten als Schiffer auf großer Fahrt in dem Maße nachkommen wird, wie es für die Sicherheit der Schiffahrt geboten wäre; es hat daher die Beschwerde des Reichskommissars für gerechtfertigt anerkannt und entschieden, wie geschehen.

In formeller Hinsicht ist zu der seeamtlichen Untersuchung zu bemerken, daß der Maschinist Möller aus nicht ersichtlichem Grunde unvereidigt geblieben ist. Da ein Verschulden dieses Zeugen an dem Unfall ausgeschlossen war, so mußte er vereidigt werden; glaubte aber das Seeamt, nach Lage der Sache die Zeugeneigenschaft dieses Mannes nicht anerkennen zu können, so hätte ein solcher feststellender Beschluß ergehen müssen.

64.

Dampfer „Hercules" von Bergen und Besanewer „Gloria" von Itzehoe. Zusammenstoß.

Seeamt Hamburg, 12. Dezember 1912.

Spruch. Am 22. Oktober 1912 hat bei Falkenthal auf der Elbe ein Zusammenstoß zwischen dem ausgehenden norwegischen Dampfer „Hercules" und dem aufwärts kreuzenden Ewer „Gloria" stattgefunden, durch welchen der letztere zum Sinken gebracht wurde.

Der Unfall ist von der Führung beider Schiffe verschuldet, da der Schiffer von Horn des Ewers ohne genügenden Grund über Stag gegangen ist, und der Lotse des „Hercules" dann versucht hat, unter Beibehaltung der vollen Fahrt den Bug des Ewers zu kreuzen, anstatt die Maschine sofort auf volle Kraft rückwärts zu setzen.

Tatbestand. Durch die seeamtliche Untersuchung des Unfalls ist das Folgende ermittelt worden:

Der im Seeschiffsregister des Amtsgerichts Itzehoe eingetragene Ewer steht im Eigentum des Schiffers Martin Hinrich von Horn, geboren 1887, welcher ein Befähigungszeugnis zum Schiffer nicht besitzt.

Der Schiffer von Horn stellt den Hergang des Unfalls wie folgt dar:

Der Ewer hat sich mit einer Ladung von etwa 60 leeren Bierfässern und einer Kiste getrockneter Äpfel auf der Fahrt von Brunsbüttel nach Altona befunden und hat gegen 10 U. Nm. bei einsetzender Flut bei der Lühe Anker gehievt, um gegen den frischen NO-Wind aufwärts zu kreuzen. Als man querab von Falkenthal auf dem Schlag von der Süd nach der Nord gelegen hat, ist das Topplicht und das rote Seitenlicht des ausgehenden Dampfers „Hercules" in Sicht gekommen. Als dieser Dampfer noch ziemlich weit entfernt gewesen ist, hat er einen Ton mit der Dampfpfeife abgegeben, durch welchen der Schiffer von Horn sich veranlaßt sah, über Stag zu gehen, um dem nach Steuerbord ausweichenden Dampfer die Nordseite des Fahrwassers freizulassen. Als man dann schon einige Zeit wieder nach der Süd hinübergelegen hat, hat der Dampfer plötzlich wieder Backbordruder gegeben und damit direkt auf den Ewer zugehalten. Schiffer von Horn hat, als der Dampfer sich in gefahrdrohender Weise näherte, mehr vor dem Winde gehalten, der Ewer wurde aber schließlich im spitzen Winkel von hinten an Backbordseite bei den Wanten getroffen. Der Schiffer und der Bestmann hatten sich eben in ihr Boot begeben können, als der Ewer schon wegsank.

Im letzten Augenblick vor der Kollision hat Schiffer von Horn ein Backbordrudersignal des Dampfers gehört, andere Signale, abgesehen von dem zuerst vernommenen Steuerbordrudersignal, sind nicht gehört.

Das grüne Licht des „Hercules" hat Schiffer von Horn überhaupt nicht gesehen, während der Bestmann Strade dieses grüne Licht in Sicht gehabt haben will, als er das Steuerbordrudersignal des Dampfers gehört hat. Dieser Bestmann, dessen Aussage überaus unklar war, behauptet überdies, daß der Ewer in diesem Augenblick schon auf den Kurs nach der Süd gelegen habe, während Schiffer von Horn behauptet, erst durch das Signal zum Überstaggehen veranlaßt zu sein. Der Ewer habe zu dieser Zeit in der Leitlinie der

Feuer von Wittenbergen-Tinsdal gelegen, habe also sonst noch keine Veranlassung zum Überstaggehen gehabt.

Der Dampfer „Hercules" steht im Eigentum der Acties Dampk. „Hercules" (J. Christensen) und wird geführt von dem Kapitän Thorwald Georg Schadberg.

Der Dampfer hatte den Hamburger Hafen um 10½ U. Nm. verlassen und fuhr unter Assistenz des Lotsen Hermann Eduard Stock, geboren 1880, Inhabers eines Befähigungszeugnisses zum Schiffer auf großer Fahrt von 1905, bei sehr feuersichtiger Luft und frischem Ostwind elbabwärts. Man fuhr von etwas unterhalb Altona an mit voller Kraft und machte etwa 9 Meilen Fahrt durch das Wasser. Auf der Brücke befanden sich, als Blankenese passiert wurde, der wachehabende 2. Offizier Boe neben dem Lotsen und Rudersmann, der Ausguck war mit dem Matrosen Olsen besetzt. Der Kapitän war kurz vorher in das unter der Brücke liegende Kontor gegangen, um die Konnossemente durchzusehen. Als der Dampfer, welcher sich in der Leitlinie hielt, sich querab von der Falkenthaler Landungsbrücke befand, erblickte der Lotse plötzlich dicht vor dem Bug ein kleines von der Nord nach der Süd hinüberliegendes Segelfahrzeug, welches kein Licht führte und welches ungefähr in demselben Augenblicke auch von dem Ausgucksmann gemeldet wurde. Der Lotse ließ sofort Steuerbordruder — im deutschen Sinne — geben, um hinter diesem Fahrzeug herumzuhalten. Dieses Steuerbordruder ist, wie alle Zeugen des Dampfers bestätigen, nicht durch Signal angezeigt worden. Nachdem man durch das Ausweichen nach Steuerbord eben von dem Segler freigekommen war, wurde das Ruder wieder gestützt.

Schon längere Zeit, bevor der kleine Segler vor dem Buge des Dampfers auftauchte, hatte der Lotse Stock die grünen Seitenlichter zweier Segler gesehen, welche nach der Nord hinüberlagen und welche sich, als dem kleinen Segler ausgewichen wurde, schon klar an Steuerbord des Dampfers befanden. Nachdem der Dampfer seinen alten Kurs auf die Leitfeuer wieder aufgenommen hatte, sahen der Lotse und der 2. Offizier, daß der am nächsten liegende Ewer über Stag ging und nunmehr sein rotes Licht zeigte. Der Lotse Stock meint, daß das rote Licht 2—2½ Strich, der 2. Offizier Boe, daß es 1—1½ Strich über Steuerbord gestanden habe. Beide Zeugen erklären aber übereinstimmend, daß es in dieser Situation für den Dampfer nicht mehr möglich gewesen sei, unter Steuerbordruder hinter dem Ewer herumzugehen. Der Lotse ließ daher zuerst etwas, dann immer mehr Backbordruder geben und zeigte dies durch dreimaliges Wiederholen des Backbordrudersignals an, wodurch er den Ewer veranlassen wollte, wiederum über Stag zu gehen und den Dampfer zu Süden passieren zu lassen. Die volle Fahrt wurde zunächst beibehalten bis die dringende Kollisionsgefahr erkannt wurde. Im letzten Augenblick — ungefähr gleichzeitig mit der Kollision — ist die Maschine erst auf volle Kraft rückwärts beordert und der Steuerbordanker geworfen worden. Gleich nach dem Zusammenstoß geriet der Dampfer an der Süd an Grund. Die Besatzung des Ewers kam mit ihrem Boot längsseit und wurde an dem Platze des Tauchers Harnstorf an Land gesetzt. Der Dampfer „Hercules", welcher um 1¼ U. Vm. durch eigene Kraft wieder vom Grunde freikommen konnte, kehrte dann nach Hamburg zurück, um den Unfall zu melden.

Der Reichskommissar hat ausgeführt, daß der Unfall von beiden Schiffen verschuldet sei. Der Ewer sei infolge eines mißverstandenen Signals zu Unrecht über Stag gegangen, und der Dampfer habe entgegen der Vorschrift versucht, den Bug des Ewers zu kreuzen, anstatt sofort rückwärts zu gehen.

Gründe. Die von beiden Seiten gegebenen Darstellungen des Herganges des Unfalls enthalten einige nicht lösbare Widersprüche. Während Schiffer von Horn allerdings im Gegensatz auch zu seinem Bestmann behauptet, immer nur das rote Licht des Dampfers in Sicht gehabt zu haben, wird von dem Lotsen und wachehabenden Offizier des „Hercules" bestimmt bekundet, daß der Ewer, als er über Stag gegangen sei, klar an Steuerbord des Dampfers gelegen habe.

Schiffer von Horn will ferner zu dem Überstaggehen durch ein Steuerbordrudersignal des Dampfers veranlaßt sein, welches nach übereinstimmender Angabe aller Zeugen des Dampfers aber nicht abgegeben ist.

Schließlich hat Schiffer von Horn von dem Dampfer nur im letzten Augenblick ein Backbordrudersignal gehört, während wiederum von den Zeugen des Dampfers übereinstimmend ausgesagt wird, daß dieses Signal dreimal abgegeben sei.

Das Seeamt nimmt zunächst auf Grund der übereinstimmenden Aussagen der Dampferzeugen als erwiesen an, daß das Steuerbordrudersignal überhaupt nicht abgegeben ist. Eine Verwechslung mit einem der drei Backbordrudersignale kann auch nicht in Frage kommen, da der Schiffer von Horn erst durch das angeblich gehörte Signal zum Überstaggehen veranlaßt sein will, während die Backbordrudersignale wiederum erst durch das Überstaggehen des Ewers hervorgerufen sind.

Es muß hiernach eher angenommen werden, daß der Schiffer von Horn nicht durch ein Signal, sondern durch das Erscheinen des roten Lichtes des Dampfers, welches infolge des Steuerbordrudermanövers des Dampfers auf kurze Zeit für ihn sichtbar geworden sein mag, zum Überstaggehen veranlaßt worden ist.

Es kommt aber auf die Gründe, welche der Schiffer für sein Manöver gehabt hat, um deswillen nicht wesentlich an, weil das Manöver in keinem Falle als gerechtfertigt erscheint. Der Ewer war nach Artikel 21 der Seestraßenordnung verpflichtet, Kurs zu halten und durfte sich bei der Nähe des Dampfers weder durch das Erscheinen des roten Lichtes noch durch ein Steuerbordrudersignal hierin beirren lassen. Das von einem ausweichpflichtigen Dampfer abgegebene Rudersignal darf weder in dem Sinne der Aufforderung an einen Segler zum Überstaggehen abgegeben noch von dem Segler in diesem Sinne aufgefaßt werden, und nur dann darf der Segler seinerseits von seiner Verpflichtung, Kurs zu halten, abweichen, wenn der Dampfer offensichtlich durch seine Manöver alleine einen Zusammenstoß nicht mehr vermeiden kann. Daß aber hier schon eine solche Situation vorgelegen habe, ist weder behauptet, noch ergibt sich dies irgendwie aus der Sachlage.

Einem Segler wird allerdings daraus niemals ein Vorwurf gemacht werden können, wenn er es von vornherein zu vermeiden sucht, das Fahrwasser eines Dampfers zu kreuzen und deshalb so rechtzeitig über Stag geht, daß es überhaupt nicht zu kreuzenden Kursen kommt. Das Seeamt hat aber bereits früher ausgeführt, daß ein solches Ausdemwegegehen eines Seglers jedenfalls so rechtzeitig geschehen muß, daß die Möglichkeit, dadurch ein bereits begonnenes Ausweichmanöver des Dampfers zu vereiteln, ausgeschlossen ist — vergl. Spruch vom 20. Dezember 1909 Dampfer „Harald" ÷ Ewer „Anna".

Da der Ewer sich hier, als er über Stag ging, zweifellos schon mindestens direkt im Fahrwasser des Dampfers, wahrscheinlich sogar an Steuerbord des Dampfers befand, so daß er gerade durch sein Überstaggehen sich dem Dampfer wieder in den Kurs legte, kann Schiffer von Horn sich auch darauf, daß er dem Dampfer das Fahrwasser habe freilassen wollen, nicht berufen.

Den Ewer trifft also wegen seines nicht gerechtfertigten Überstaggehens zunächst die Schuld an dem Unfall.

Nicht weniger erscheint aber auch die Führung des „Hercules" belastet, weil sie in der allerdings durch den Segler geschaffenen schwierigen Lage das durchaus unrichtige Manöver unternahm, unter Backbordruder von dem Ewer freizukommen. Wenn es nicht mehr möglich erschien, unter Steuerbordruder hinter dem Ewer herumzuhalten, so hätte die Maschine sofort auf volle Kraft rückwärts gesetzt werden müssen, es hätte aber nicht unter Beibehaltung der vollen Fahrt Backbordruder gegeben werden dürfen, da dieses Manöver, welches außerdem gegen Artikel 22 der Seestraßenordnung verstieß, unfehlbar die Gefahr eines Zusammenstoßes hervorrufen mußte. Der Lotse Stock hat dieses Manöver allerdings ganz offensichtlich nicht in der Absicht unternommen, den Bug des Seglers zu kreuzen, sondern hat darauf vertraut, daß es ihm gelingen würde, durch Abgabe und Wiederholung des Backbordrudersignals den Ewer zum nochmaligen Überstaggehen zu veranlassen. Es ergibt dies klar sein Bericht, in welchem er dem Ewer vorwirft, daß er auf seine Signale nicht reagiert habe und er hat dies auch bei seiner Vernehmung vor dem Seeamt eingeräumt. Es zeigt sich also auch hier wieder die leider auf der Elbe verbreitete und anscheinend nicht auszurottende Auffassung, daß die Signale in einem Sinne gebraucht werden dürften, welcher dem ihnen durch das Gesetz gegebenen Sinne widerspricht und es ist besonders zu bedauern, wenn es nicht einmal den Lotsen gelingt, sich von diesem Mißbrauch freizuhalten. Der Hauptwert der Ausweichregeln liegt gerade darin, daß durch sie feste Normen geschaffen werden und daß bei Begegnungen von Schiffen ein jedes weiß, wie sich das andere zu verhalten hat. Diese Sicherheit und damit der Wert der Regeln geht aber verloren, wenn sich Gewohnheiten einbürgern, welche mit den gesetzlichen Regeln im Widerspruche stehen. Denn es kann dann niemand wissen, ob das ihm entgegenkommende Schiff nach dem Gesetz oder nach der „Usance" navigiert wird. Dem auf der Elbe zur Gewohnheit gewordenen Mißbrauch der Ausweichsignale zu einer Aufforderung an andere Schiffe zum Ruderlegen ist daher im Interesse der Sicherheit der Schiffahrt mit allem Nachdruck entgegenzutreten.

Dem Dampfer „Hercules" mußte wegen dieser fehlerhaften Navigierung eine Mitschuld an dem Unfall zur Last gelegt werden.

Es war ferner nicht zu übersehen, daß dem „Hercules" auch ein Verstoß gegen den § 27 der Verordnung für die Schiffahrt auf der Unterelbe zur Last fällt, da er von Altona an mit voller Kraft gefahren ist, während er dies erst von dem Altonaer Wasserwerk an, welches er noch nicht erreicht hatte, tun durfte. Da aber ein direkter Kausalzusammenhang zwischen der vollen Fahrt und der Kollision nicht festzustellen ist, die im Gesetze angegebene Fahrwassergrenze überdies fast erreicht war, so hat das Seeamt auf diesen Verstoß gegen die im wesentlichen zu Zwecken des Uferschutzes und nicht zur Vermeidung von Schiffskollisionen erlassene Bestimmung besonderes Gewicht nicht legen zu sollen geglaubt.

65.
Dampfer „Windhuk" von Hamburg.
Selbstmord einer Reisenden.
Seeamt Hamburg, 20. Dezember 1912.

Spruch. Die Passagierin 1. Klasse C. A. hat am 25. November 1912 auf dem Dampfer „Windhuk" durch Überbordspringen Selbstmord verübt.

Die Ursachen der Tat waren nicht mit Sicherheit aufzuklären.

Bei dem festgestellten übermäßigen Alkoholgenusse der Frau wäre es, zumal sie schon Selbstmordabsichten geäußert hatte, richtiger gewesen, sie als Kranke zu behandeln und besser bewachen zu lassen.

Rettungsversuche sind ordnungsgemäß ausgeführt.

Tatbestand. Auf der Reise des Dampfers von Swakopmund nach Las Palmas meldete am 25. November 1912 um 2 U. 50 M. Vm. der Leichtmatrose Wenzlawski dem wachehabenden 2. Offizier Stamer, daß soeben eine Dame vom Promenadendeck vor seinen Augen über Bord gesprungen sei. Die Maschinen wurden sofort auf volle Kraft rückwärts gesetzt, eine Leuchtboje über Bord geworfen und ein Boot zu Wasser gelassen, welches unter Führung des 3. Offiziers bis 4 U. 10 M. Vm. die Unfallstelle absuchte. Um 4 U. 20 M. wurde, da von der Passagierin nichts wieder gesehen wurde, die Reise fortgesetzt.

Die Dame, welche in dieser Weise Selbstmord verübt hatte, war die etwa 37 Jahre alte Passagierin 1. Klasse Clarice A., Witwe eines englischen Offiziers, welche in Capstadt an Bord gekommen war, um nach Southampton zu reisen. Sie ist dem Kammersteward Lüßmann schon gleich nach dem Anbordkommen durch ihr sonderbares Benehmen aufgefallen und sie hat dem Steward schon am folgenden Tage gesagt, daß sie über Bord springen werde, welcher Äußerung der Steward aber keine Bedeutung beigemessen hat, da die Frau dabei lachte. Die Frau hat dann schon vom Beginn der Reise an ganz enorme Quantitäten alkoholischer Getränke zu sich genommen. Am zweiten Tage hat der Kammersteward ihr eine Flasche Whisky, am 3. und 4. Tage je 2 Flaschen Whisky gebracht. Am 5. Tage begann sie Sekt zu trinken und der Steward hat ihr zwei Tage hintereinander je 6 Flaschen Sekt gebracht. Außerdem hat ihr die Stewardeß Henneberg an einem Tage einmal 6 Flaschen Sekt gebracht. Außerdem hat die Frau viel Bier getrunken.

Der Dampfer hatte am 12. November Capstadt verlassen, und am 16. November ist der Schiffsarzt Dr. Seidel zum ersten Male zu der Frau A. gerufen worden, da sie angeblich an Kopfschmerzen infolge ihrer Periode litt. Sie blieb zwei Tage im Bett liegen und kam dann zeitweise in leicht berauschtem Zustand an Deck. In den dann folgenden Tagen lag sie wieder ständig apathisch im Bette. Der Schiffsarzt gibt an, daß er erst jetzt erfahren habe, daß die Frau so außerordentlich getrunken und auch geäußert habe, daß sie wohl nicht nach Liverpool kommen werde. Er hat daher am Abend des 22. November den Kapitän von seinen Wahrnehmungen in Kenntnis gesetzt und ihm auch mitgeteilt, daß die Frau dem Kammersteward gegenüber Selbstmordabsichten geäußert habe.

An diesem Abend ist Frau A. so betrunken gewesen, daß die Stewardeß Henneberg den Kapitän holen ließ, da die Trunkene nach weiteren Getränken verlangte.

Kapitän Zobel hat dann für diesen Abend die Verabfolgung weiterer Getränke an die Frau verboten. Seine Behauptung, daß er generell verboten habe, der Frau überhaupt in Zukunft weitere Getränke zu verkaufen, ist von den vernommenen Stewards nicht bestätigt worden, da niemand ein solches Verbot verstanden hat.

Eine Bewachung der Frau hat der Kapitän nicht angeordnet, da er der Ansicht gewesen sein will, daß die Gefahr des Überbordspringens der Frau damit beseitigt sei, daß sie nichts mehr zu trinken bekomme. Der Schiffsarzt will dem Kapitän aber gesagt haben, daß er eine gewisse Art der Bewachung für notwendig halte.

Am 23. November hat Frau A. nur noch eine Flasche Sekt und einige Gläser Bier erhalten, weil sie kein bares Geld mehr hatte, und der Obersteward einen Wechsel, welchen sie besaß, nicht in Zahlung nehmen wollte.

Gründe. Es läßt sich auf Grund dieses Tatbestandes nicht mit voller Sicherheit sagen, aus welchem Grunde die Frau über Bord gesprungen ist. Es mag sein, daß sie von vornherein geistig nicht normal gewesen ist, zumal sie schon in Capstadt oder Johannesburg in einem Hospital gewesen und von einer Krankenschwester an Bord gebracht sein soll. Anderseits erscheint es aber kaum wahrscheinlich, daß die Angehörigen oder Bekannten der Frau sie allein und ohne Kapitän oder Schiffsarzt zu benachrichtigen auf eine so weite Reise hätten gehen lassen, wenn sie schon vorher als geisteskrank erkannt worden wäre.

Wahrscheinlicher ist es, daß der Selbstmord mit dem anormalen Alkoholgenuß zusammenhängt, und daß die Tat in einem Anfall von Delirium begangen ist, welches dadurch befördert sein mag, daß der Frau an dem letzten Tage plötzlich die Verabfolgung weiterer Getränke wegen ihres Geldmangels verweigert wurde.

Unter diesen Umständen war die Frage zu prüfen, ob die Behandlung der Frau an Bord eine richtige gewesen ist, und diese Frage hat das Seeamt in Übereinstimmung mit dem Reichskommissar verneint.

Es liegt zunächst eine Pflichtverletzung der Stewards vor, wenn sie mehrere Tage lang einer Dame solche Menge alkoholischer Getränke verkaufen, daß diese fast ständig im trunkenen Zustand, ohne etwas zu essen, im Bette lag. Es wäre ihre Pflicht gewesen, dies Verhalten der Frau dem Kapitän oder dem Schiffsarzt zu melden, da es sich hier offensichtlich um einen krankhaften Zustand handelte.

Auch dem Kapitän und dem Schiffsarzt ist der Vorwurf aber nicht zu ersparen, daß sie, als sie endlich von den Vorgängen erfuhren, wirksame Maßregeln versäumt haben.

Der Kapitän hätte mit dem Arzt beraten sollen, welches Quantum von Alkohol der Passagierin noch geliefert werden müsse, ohne durch zu strenge plötzliche Entziehung ihr zu schaden, hätte nach dieser Richtung hin die Stewards instruieren und hätte vor allen Dingen vorläufig eine Bewachung der Frau, welche wiederholt Selbstmordabsichten geäußert hatte, anordnen müssen.

Ebenso war es Sache des Schiffsarztes hier den Kapitän deutlich und energisch darauf hinzuweisen, was zur Beseitigung der vorhandenen Gefahr zu geschehen habe.

Von beiden Teilen ist dem Fall aber nicht die genügende Aufmerksamkeit gewidmet worden, was sich bei dem Arzt wohl durch das Gefühl erklärt, daß er nicht berechtigt gewesen sei, gegen einen Passagier I. Klasse in dieser Weise einzuschreiten. Dieser Ansicht des Schiffsarztes, welche er auch vor dem Seeamt geäußert hat, kann das Seeamt nicht beitreten. Eine Dame, welche derartige enorme Quantitäten von Getränken vertilgt, ohne ordentlich zu essen und welche ständig betrunken ist, muß als Kranke behandelt werden und es ergibt sich hieraus das Recht und die Pflicht des Schiffsarztes, gegen die Kranke mit seiner ärztlichen Autorität einzuschreiten und Maßregeln zu ergreifen, welche er für nötig hält, um die Kranke vor etwaigen Folgen ihrer Krankheit zu schützen. Daß hier solche Maßregeln nötig waren, konnte nicht zweifelhaft sein, da die Kranke wiederholt die Absicht geäußert hatte, sich das Leben zu nehmen.

66.

Fischdampfer „Elsfleth" von Bremerhaven. Strandung.

Seeamt Bremerhaven, 23. Dezember 1912.

Spruch. Am 18. November 1912 5 U. 20 M. ist der Bremerhavener Fischdampfer „Elsfleth" — KRLP — an der Südküste Islands östlich von Ingolfshöfde Huk gestrandet und völlig wrack geworden. Die Besatzung ist unter anerkennenswerter Hilfeleistung der isländischen Bevölkerung gerettet, bis auf den 2. Maschinisten Wilhelm Sewing, der bei dem Versuche, an einer Leine sich an Land zu retten, durch eine See fortgeschlagen und ertrunken ist.

Die Strandung ist verschuldet durch den Kapitän Jürgen Ulpts aus Rhaudermoor, der die Navigierung in gröbster Weise vernachlässigt hat, indem er trotz Unkenntnis des genauen

Abgangsorts und trotz auflandigen Windes bei unsichtigem Wetter mit voller Fahrt auf die Küste zugedampft ist, ohne zu loten, wobei Kapitän Ulpts überdies die Brücke und das Deck verlassen hat, ohne für Vertretung gesorgt zu haben.

Dem Kapitän Jürgen Ulpts wird gemäß § 26 des Seeunfallgesetzes vom 27. Juli 1877 die Befugnis zur Ausübung des Schiffergewerbes entzogen.

Die Maßnahmen nach der Strandung waren sachgemäß; Mängel der Schiffseinrichtungen oder ein Verschulden dritter Personen haben bei dem Verunglücken des 2. Maschinisten Sewing nicht mitgewirkt.

Gründe. Dampfer „Elsfleth" hatte am Mittwoch, den 13. November 1912 4 3/4 U. Vm. den Geestermünder Fischereihafen zur Fangreise unter Island verlassen. Am 17. November war das Mittagsbesteck nach Loggrechnung 62° 49′ N und 12° 32′ W, Kurs NNW 3/4 W a./Kom. = N 3 W m/w. Die darauf von Mittag bis Mitternacht zurückgelegte Distanz war 127 sm. Nachts 12 U., als man nach Loggrechnung in der Nähe von Island sein mußte, lotete man 52 Faden Wasser, Mudd; Kurs wie bisher. Am 18. November 1 U. 30 M. Vm. 57 Faden Wasser (schwarzer Sand). Kapitän Ulpts nahm nach Loggrechnung an, daß man 4 bis 5 Meilen von Island entfernt sei; Land war derzeit nicht zu sehen. Man änderte den bisherigen Kurs NNW 3/4 W auf NNO 1/2 O. 2 U. 30 M. Vm. wurden 67 Faden (Steine) gelotet. Man steuerte m/w. NNO weiter. 2 U. 50 M. Vm. erblickte man mehrere Fischdampfer recht voraus und hielt auf sie zu. 3 U. 40 M. Vm. ergab die Lotung 45 Faden Wasser (feiner Sand). Man setzte Steuerbordnetz aus und fischte. Ingolfshöfde Huk kam späterhin durch, man hielt sie in m/w. NWzW bis NNW. 7 U. Vm. wurde gehievt; man hatte nur 2 Korb Fische gefangen. Man holte daher das Netz ganz an Bord und dampfte mit dem Kurse SO nach der „Treskes". 6 U. Vm. hatte der Steuermann Santjer Ingolfshöfde Huk noch in NNW, ungefähr 6 bis 8 sm. nach Schätzung ab, gepeilt. Bald danach wurde es dick von Regen, bei Windstille. Nach 1 3/4 stündigem Dampfen = etwa 15 sm Distanz lotete man 9 U. Vm. 75 Faden Wassertiefe (gr. Sand) und setzte dann wieder das Steuerbordnetz aus. Man steuerte vor dem Netz bis 11 U. Süd (6 sm), drehte dann auf NNO (1 1/2 sm) und hievte um 12 U.; Fang 10 bis 12 Körbe. Es war noch immer dick von Regen und unsichtig. 12 U. 40 M. setzte man wieder aus, steuerte bis 1 1/2 U. Süd, drehte dann bis NNO, dampfte auf diesem

Kurse bis 2½ U. und drehte dann wieder bis SzW. 3 U. 40 M. Nm. hakte das Netz, weshalb man hievte. Die Wassertiefe betrug nach dem Ausstehen der Kurrtrossen etwa 95 bis 100 Faden. Das Netz war leicht zerrissen, der Fang gering (3 bis 4 Korb). Man holte das Netz zum Flicken wieder ganz an Deck. Kapitän Ulpts beschloß, wieder nach Ingolfshöfde Huk zu dampfen und dort zu fischen. Der Wind war von SSO, auf Stärke 8 angewachsen, das Wetter noch dick von Regen und unsichtig. Der Kurs wurde gegen 4¼ U. Nm. auf m/w. NWzW gesetzt. Kapitän Ulpts gab dem Rudersmann, Matrosen Otto Pahlke, nach Aufnahme der Fahrt den Kurs und die Weisung, gut aufzuachten und zu wahrschauen, wenn irgend etwas, insbesondere Dampfer, in Sicht kämen. Gleich danach begab sich Kapitän Ulpts von der Brücke und ging an Deck, wo er mit beim Flicken des Netzes half, während der Rudersmann allein auf der Brücke blieb. Kapitän Ulpts ging nach seiner Angabe von der Annahme aus, daß man späterhin bei Ingolfshöfde andere Dampfer treffen würde, vorher jedoch nicht, und daß der Kurs NWzW frei von Land laufe.

Nachdem das Netzflicken beendigt war, begab sich Kapitän Ulpts in die Kajüte, um sein Ölzeug zu wechseln. Als er (nach seiner und mehrerer anderer Zeugen Schätzung) vielleicht 6 Miuuten unten in der Kajüte war, bemerkte er, daß das Schiff an Grund lief. Der Rudersmann hatte unmittelbar vor dem Auflaufen gerufen: „Steuermann, Steuermann, was ist das an Steuerbord, Brandung, Brandung". Der Steuermann, der an Deck war, sah auf, bemerkte Brandung und gab dem Rudersmann Befehl, hart Backbordruder zu legen, sowie in die Maschine Ordre, voll rückwärts zu gehen. Ehe das Kommando dorthin kam und ausgeführt wurde, hatte der Dampfer aber schon dreimal aufgestoßen. Die Strandung erfolgte 5 U. 20 M. Nm. Man versuchte durch Vollrückwärtsarbeiten, zeitweise auch durch voll voraus, Bewegung in das Schiff zu bringen und es abzubringen, jedoch vergeblich. Nach 2 Stunden legte sich der Dampfer ganz platt nach Steuerbord, schwere Brecher kamen über und schlugen in die Maschine, so daß die Maschinisten nicht mehr arbeiten konnten. Kapitän Ulpts gab nun Befehl, die Maschine zu stoppen, die Feuer herauszureißen; dann ließ er sämtliche Leute sich mit Schwimmwesten versehen und auf die Brücke kommen, weil an Deck die Sturzseen zu stark überliefen. Man gab Notsignale mit Raketen und Kanonenschüssen, die nach ungefähr 4 bis 5 Stunden von Land durch Schwenken von Laternen beantwortet wurden. Man versuchte, durch Treibenlassen eines Leberfasses und eines Fischschottes nebst Rettungsleuchtboje an Leinen, Landverbindung herzustellen, jedoch trieben Faß und Schott mit dem Strome längs der Küste nach NO ab. Beim Versuch, das Boot auszusetzen, schlug dieses voll, die Fangleine brach und das Boot trieb weg. Inzwischen war der Wind nach N gedreht, die Brecher wurden schwächer und man beschloß, vor weiterem Tagesanbruch abzuwarten. 8 U. 30 M. Vm. am 19. November versuchte man, durch Treibenlassen von Gegenständen an Leinen Landverbindung zu bekommen, jedoch ebenso wie früher vergeblich. Da das Schiff zwischen den schweren Seen ungefähr trocken lief und dann die Leute von Land ziemlich dicht herankommen konnten, gelang es, eine Wurfleine hinüberzuwerfen und damit eine Verbindung durch Lot- und Pockleine herzustellen, die auf der Back und am Land festgesetzt wurde. Zuerst der Bestmann Hinrichs und dann noch weitere 3 Mann konnten an der Leine das Land erreichen. Da die Seen dann wieder zunahmen und die Landung schwieriger wurde, versuchten die Leute von Land und mit dem inzwischen angetriebenen Boot der „Elsfleth" eine Verbindung herzustellen. Das Boot schlug aber dauernd voll. Nunmehr ging der Koch mit einer dünnen Leine um den Leib als Verbindung mit dem Schiff an Land. Die Absicht des Kapitäns Ulpts, mittels der dünnen Leine ein Jolltau zum Hin- und Herholen der Leute herzustellen, konnte nicht ausgeführt werden, da die Leute vor den schweren Sturzseen immer wieder hoch auf Land hinauf flüchten mußten und daher die dünne Leine immer gleich wieder losgeworfen wurde. Die weiteren Leute gingen daher längs der Pockleine an Land. Als 9. Mann kam der 2. Maschinist Sewing an die Reihe; an Bord waren nur noch Kapitän, 1. Steuermann und 1. Maschinist. Sewing, der schon während der ganzen vorangegangenen Nacht einen sehr gedrückten Eindruck gemacht hatte und stark zitterte, bekam die dünne Leine um den Leib, um nötigenfalls, wenn er die Pockleine losließ, wieder an Bord geholt werden zu können. Als Sewing, der sich mit Händen und Füßen an die Pockleine klammerte, etwa 10 bis 15 m vom Schiff war, ging er trotz Zurufens der Leute, die Füße los zu lassen und weiter zu klettern, nicht vorwärts. Ein Brecher kam über, Sewing ließ die Pockleine los und fiel ins Wasser. Vom Schiff aus wurde in der Erwartung, daß Sewing durch den Brecher an Land gespült werden würde, die Leine ausgesteckt. Da Sewing wieder zurück trieb, holte man dann die Leine wieder ein. Sewing schlug mit der See jedoch hinter dem Schiff herum in die Schraubenflügel, wo sich die Leine festsetzte, so daß man sie nicht einholen konnte. Sewing verschwand und wurde nicht mehr gesehen; er ist nach Annahme des Kapitäns Ulpts durch die See alsbald unter das Schiff gezogen. Die Leine brach; weitere Rettungsversuche waren bei Sachlage ausgeschlossen. Der 1. Maschinist, der Steuermann und als letzter der Kapitän kamen dann ohne Schaden an Land. Ausgucken nach dem verunglückten Sewing im Wasser und am Strande blieb erfolglos. Zeugsäcke und die Journale sind vom Schiff aus ins Wasser geworfen und mit der See an Land getrieben, von den Journalen jedoch nur das Schiffstagebuch. Das Maschinentagebuch ist verloren gegangen. Die Schiffbrüchigen wurden von den Isländern, die in einem etwa 2 Stunden entfernten Dorfe wohnten, freundlich aufgenommen. Nach Erledigung der nötigsten Geschäfte gingen die Schiffbrüchigen zu Pferde nach Reykjawik, von wo sie über Leith nach ihrer Heimat zurückgekehrt sind. Bezüglich Bergung von Inventar hat Kapitän Ulpts einen Vertrag mit den dort ansässigen Isländern (Teilung zu ²/₃ und ¹/₃ zwischen Versicherung und Berger) abgeschlossen.

Nach dem vorstehenden, den sämtlich untereinander übereinstimmenden, glaubhaften Zeugenaussagen entsprechenden Tatbestande muß die Strandung und der Totalverlust des Fischdampfers „Elsfleth" (gegen dessen Bauart, Beschaffenheit, Ausrüstung, Seefähigkeit und Beladung irgendwelche Bedenken nicht erhoben werden können) einer ganz außerordentlich fahrlässigen und schuldhaften Navigierung des Kapitäns Jürgen Ulpts zur Last gelegt werden. Kapitän Ulpts konnte und durfte derzeit, als er am Nachmittage des 18. November kurz nach 4 U. mit dem Kurse NWzW auf Island und Ingolfshöfde zu steuerte, nicht im Unklaren darüber sein, daß er seinen Abgangsort auch nicht annähernd so genau kannte, daß er hätte beurteilen können, in welcher Zeit und in welcher Gegend er demnächst Island wieder anlaufen würde. Die letzte Landpeilung, mit übrigens auch nur schätzungsweise und nicht vom Kapitän sondern vom Steuermann gegißtem Abstand von Ingolfshöfde hatte man morgens 6 U., die letzte Lotung 9 U. gehabt. Die dann gesteuerten Kurse, die entsprechenden Uhrzeiten, die gut gemachten Distanzen beim Dampfen ohne Netz und mit Netz sind oben nach den vom Kapitän Ulpts aus der Erinnerung nach der Strandung gemachten Aufzeichnungen angegeben. Die Zuverlässigkeit der einzelnen angegebenen Uhrzeiten unterliegt aber den erheblichsten Bedenken, zumal nach den Angaben des Kapitäns Ulpts selbst auf der Brücke überhaupt keine Uhr vorhanden war und die einzelnen Zeitangaben nach Schätzung und gelegentlicher Kontrolle nach der in der Kajüte befindlichen Uhr gemacht worden sind. Außer der Unkenntnis des wahren Abgangsortes hätte Kapitän Ulpts die offenbar sehr starke Unsichtigkeit des Wetters berücksichtigen müssen. (Die Sichtigkeit hat nach den Zeugenangaben etwa 1/4 sm betragen, vielleicht gar noch weniger.) Eine Versetzung auf Land durch den SO-Sturm und den entsprechenden Strom war vorauszusehen. Kapitän Ulpts konnte unter den obwaltenden Umständen nicht mit irgendwelcher Bestimmtheit oder auch nur Wahrscheinlichkeit darauf rechnen, daß er Land, Brandung oder Schiffslichter anderer dort fischender Dampfer rechtzeitig in Sicht bekommen oder hören würde. Unter diesen Umständen hätte Kapitän Ulpts nur mit mäßiger Fahrt auf Land zu dampfen dürfen, die Wassertiefen ständig durch Loten kontrollieren müssen, einen besonderen Ausguck bestellen müssen und unter keinen Umständen die Brücke verlassen dürfen (vgl. § 10 der Unfallverhütungsvorschriften der See-Berufsgenossenschaft für Dampfer). Alle diese ganz selbstverständlichen Vorsichtsmaßregeln hat Kapitän Ulpts in gröbster Weise vernachlässigt, sich an Deck mit anderen Arbeiten statt mit der Navigierung beschäftigt, die gesamte Schiffsführung einem am Ruder stehenden Matrosen überlassen und schließlich sogar das Deck verlassen, um sich in der Kajüte umzuziehen. Dabei war der Steuermann, der ein Patent als Seesteuermann besitzt und den Kapitän erforderlichenfalls hätte vertreten können, an Deck.

Seitens des Herrn Reichskommissars ist die Schuldfrage in gleicher Weise wie vom Seeamte beurteilt und gemäß § 26 des Reichsgesetzes vom 27. Juli 1877, betreffend die Untersuchung von Seeunfällen, der Antrag gestellt, dem Kapitän Ulpts die Befähigung zur Ausübung des Schiffergewerbes zu entziehen. Das Seeamt hat, da Kapitän Ulpts durch einen so weitgehenden Mangel an den für einen Fischdampferkapitän unbedingt erforderlichen Eigenschaften, nämlich an Pflichttreue und Gewissenhaftigkeit in der Navigierung, zumal unter Land und bei unsichtigem Wetter, den Unfall und den Verlust des Dampfers (durch den mittelbar zudem der Tod eines Mannes herbeigeführt ist) verschuldet hat, von der Befugnis der Patententziehung gemäß dem Antrag des Herrn Reichskommissars Gebrauch gemacht. Kapitän Ulpts ist jedenfalls zur Zeit nicht für geeignet und befähigt zur Führung eines Fischdampfers erachtet. Es ist bei dieser Entscheidung keineswegs übersehen, daß auch mehrere Momente zu Gunsten des Kapitäns Ulpts sprechen. Er hat offenbar hauptsächlich aus Ehrgeiz und in dem Bestreben, bessere Fangresultate als die bisherigen schlechten Fänge an diesem Tage zu erzielen, das Aufsuchen eines neuen Fischplatzes und die Ausbesserung des teilweise zerrissenen Netzes möglichst beschleunigen wollen; er hat auch nur zum Zwecke anderweitiger Arbeiten die Brücke verlassen und die Navigierung vernachlässigt, nicht aber in der Absicht, sich von der Arbeit zu „drücken". Kapitän Ulpts ist noch verhältnismäßig jung (27 Jahre alt) und fährt erst seit 4 Monaten als Fischdampferkapitän. Seine Journalführung machte im übrigen einen guten Eindruck. Unfälle hat Kapitän Ulpts vorher nicht gehabt außer dem Verluste eines kleinen Segelschiffes „Folkea", Eigentum seines Vaters, am 4. Juli 1908 bei Norderney infolge Bruchs der Ankerkette; ein Verschulden an dem Schiffsverluste ist Ulpts laut Spruch des Seeamts Emden vom 29. Dezember 1908 nicht beigemessen. Wenngleich diese Momente das Urteil über die zeitige Ungeeignetheit des Kapitäns Ulpts zum Schiffsführer nicht ändern können, so lassen sie doch die Annahme und Erwartung zu, daß Ulpts durch eine entsprechend lange, vorwurfsfreie Fahrzeit in der Stellung als Bestmann die jetzt gezeigten Mängel und Fehler soweit wird beseitigen können, daß späterhin eine Wiedereinräumung der ihm entzogenen Befugnis auf Grund des § 34 des Seeunfallgesetzes in Frage kommen kann.

Die Maßnahmen des Kapitäns Ulpts nach der Strandung, zur Rettung der Mannschaft, da der Verlust des Schiffes unabwendbar war, sind lediglich zu billigen. Daß der 2. Maschinist bei dem Versuche, sich an Land zu retten, ertrunken ist, muß sehr bedauert werden, ist aber einem Verschulden dritter Personen, speziell des Kapitäns Ulpts, nicht zur Last zu legen. Maschinist Sewing hat schon während der ganzen Reise über Fieber und Krankheit geklagt und hat angegeben, er hätte Malaria oder gelbes Fieber gehabt, sei aus dem Krankenhaus gekommen usw. Objektiv hat eine Krankheit des Maschinisten von dem Kapitän, von dem sich Sewing nicht untersuchen lassen wollte, nicht festgestellt werden können; Sewing ist auch vor der Anmusterung wegen Mangels an Zeit nicht ärztlich untersucht worden. Sewing hat beim Versuche, an Land zu kommen, anscheinend aus Ängstlichkeit und Schwächlichkeit, wohl auch durch einen gequetschten Finger in seiner Bewegungsfreiheit nicht unerheblich behindert, die Leine losgelassen und konnte nicht mehr gerettet werden, zumal von Land aus die Leute nicht durch die Brandung kommen konnten, und der Maschinist, ehe man von Bord aus die Leine einholen konnte, vertrieben und ertrunken ist. (Vielleicht hätte ein Pfahlstich um den Leib als laufende Schlinge auf der Landverbindung einen besseren

Schutz geboten, ohne daß aus dem Unterlassen einer solchen Sicherheit ein Vorwurf herzuleiten wäre, zumal es sich darum handelte, die Leute möglichst schnell durch die Brandung hindurch zu befördern, was eine solche Verbindung unmöglich gemacht haben würde.)

Mit Anerkennung und Dank ist der Bemühungen der Isländer um die Rettung und Unterbringung, sowie Weiterbefördernng der Schiffbrüchigen zu gedenken.

67.
Dampfer „Bahia" von Hamburg und Fischerkutter „Antilope", H. F. 201, von Finkerwärder. Zusammenstoß.
Seeamt Hamburg, 3. Januar 1913.

Spruch. Am 4. Oktober 1912 hat zwischen der Lühe und Schulau auf der Elbe ein Zusammenstoß zwischen dem aufkommenden Dampfer „Bahia" und dem abwärts kreuzenden Fischerkutter „Antilope", H. F. 201, stattgefunden, durch welchen der Kutter zum Sinken gebracht wurde.

Der Unfall ist dadurch herbeigeführt, daß der Lotse der „Bahia", irregeführt durch ein Flattern der Segel des Kutters, von dem bereits begonnenen Ausweichmanöver nach Steuerbord abstand und das Ruder stützen ließ.

Die Führung des Kutters trifft keine Schuld.

Es war nicht richtig, daß der Dampfer „Bahia" die Unfallstelle so schnell, wie geschehen, verlassen hat.

Tatbestand. Der Dampfer „Bahia", welcher von Madeira kommend am Morgen des 4. Oktober um 4 U. 30 M. das Elbfeuerschiff I passiert hatte, hatte um 9 U. 10 M. in Brunsbüttel den Lotsen Johannes Feindt, geboren 1856, Inhaber eines Befähigungszeugnisses zum Schiffer auf großer Fahrt von 1881, an Bord genommen. Als der Dampfer gegen 12½ U. auf der Elbstrecke zwischen der Lühe und Schulau lag, befand sich auf der Brücke neben dem Lotsen der wachehabende 2. Offizier Berend Claus Emil Jorjan, geboren 1885, Inhaber eines Befähigungszeugnisses zum Schiffer auf großer Fahrt von 1911. Der Kapitän hatte sich etwa 20 Minuten vorher, da er heftige Schmerzen im Fuß hatte, nach unten begeben. Der Dampfer fuhr mit etwa 9½—10 Meilen Fahrt gegen die Ebbe. Die Luft war klar und sichtig, es wehte flauer westlicher Wind, man hielt sich in der südlichen Hälfte des Fahrwassers. Als der Dampfer sich aber etwa querab von der Tonne A — bis zur Bekanntmachung vom 3. August 1912 „M" — befand, wurde man auf den Kutter „Antilope" aufmerksam, welcher an der Süd über Stag ging und dann etwa NW vor dem Bug der „Bahia" vorüber anlag. Der Lotse Feindt ließ Steuerbordruder geben und dies durch einen Ton mit der Dampfpfeife anzeigen, um hinter dem Kutter zu passieren, und er versichert, daß dieses Manöver bei der Entfernung des Kutters noch sehr wohl ausführbar gewesen sei. Als der Dampfer „Bahia" begonnen hatte, nach Steuerbord abzufallen und man den Kutter dadurch schon fast recht voraus bekommen hatte, wurde der Lotse von dem 2. Offizier Jorjan durch die Frage: „Was macht er denn nun?" darauf aufmerksam, daß der Kutter anzuluven schien, so daß seine Segel zu flattern begannen. Der Lotse ließ sofort in der Annahme, daß der Kutter über Stag gehen wolle, das Ruder stützen. Gleich darauf sah er aber, daß der Kutter wieder abfiel, und nunmehr ließ er das Ruder wieder Hartsteuerbord legen und dies durch einen Ton anzeigen. Da die Schiffe sich inzwischen einander so genähert hatten, daß die dringende Kollisionsgefahr erkannt wurde, ließ er jetzt auch die Maschine auf volle Kraft rückwärts setzen. Die Maschine hatte nur einen Augenblick rückwärts gearbeitet, als der Zusammenstoß schon erfolgte. Der Dampfer traf den Kutter, welcher im letzten Augenblick noch die Besanschot loswarf und versuchte, vor dem Winde abzuhalten, ungefähr im rechten Winkel am Backbordbug und brachte ihm ein schweres Leck bei. Während der durch den Zusammenstoß vor dem Winde herumgedrehte Kutter versuchte, vor dem Winde den Sand an der Süd zu erreichen, ließ man auf dem Dampfer ein Boot klarmachen. Die Maschine, welche nach dem Maschinenjournal zwei Minuten rückwärts gearbeitet hatte, blieb dann 2 Minuten gestoppt und wurde dann wieder auf langsam vorwärts und nach einer weiteren Minute auf halbe Kraft vorwärts gesetzt. Da man jetzt sah, daß die Besatzung des Kutters, kurz bevor der Kutter sank, in ihrem eigenen Boot vom Kutter wegtrieb, wurde die Reise fortgesetzt.

Der Kutter „Antilope“ hatte am 4. Oktober um 11 U. Vm. mit einer Besatzung von vier Leuten die Reise von Finkenwärder nach See angetreten. Man kreuzte mit der Ebbe gegen den westlichen Wind abwärts und bekam in Höhe von Schulau den aufkommenden Dampfer „Bahia“ in Sicht. Nach Aussage des Schiffers Osbahr und seines Bestmannes Stadermann — des Miteigentümers des Kutters - lag die „Antilope“, nachdem man bei der Tonne A über Stag gegangen war, auf nordwestlichem Kurse ungefähr in der Mitte des Fahrwassers, als der Dampfer „Bahia“ sein erstes Steuerbordrudersignal abgab und nach Steuerbord abdrehte, um hinter der „Antilope“ zu passieren. Beide Zeugen bestätigen, daß für dieses Manöver an sich noch genügender Raum vorhanden gewesen sei und behaupten, daß die „Bahia“ auch tatsächlich so weit nach Steuerbord abgefallen sei, daß sie ihre Backbordseite hätten sehen können. Jetzt habe die „Bahia“, welche noch etwa 40 m entfernt gewesen sei, aber plötzlich, ohne ein Signal abzugeben, begonnen, wieder nach Backbord zurückzudrehen, wodurch dringende Kollisionsgefahr entstanden sei. Man habe jetzt, um dem drohenden Stoße zu entgehen oder ihn doch abzuschwächen, die Besanschot losgeworfen und versucht, vor dem Winde nach Steuerbord abzufallen, die Kollision habe sich aber so bald ereignet, daß dieses Manöver keinen Erfolg mehr gehabt habe.

Beide Zeugen bestreiten entschieden, dem Dampfer „Bahia“ durch Anluven ihres Kutters Anlaß zu seinem Manöver gegeben zu haben. Sie versichern, bis zu dem letzten Steuerbordmanöver unentwegt Kurs gehalten zu haben und bestreiten auch, daß die Segel des Kutters geflattert hätten.

Nach der Kollision versuchte der Kutter, den Sand an der Süd zu erreichen, sank aber ungefähr im Tonnenstrich. Die Besatzung bestieg das an Deck stehende Boot und trieb von dem Kutter frei, als dieser sank. Nach Schätzung des Schiffers Osbahr sind von dem Zusammenstoß bis zu dem Sinken des Kutters zwischen 5 und 10 Minuten vergangen. Er wirft dem Dampfer „Bahia“ vor, daß dieser sich nach dem Unfall garnicht um den Kutter und seine Besatzung gekümmert, vielmehr alsbald die Fahrt fortgesetzt habe. Als der Kutter gesunken sei, sei die „Bahia“ schon bei Schulau, wenn nicht schon oberhalb Schulau gewesen, würde also nicht mehr in der Lage gewesen sein, wirksame Hilfe zu leisten, wenn beim Sinken des Kutters seine Besatzung in Gefahr geraten wäre.

Es sind mehrere Schiffer als Zeugen vernommen worden, welche sich mit ihren Schiffen in der Nähe befunden haben, als der

Zusammenstoß sich ereignete. Diese Zeugen, Schiffer Holst des Kutters „H. F. 263", Schiffer Böge des Ewers „Albert", Schiffer Patjens und Matrose Offenborn der Galeas „Frieda", bestätigen durchaus die Darstellung der Besatzung „Antilope", indem keiner dieser Zeugen etwas davon gesehen hat, daß die „Antilope" angeluvt sei oder ihre Segel geflattert hätten. Der Zeuge Holst, welcher elbaufwärts segelte, hat insbesondere auch bestätigt, daß die „Bahia" sich vor dem Sinken des Kutters so weit von der Unfallstelle entfernt hatte, daß sie im Falle einer Gefahr nicht mehr hätte Hilfe bringen können.

Der Reichskommissar hat ausgeführt, daß der Zusammenstoß darauf zurückzuführen sei, daß der Dampfer „Bahia" der „Antilope" nicht aus dem Wege gegangen sei. Der Dampfer habe vielmehr auf das Killen der Segel der „Antilope" hin, was ja allerdings Unsicherheit hervorrufen konnte, sein bisheriges Rechtsausweichmanöver ohne Fahrtminderung zunächst stützend aufgegeben und sei gleich darauf, als der Segler nicht wendete, wiederum erneut nach Steuerbord ausgewichen.

Ein bloßes Killen der Segel berechtige aber noch nicht zu der sicheren Annahme, daß das betreffende Schiff wenden werde.

Nach dem Unfall habe die „Bahia" sich nur ganz kurze Zeit aufgehalten und dann die Reise fortgesetzt. Ein gehöriges Abwarten der Folgen nach einer solchen Kollision sei jedenfalls zu empfehlen.

Gründe. Es ist hiernach davon auszugehen, daß das von dem Lotsen Feindt zunächst befohlene Ausweichmanöver nach Steuerbord die Schiffe von einander gut frei geführt hätte, wenn nicht der Lotse das Ruder wieder hätte stützen lassen. Auf Grund der übereinstimmenden Aussagen des Lotsen und des Rudersmanns ist als erwiesen anzusehen, daß das Ruder nur gestützt ist und daß nicht etwa Backbordruder befohlen ist. Wenn die Leute des Kutters beobachtet zu haben meinen, daß die „Bahia" im letzten Augenblick nach Backbord abgedreht ist, so ist dies wohl durch optische Täuschung zu erklären, wenn man nicht annehmen will, daß der Rudersmann das Ruder beim Stützen, ohne es zu wollen, etwas zu weit gedreht hat.

Als erwiesen kann man aber nur ansehen, daß das Ruder gestützt ist und es fragt sich, ob der Lotse zu diesem Kommando, welches die unmittelbare Ursache des Zusammenstoßes geworden ist, eine genügende Veranlassung gehabt hat.

Das Seeamt hat in Übereinstimmung mit dem Reichskommissar diese Frage verneint und mußte daher dem Lotsen die Schuld an dem Unfall zur Last legen.

Auf Grund der Aussagen des Schiffers Osbahr, seines Bestmannes und der anderen Schiffer, welche in der Nähe waren, ist erwiesen, daß die „Antilope" nicht hat über Stag gehen wollen, vielmehr bis kurz vor der Kollision Kurs gehalten hat. Wenn der Lotse Feindt trotzdem den Eindruck erhalten hat, daß der Kutter über Stag gehen wolle und sich hierdurch zum Stützen des Ruders hat verleiten lassen, so kann dieser Irrtum nur durch ein unbedeutendes Killen der Segel des Kutters, wie solches bei einem am Winde liegenden Segler schon durch Schralen des flauen Windes leicht vorkommen kann, hervorgerufen sein. Um mehr kann es sich nicht wohl gehandelt haben, da sonst die Besatzung des Kutters oder einer der anderen Schiffer dies Flattern der Segel hätten bemerken müssen. Anderseits muß man doch annehmen, daß die Segel wenigstens auf kurze Zeit gekillt haben, da sonst das Manöver des Lotsen völlig unerklärlich wäre.

Daß der Lotse sich aber schon durch ein solches Verhalten des Kutters sofort verleiten ließ, von seinem begonnenen Ausweichmanöver abzustehen, war voreilig. Wenn ihm auch zuzugeben ist, daß hier Zeit zu langer Überlegung nicht mehr vorhanden war, so ist es doch nicht zu entschuldigen, daß er auf den ersten Eindruck hin zu einem Manöver griff, welches auch dann, wenn der Kutter wirklich über Stag gegangen wäre, den Unfall nicht verhütet hätte. Das Umlegen des Ruders im letzten Augenblick ist in den meisten Fällen ein gefährliches Manöver, weil es nicht mehr in genügender Weise zur Wirkung kommen kann und daher nur ein schon begonnenes und vielleicht noch erfolgreiches Ausweichmanöver vereitelt. Da hier das Ruder aber nicht nach Backbord übergelegt sondern nur gestützt ist, so konnte von diesem Manöver erst recht nicht erwartet werden, daß es die schon begonnene Drehung nach Steuerbord aufheben und den Dampfer zu Norden von dem, wie man meinte, über Stag gehenden Kutter freiführen werde.

Wenn der Lotse also glaubte, daß der Kutter über Stag gehen wolle, so wäre das Richtigste gewesen, das Ruder, wie es später auch geschehen ist, nach Hartsteuerbord zu drehen und die Maschine auf volle Kraft rückwärts setzen zu lassen. Hätte der Lotse dies im vorliegenden Falle getan, so hätte sich der Zusammenstoß ohne Zweifel nicht ereignet und sein Irrtum über die Absichten des Seglers wäre daher ohne Folgen geblieben.

Der Führung des Kutters „Antilope" war eine Mitschuld an der Kollision nicht beizumessen, da sie erwiesenermaßen Kurs gehalten hat und ihr, wenn wirklich die Segel des Kutters etwas gekillt haben, daraus der Vorwurf schuldhafter Navigierung oder schlechten Segelns noch nicht gemacht werden kann. Der Versuch, im letzten Augenblick vor dem Winde abzufallen, ist nicht mehr von Erfolg gewesen, die Berechtigung des Kutters, in diesem Augenblick vom Kurse abzuweichen, ergibt sich aus der Anmerkung zu Artikel 21 der Seestraßenordnung.

Die kurz vor dem Zusammenstoß auf volle Kraft rückwärts gesetzte Maschine der „Bahia" hat zwei Minuten rückwärts gearbeitet, ist dann zwei Minuten gestoppt gewesen und dann wieder auf langsam vorwärts und halbe Kraft vorwärts gesetzt worden.

Aus diesen durch das Maschinenjournal beurkundeten Manövern ergibt sich, daß der vorher mit voller Kraft fahrende Dampfer nicht einmal ganz zum Stehen gebracht sein kann, bevor man die Fahrt fortsetzte, und es ergibt sich hieraus weiter, daß der Führung der „Bahia" mit Recht der Vorwurf gemacht wird, sie habe sich von der Unfallstelle entfernt, bevor die Besatzung des angerannten Kutters sich gerettet hatte. Zwischen der Kollision und dem Sinken des Kutters im Tonnenstrich müssen mindestens fünf Minuten gelegen haben und es war auch mit der Möglichkeit zu rechnen, daß die Besatzung des Kutters, welche das an Deck stehende Boot bestiegen hatte, beim Sinken des Kutters nicht freitreiben, sondern durch das Sinken des Schiffes in Gefahr kommen könne. Unter diesen Umständen war der Führung der „Bahia" der Vorwurf zu machen, daß sie ihrer Pflicht zur Beistandsleistung nach dem Zusammenstoß nicht vollauf genügt hat, indem sie sich schon erheblich von dem beschädigten Schiff entfernt hat, bevor jede Gefahr für die Besatzung beseitigt war.

68.

Dampfer „Elisabeth Rickmers" von Bremerhaven. Brand der Ladung.

Seeamt Bremerhaven, 4. Januar 1913.

Spruch. Am 29. Mai 1912 abends 6 U. ist während der Reise des Bremerhavener Frachtdampfers „Elisabeth Rickmers" — QJFM — von Suez nach Labang auf 25° 12′ N und

35° 45′ O ein Brand der Ladung im Zwischendeck des Laderaums 2 entdeckt, durch welchen die Ladung und das Schiff nicht unerheblich beschädigt worden sind. Der Brand ist in den nächsten Tagen bis zum 2. Juni 1912, an welchem Tage der Dampfer rückkehrend wieder in Suez eingetroffen ist, mit Bordmitteln gelöscht worden.

Die Entstehungsursache des Feuers hat sich nicht feststellen lassen. Ein Verschulden der Schiffs- oder Maschinenleitung, Mängel des Schiffes oder der Schiffseinrichtungen, insbesondere der Löscheinrichtungen, sind nicht ermittelt.

Gründe. Der Dampfer verließ, mit einer Ladung Stückgüter über Dalny nach Wladiwostok bestimmt, am 28. Mai 1912 7¾ U. Vm. die Reede von Suez. Das Schiff befand sich in seetüchtigem Zustand. Die Reise verlief bis am Abend des 29. Mai 1912 ohne Zwischenfälle. Am genannten Tage gegen 6 U. Nm. bemerkte Kapitän Dirks von der Brücke aus, wo er Wache hielt, daß aus dem Steuerbordvorderventilator von Raum 2 Rauch ausströmte. Kapitän Dirks rief alsbald dem 1. Offizier, der Arbeiten der Mannschaft auf dem Vordeck beaufsichtigte, zu, man habe Feuer im Schiff, es sollten sofort sämtliche Leute an Deck kommen. Als man die Luken öffnete, die sämtlich verschalkt waren, strömte dichter Rauch und eine außergewöhnliche Hitze aus dem Raum 2, so daß der Ort des Brandherdes ohne weiteres nicht festgestellt werden konnte. Der Zimmermann wurde alsbald mit Rauchhelm und Wasserschlauch nach unten geschickt, um den Brandherd festzustellen und ihn mit Wasser anzugreifen. In die Maschine war bereits Befehl gegeben, Wasser mit den Pumpen durch die Deckwaschleitung an Deck zu geben. Der Zimmermann kam nach etwa 10 Minuten Verweilens im Raume wieder nach oben und meldete, daß das Feuer im Vorzwischendeck des Raumes 2 sei und sich von der Backbordwinde bis zum Steuerbordventilator erstrecke, auch schnell an Ausdehnung zunehme. Unterdessen fingen die Luken und hölzernen Scheerstöcke an zu brennen, der Kapitän gab deshalb Befehl, dieselben zu entfernen, damit das Feuer nicht auf das Deck übergreife. Der Maschine wurde der Befehl gegeben, äußerste Kraft zu fahren, womit man das Schiff recht vor dem Winde hielt, damit kein Zug an das Feuer heran kam. Da das Feuer und die der Luke entströmende Hitze gleichwohl stark zunahmen, ließ der Kapitän durch den 1. Offizier das Feuer in der Luke Nr. 2 unter Kontrolle halten und schickte den 2. Offizier mit einigen Leuten nach Raum 1, um die an dem

Hinterschott liegende Ladung sowie Stauholz und Matten von dem Schott zu entfernen, damit das Feuer nicht auf Raum 1 übergriffe. Inzwischen wurde der 3. Offizier mit einigen Leuten damit beschäftigt, das Vordeck unter Wasser zu halten und abzukühlen, während die Maschinisten über dem Brandherd ein Loch in das Deck schlagen sollten. Das Deck wurde aber so schnell heiß und schließlich rotglühend, daß die Maschinisten die Arbeit nicht vollenden konnten, sondern flüchten mußten.

Inzwischen war der Wind allmählich abgeflaut. Kapitän Dirks ließ die Fahrt des Schiffes reduzieren, damit kein Zug an das Feuer kam. Das Feuer nahm aber immer weiter zu, die Flammen schlugen etwa 6 m hoch aus der Luke heraus und verbrannten alles über derselben. Die Pumpen (Maschinendeckwaschpumpe und Hilfsspeisepumpe) gaben mit voller Kraft Wasser aus zwei etwa 2″ bis 2½″ Schläuchen. Da die Flammen auch den hinteren Teil der Ladung in Raum 2 bedrohten, ließ Kapitän Dirks diese Ladung gleichfalls unter Wasser halten. Trotz ununterbrochener Arbeit war bis zum 30. Mai 4 U. Vm. kein Nachlassen des Feuers zu bemerken, im Gegenteil wurde gegen 6 U. Vm. das Vorschott von Raum 2 rotglühend. Auf die Meldung hiervon ließ Kapitän Dirks nun auch das Schott von Raum 1 aus durch Wasser kühlen, wobei allerdings Ladung in Raum 1 beschädigt wurde. Gegen 12 U. M. am 30. Mai ließ sich dann feststellen, daß das Feuer auf seinen Herd beschränkt war und nicht mehr zunahm, aber auch nicht abnahm. Die gesamte Besatzung war ständig mit Löscharbeiten beschäftigt. Der Kapitän, die Offiziere und Leute der Mannschaft sind abwechselnd mit dem Rauchhelm zur Bekämpfung des Feuers in den Raum gegangen, wo es der Hitze wegen nicht länger wie jeweils etwa 15 Minuten auszuhalten war. Kapitän Dirks ließ während der ganzen Zeit verschiedene Kurse steuern, zu dem Zwecke, daß das Schiff ständig vor dem Winde lag, und minderte und vermehrte die Fahrt entsprechend der Stärke des Windes. Das Mittagsbesteck am 30. Mai 1912 war 24° 2′ N und 36° 27′ O. Nachmittags hielt man das Schiff vorwiegend auf SO-lichen Kursen und löschte weiter. Gegen Mitternacht konnte man sehen, daß das Feuer allmählich abzunehmen begann. Da die gesamte Ladung im Raume 2 durch Feuer, Rauch und Wasser, ebenso ein Teil der Ladung im Raum 1 durch Wasser beschädigt war, beschloß Kapitän Dirks, nach Suez zurückzukehren, da er befürchtete, daß eventuell die Ladung sich noch unter dem Einfluß des Wassers erhitzen und weiterer Schaden entstehen könnte.

Am 31. Mai war das Feuer anscheinend ziemlich gelöscht. Es wurde Feuerwache gehalten. Während des 1. Juni wurden die schwelenden Reste der erwähnten Ladung noch von Zeit zu Zeit mit Wasser benetzt. Am 2. Juni 3 U. 25 M. Vm. traf man auf der Suez-Reede ein. Es wurden noch kleinere Brandstellen gelöscht, doch war das Feuer in der Hauptsache erloschen.

Am 3. Juni fand Besichtigung statt. Das Vordeck von Raum Nr. 2 war rotglühend gewesen und stark (etwa 3 Fuß) nach aufwärts gebeult, war aber beim Erkalten etwas wieder in die ursprüngliche Lage zurückgegangen. Verschiedene Decksbalken waren verbogen, das Vorschott stark verbeult, auch die Außenhaut an beiden Seiten stark verbeult. Das Vorschott erwies sich aber später beim Abspritzen als dicht. Die Unterlagen der beiden Winden von Luke Nr. 2 und des Scheerbaumes waren verbrannt, ebenso die hölzernen Scheerstöcke und Luken. Bei der Bekämpfung des Feuers waren eine Anzahl Inventarstücke verbrannt oder beschädigt, auch waren die Wasserpumpen und sonstige Teile der Maschine stark angestrengt durch die vielen Manöver und die forzierte Fahrt. Die Deckwaschpumpe und Hilfsspeisepumpe zeigten Mängel, ferner die Rudermaschine und die Lichtmaschine, die durch Einschaltung einer größeren Anzahl Sonnenbrenner überlastet worden war. Die in Suez vorgenommene Notreparatur hat £ 1200 gekostet.

Die Ladung des Vorzwischendecks in Raum 2 bestand aus folgenden Waren: Elektrische Artikel, Lampen, Persenninge, Bisquits, Wein, Konserven, Eisen-, Papier- und Tuchwaren und Kisten mit Emaillewaren. An der Stelle des eigentlichen Brandherdes lagerten Weinfässer, darauf Kisten mit Schuhen, Puppen und sonstigen Spielwaren, sowie Löschpapier. Die Ladung ist in Hamburg, Antwerpen und Liverpool eingenommen. Zwischen dem vorderen und hinteren Teile der Ladung im Zwischendeck des Raumes 2 war ein freier Zwischenraum, so daß es gelungen ist, einem Übergreifen des Feuers auf den hinteren Teil der Ladung vorzubeugen. Immerhin ist der Schaden an der Ladung im Raum 2, die zum großen Teil ausgebrannt war, und teilweise in Raum 1 auch so noch ziemlich erheblich geworden. Etwa 8 Tage, bevor der Ausbruch des Brandes bemerkt wurde, ist zuletzt in Raum 2 gearbeitet worden, worauf die Luken verschalkt worden sind. Es ist nur mit Sicherheitslampen und geschlossenen Lampen, nicht mit offenem Lichte im Raume gearbeitet, die Lampen waren unbeschädigt und sind auch während der Arbeit nicht beschädigt worden. Ein Offizier ist jeweils zur Beaufsichtigung der Leute bei der Arbeit im Raum gewesen und hat darauf geachtet, daß nicht geraucht wurde und Streichhölzer nicht angebrannt wurden.

Über die Entstehungsursache des Brandes hat keiner der Zeugen eine positive Aufklärung oder Anhaltspunkte für eine solche geben können.

Seitens des Herrn Reichskommissars ist nach dem Schlusse der Beweisaufnahme folgendes ausgeführt worden:

„Durch die Beweisaufnahme ist leider nicht aufgeklärt, auf welche Ursache das Feuer im Zwischendeck des Laderaums 2 des Dampfers „Elisabeth Rickmers" zurückzuführen ist Wohl aber ist festgestellt, daß von Seiten der Schiffsleitung Fürsorge getroffen war, daß beim Gebrauch von Licht mit der nötigen Vorsicht umgegangen ist, und daß die Arbeiten im Raume stets unter der Aufsicht eines Offiziers ausgeführt worden sind. Man hat nur geschlossene Laternen benutzt und es ist auch ein Rauchverbot erlassen gewesen. Ein fahrlässiges Umgehen mit Licht kann somit nicht als Ursache des Feuers angenommen werden. Nach der Art der Ladung ist es aber auch wenig wahrscheinlich, daß eine Selbstentzündung stattgefunden hätte, wenigstens liegen Anhaltspunkte für eine Selbstentzündung nicht vor. Es ist daher nur anzunehmen, daß auf irgendwelche Weise ein Funke durch den Ventilator oder durch die offenstehende Luke im Hafen in den Raum hineingelangt ist und das Feuer in der Ladung langsam weiter schwelen konnte. Da in dem Raume Persenninge lagen, die fest aufgerollt waren, so konnte ein dorthin gelangter Funke eine Zeitlang schwelen, bis das Feuer offen zum Ausbruch kam. Jedenfalls scheint mir eine derartige Entstehungsursache die wahrscheinlichste zu sein, so daß der Schiffsleitung ein Vorwurf nicht gemacht werden kann. Als das Feuer bemerkt wurde, ist von der Schiffsleitung alles geschehen, was zur Bekämpfung des Feuers geschehen konnte. Irgend welche Mängel sind nicht zu Tage getreten. Dank der energischen Anstrengung ist es gelungen, nach 36 Stunden des Feuers Herr zu werden. Ich erachte es für durchaus richtig, daß man dann Suez als Nothafen angelaufen hat, um dort die beschädigte Ladung zu löschen und das Schiff zu untersuchen. Man hätte sich vielleicht noch energischer darum bemühen können, festzustellen, auf welche Weise das Feuer entstanden war, worüber möglicherweise am

Herd des Feuers noch vorhandene Indizien hätten Aufschluß geben können. Wir müssen aus einer solchen Sache lernen, um für andere Schiffe Vorbeugungsmaßregeln treffen zu können, wenn feuergefährliche Sachen gefunden werden, die bisher als solche nicht bekannt gewesen sind. Ich komme zu dem Schluß, daß die Schiffsleitung für den Unfall nicht verantwortlich zu machen ist, daß Mängel des Betriebs oder der Schiffseinrichtungen nicht vorgelegen haben und daß alles, was zur Bekämpfung des Feuers mit Bordmitteln geschehen konnte, geschehen ist. Einen Antrag habe ich nicht zu stellen."

Das Seeamt hat sich in seinem Spruche diesen Ausführungen angeschlossen.

69.

Schleppdampfer „Roland" von Hamburg und Dampfer „Axel" von Kopenhagen. Zusammenstoß.

Seeamt Hamburg, 17. Januar 1913.

Spruch. Am 11. Januar 1913 hat gegen 3 U. Vm. beim Feuerschiff Elbe 2 ein Zusammenstoß zwischen dem dänischen Dampfer „Axel" und dem Hamburger Schlepper „Roland" stattgefunden, durch welchen der letztere zum Sinken gebracht wurde und 6 Leute der Besatzung ihren Tod durch Ertrinken fanden.

Der Unfall ist darauf zurückzuführen, daß der Dampfer „Roland" nach Passieren des Feuerschiffs 2 nach Backbord ausbog und dadurch dem in der nördlichen Hälfte des Fahrwassers beigedrehten Dampfer „Axel" vor den Bug fuhr.

Da der verantwortliche Steuermann Quast des „Roland" ertrunken ist, war nicht aufzuklären, wodurch er sich zu diesem gefährlichen und ohne weiteres nicht verständlichen Manöver hat verleiten lassen.

Die Führung des Dampfers „Axel" trifft keine Schuld.

Die vom Feuerschiff 2 aus prompt ergriffenen Rettungsmaßregeln, denen die Rettung von fünf Leuten zu danken ist, sind anzuerkennen.

Tatbestand. Bei dem Unfall haben die folgenden sechs Leute der Besatzung des „Roland" ihren Tod gefunden:

1. Steuermann Peter Hinrich Quast, geboren am 18. Oktober 1887 zu Hasselwärder,
2. 1. Maschinist Ernst August Nagel, geboren am 28. Juni 1883 zu Osnabrück,
3. 2. Maschinist Adolf Christian John Hansen, geboren am 5. September 1890 zu Hamburg,
4. Matrose Hermann Georg Christian Röseler, geboren am 21. September 1883 zu Hamburg,
5. Heizer Carl Reinhold Junghans, geboren am 9. Oktober 1868 zu Gr. Vargula, Kreis Langensalza,
6. Heizer Wilhelm Schneider, geboren am 21. Juli 1891 zu Oberbiel, Kreis Wetzlar.

Der Dampfer „Axel", welcher sich mit Getreide beladen auf der Reise von Reval durch den Kaiser Wilhelm-Kanal nach Rotterdam befand, hatte am 10. Januar um 10 U. Nm. Brunsbüttel verlassen und fuhr unter Anweisung des Staatslotsen Arnold Hermann Willi Thumann gegen die Flut elbabwärts. Der Dampfer, welcher etwa 9 Meilen Fahrt machte, passierte um 12 U. Cuxhaven, am 11. Januar um 12 U. 55 M. Vm. Elbe 5, um 1 U. 40 M. Elbe 4 und um 2 U. Vm. Elbe 3. Als man sich um 2 U. 30 M. dem Feuerschiff Elbe 2 näherte, war nach Ansicht des Lotsen Thumann ungefähr Stauwasser, es wehte frischer südöstlicher Wind, die Nacht war dunkel, aber gut feuersichtig. Man hatte schon das Feuerschiff Elbe 3 an Backbord gelassen und hielt auch das Feuerschiff Elbe 2 ständig an Backbord voraus. Ungefähr an der Grenze des roten Sektors des Neuwerker Feuers wurde Flackerfeuer gezeigt, welches alsbald vom Feuerschiff Elbe 2 beantwortet wurde. Hierdurch hatte man sich darüber verständigt, daß der „Axel" beim Feuerschiff seinen Lotsen absetzen wolle. Um 2 U. 35 M. wurde die Maschine des „Axel" auf halbe Kraft, um 2 U. 37 M. auf langsam gesetzt, und man drehte einige hundert Meter vom Feuerschiff unter Steuerbordruder bei, um dem erwarteten Abholboot in Lee Schutz zu bieten.

Man war schon vorher auf die Lichter einiger Dampfer aufmerksam geworden, welche unterhalb von Elbe 2 in der südlichen Hälfte des Fahrwassers aufkamen. Der eine dieser Dampfer — der

„Roland" —, welcher zunächst rot und grün gezeigt hatte, fuhr schließlich, nur das Topplicht und grüne Licht zeigend, dicht an das Feuerschiff heran, und der Lotse Thumann, welcher den Dampfer beobachtete, erwartete jetzt, daß dieser jeden Augenblick die etwa 2 Strich betragende Kursänderung auf das Feuerschiff Elbe 2 machen und sein rotes Licht zeigen würde. Wider Erwarten drehte der Dampfer jetzt aber anstatt nach Steuerbord hart nach Backbord ab, und das grüne Licht wanderte jetzt schnell nach Norden auf den Dampfer „Axel" zu aus, so daß die dringende Kollisionsgefahr erkannt wurde. Die Maschine des „Axel" wurde noch auf volle Kraft rückwärts beordert, sie hatte aber nur etwa 20 Sekunden rückwärts gearbeitet, als der Zusammenstoß erfolgte. Der „Roland", welcher dem „Axel" vor den Bug fuhr, wurde an der Hinterkante des Maschinenraumes in ungefähr rechtem Winkel getroffen und erhielt ein schweres Leck. Auch der „Axel" hatte schweren Schaden davongetragen. Sein Vordersteven war gebrochen, und er hatte ein etwa ein Quadratmeter großes Loch im Bug, durch welches sich die Vorderpiek mit Wasser füllte. Man rief alle Leute an Deck und ließ das Rettungsboot zu Wasser, welches mit den beiden Steuerleuten und drei Matrosen nach der Richtung hinfuhr, nach welcher sich der „Roland" nach der Kollision entfernt hatte. Die Stelle, wo sich der sinkende „Roland" befand, war durch das von dem Motorboot des Feuerschiffs Elbe 2 abgebrannte Blaufeuer kenntlich. Als das Boot des „Axel" herankam, war der „Roland" schon gesunken, und es wurde von den dabei mit in die Tiefe gegangenen Leuten trotz längeren Absuchens der Unfallstelle nichts wieder gesehen. Das Boot wurde schließlich, als weitere Rettungsversuche aussichtslos erschienen, vom Motorboot wieder nach dem „Axel" zurückgeschleppt, welcher zunächst nach Cuxhaven und dann nach Hamburg fuhr, um dort zu reparieren.

Der Schleppdampfer „Roland" hatte in See ein drahtloses Telegramm seiner Reederei erhalten, welches den Befehl enthielt, daß er zur Kesselreinigung so schnell wie möglich nach Hamburg kommen solle. Kapitän Tiedemann, welcher sich etwa 6 Seemeilen westlich vom Weserfeuerschiff zur Ruhe begab, übertrug dem Steuermann Quast, welcher Inhaber eines Befähigungszeugnisses zum Seesteuermann von 1909 war, die Wache mit dem Auftrage, so schnell wie möglich zu fahren und ihn zu wecken, wenn unsichtiges Wetter eintrete, oder sich sonst etwas Besonderes ereigne. Der Kapitän beabsichtigte, um 6 U. Vm. die Wache wieder selbst zu übernehmen und hatte keine Bedenken, die Leitung des Schiffes bis dahin dem Steuermann zu überlassen, da er diesen, nachdem er 3½ Monat mit ihm auf dem „Roland" gefahren hatte, als zuverlässigen und gewissenhaften Mann erkannt hatte.

Schon bei einer früheren Gelegenheit hatte Quast dem Kapitän auf seine Frage, warum er beim Einsteuern in die Elbe so nahe an das Feuerschiff Elbe 2 heranfahre, geantwortet, daß er dies tue, um dann gleich den Kurs auf das Feuerschiff Elbe 3 nehmen und damit entgegenkommenden Schiffen das rote Licht zeigen zu können, und Kapitän Tiedemann hatte dieser Begründung beigestimmt. Hieraus erklärt es sich nach Ansicht des Kapitäns, daß Quast auch in diesem Falle so nahe an das Feuerschiff herangefahren ist. Daß Quast nicht etwa die Absicht gehabt hat, Lotsen vom Feuerschiff abzunehmen, ergibt sich nach Angabe des Kapitäns daraus, daß er ihn, den Kapitän, nicht geweckt habe, was er sonst immer getan habe, wenn Lotsen abgenommen worden seien. Zur Zeit der Kollision waren an Deck des „Roland" nur der Steuermann Quast und am Ruder der Matrose Meyer. Da Quast ertrunken ist, ist der Matrose Meyer der einzige, welcher über die Navigierung vernommen werden konnte. Dieser Matrose ist zunächst von seiner Reederei vernommen, und es ist auf Grund seiner Aussagen ein Bericht ausgefertigt und dem Seeamt eingereicht worden. Nach diesem Bericht ist Matrose Meyer kurz vor dem Feuerschiff Elbe 2 von dem Steuermann an das Logg geschickt worden, um es einzuholen. Als er nach einigen Minuten das Ruder wieder übernommen habe, sei das Feuerschiff drei bis vier Schiffslängen an Backbord gewesen, und 2—3 Strich an Steuerbord voraus sei das grüne Licht des entgegenkommenden Dampfers „Axel" gewesen. Er habe jetzt die Order erhalten: „Ein bißchen Steuerbord", und der Steuermann habe „steady" kommandiert, als der Dampfer ½—1 Strich nach Steuerbord abgefallen sei. Jetzt sei das grüne Licht des Gegendampfers 3—4 Strich an Steuerbord zu sehen gewesen, dieses Licht sei aber schnell näher gekommen, so daß der Steuermann geäußert habe: „Das geht nicht klar." Eben vor der Kollision habe der Steuermann noch Hartbackbord kommandiert und den Maschinentelegraphen bewegt, und gleich darauf habe der Gegendampfer den „Roland" an Steuerbord beim Maschinenraum getroffen.

Bei seiner Vernehmung vor dem Seeamt hat der Matrose Meyer, als er auf die Unmöglichkeit der in dem Berichte gegebenen Darstellung hingewiesen wurde, schließlich eingeräumt, daß dieser Bericht, welcher allerdings auf Grund seiner Aussage geschrieben und von ihm nach Verlesung genehmigt worden sei, völlig falsch sei. Tatsächlich habe er das grüne Licht des „Axel“ erst im letzten Augenblicke gesehen, nachdem der „Roland“ schon unter dem Hartbackbordruder nach Backbord abgedreht sei. Vorher habe er keine Lichter des „Axel“ gesehen, da er nicht auf Lichter geachtet habe.

Im übrigen hat Meyer bestätigt, daß man zunächst vom Elbe 1, welches eben an Backbord gelassen sei, auf Elbe 2 zugehalten und dieses Feuerschiff zu Süden in einem Abstand von 4—5 Schiffslängen des „Roland“ passiert habe. Er sei kurze Zeit vorher zum Einholen des Logs vom Ruder weggeschickt worden und habe das Ruder wieder übernommen, als gerade das Feuerschiff querab war. Gleich darauf habe der Steuermann Quast den Kurs um ½—1 Strich nach Steuerbord ändern lassen und gleich nachdem Hartbackbord kommandiert.

Durch die Gewalt des Stoßes flog das Backbord liegende Ruder anscheinend nach Steuerbord hinüber, denn der „Roland“ schrapte zunächst an der Steuerbordseite des „Axel“ entlang und entfernte sich dann hinter dem „Axel“ rechtsdrehend in südlicher Richtung. Das Hauptdampfrohr war durch die Kollision beschädigt, so daß der Dampf ausströmte und die Maschine, welche wohl nicht gestoppt worden ist, nach Verarbeitung und Entweichen des Dampfes nach einiger Zeit stehen blieb.

Auf dem Feuerschiff Elbe 2 haben der Lotse Wagner und Matrose Bunge den Hergang der Kollision beobachtet, und beide Zeugen bestätigen, daß der „Axel“ in der nördlichen Hälfte des Fahrwassers beigedreht sei. Matrose Bunge hat insbesondere bekundet, daß das Feuerschiff im Schwoien über Süd begriffen gewesen und schon ONO angelegen habe, als der beigedrehte „Axel“ über Backbord gesichtet sei. Der Lotse Wagner meint, daß der „Roland“ schon vom 1. Feuerschiff herkommend einen nördlicheren Kurs angelegen habe, als die Verbindungslinie der Feuerschiffe ausmache, und daß er diesen Kurs dann nach Passieren des Feuerschiffs beibehalten habe. Die letzten Manöver des „Roland“ vor der Kollision hat Wagner nicht beobachtet, während Bunge gesehen hat, daß der „Roland“ plötzlich zwei Schiffslängen vor dem Steven des Feuerschiffs vorüberhielt und so dem nördlich liegenden „Axel“ vor den Bug kam.

Nach dem Zusammenstoße sprang der Lotse Wagner mit der Barkassenmannschaft sofort in das bereitliegende Motorboot, um Hilfe zu bringen. Man fuhr zunächst auf die gehörten Dampfpfeifensignale hin zu dem Dampfer „Axel“ und dann, da dieser ersichtlich sofortiger Hilfe nicht bedurfte, nach dem „Roland", von dem eine weiße Dampfwolke im Scheine des Neuwerker-Feuers zu sehen war. Als das Boot zum „Roland" kam, machte dieser keine Fahrt mehr und lag hinten schon unter Wasser. Als die Barkasse versuchte, an Steuerbord des „Roland" anzulegen, wo die gesamte Besatzung vorn stand, wurde sie durch den Sog des in den Leck einströmenden Wassers angesogen und schoß mit dem Kopf nach Steuerbord aus. Da die Barkasse noch 5—6 Meter von Schiffsseite des „Roland" lag und der Sog ein Steuern verhinderte, rief der Lotse Wagner der Besatzung des „Roland" zu, ins Wasser zu springen. Vier Leute der Besatzung folgten dieser Aufforderung und wurden alle gerettet. Gleich darauf versank der „Roland" mit dem Hinterteil zuerst in die Tiefe, und von den noch mit ins Wasser gezogenen Leuten wurde nur der Kapitän Tiedemann, welcher das Rettungswerk mit einem Flackerfeuer beleuchtet hatte und ebenfalls die anderen Leute zum Überbordspringen aufgefordert hatte, nach einiger Zeit in stark erschöpftem Zustand aufgefunden und gerettet. Es wird vermutet, daß die ertrunkenen 6 Leute beim Sinken des Dampfers unter die offene Back gedrängt und dort festgehalten sind, da trotz längeren Absuchens der Unfallstelle von keinem dieser Leute wieder etwas gesehen wurde.

Nach einer Bekanntmachung der Deputation für Handel, Schiffahrt und Gewerbe liegt das Wrack des „Roland" in südöstlicher Richtung vom Feuerschiff Elbe 2 etwa 400 Meter entfernt in ungefähr 53° 59′ 54″ nördlicher Breite und 8° 24′ östlicher Länge.

Der Reichskommissar hat ausgeführt, daß die alleinige Schuld an der Kollision der Führung des „Roland" zur Last falle.

Gründe. Bei Beurteilung der Ursachen dieser Kollision ist zunächst davon auszugehen, daß der Dampfer „Axel" nördlich der Verbindungslinie der Feuerschiffe 2 und 3 beigedreht gelegen hat, als ihm der „Roland" vor den Bug gefahren ist. Es geht dies aus den Aussagen der Führung des „Axel" in Verbindung mit den Aussagen der unbeteiligten Zeugen des Feuerschiffs Elbe 2 völlig klar hervor. Es wird dies auch durch die Lage des Wracks bestätigt, da der „Roland" sich nach der Kollision nach Süden zu bewegt hat und trotzdem jetzt auf fast 54° nördlicher Breite und 8° 24′ östlicher Länge und damit noch nördlich der Verbindungslinie der Feuerschiffe liegt.

Schon dieser Ort des Unfalls läßt die Führung des Dampfers „Roland" als verantwortlich erscheinen, denn der „Roland" hatte in der nördlichen Hälfte des Fahrwassers nichts zu suchen.

Auf Grund der Aussagen der Besatzung des „Axel“ und der in diesem Punkte anscheinend richtigen Aussage des Matrosen Meyer ist ferner erwiesen, daß der Steuermann Quast des „Roland“, als man das Feuerschiff südlich passiert hatte, plötzlich Hartbackbordruder hat geben lassen, und daß dadurch der „Roland“ in die nördliche Hälfte des Fahrwassers hinein- und dem „Axel“ vor den Bug gefahren ist.

Da der Steuermann Quast ertrunken ist, und der Matrose Meyer offenbar garnicht auf die Lichter anderer Schiffe geachtet hat, läßt sich nicht mehr aufklären, was den Steuermann Quast zu diesem Manöver veranlaßt haben kann. Ob irgend ein anderes Schiff in der Nähe gewesen ist, dem er plötzlich hat ausweichen müssen — ein solches ist übrigens von keinem der anderen Zeugen gesehen worden —, oder ob er erst im letzten Augenblicke die Lichter des „Axel“ gesehen und daher in plötzlicher Bestürzung und Verwirrung zu diesem falschen Manöver gegriffen hat, muß dahingestellt bleiben, da sich nach der einen oder anderen Richtung nur Vermutungen aufstellen lassen.

Das Seeamt konnte nur aussprechen, daß hier ein objektiv falsches und gefährliches Rudermanöver die Kollision herbeigeführt hat, und daß es nicht aufzuklären ist, wodurch der Steuermann Quast zu diesem an sich nicht verständlichen Manöver verleitet worden ist.

Aus der Aussage des Matrosen Meyer war, wie ausgeführt, irgendwelche Klarheit nicht zu gewinnen, da diese ungewöhnlich verworren und in sich voller Widersprüche war. Nach der letzten Aussage des Meyer vor dem Seeamt ist aber erwiesen, daß Meyer von dem „Axel“ zuerst etwas gesehen hat, als der „Roland“ schon unter Hartbackbordruder den Bug des „Axel“ kreuzte, und es erklärt sich daher, daß Meyer, welcher vorn auf der Brücke stand, das grüne Licht des „Axel“, welcher den „Roland“ hinten traf, gesehen hat. Im übrigen ist hiernach die Aussage des Meyer für Beurteilung der Annäherung der Schiffe aneinander bis zu dem Augenblick, in welchem der Steuermann das verhängnisvolle Backbordruder geben ließ, überhaupt nicht zu verwerten.

Der Führung des Dampfers „Axel“ war nach keiner Richtung hin eine Mitschuld zur Last zu legen. Der Dampfer hat sich in seiner Fahrwasserseite gehalten und hat die Maschine rückwärts arbeiten lassen, sobald die drohende Kollisionsgefahr erkannt wurde. Daß in diesem letzten Augenblick ein Rudermanöver noch von Wirkung und Nutzen gewesen wäre, ist nicht anzunehmen. Wenn aber von dem

Rechtsbeistande des Kapitäns Tiedemann geltend gemacht ist, daß der „Axel" schon vorher, als er südlich vom Feuerschiff Elbe 2 das grüne Licht des „Roland" sichtete, Ausweichmanöver hätte machen müssen, so wird dabei übersehen, daß bei der Lage der Schiffe zueinander immer nur der „Roland" das ausweichpflichtige gewesen ist. Es wird überdies übersehen, daß der „Roland" hier infolge der Biegung des Fahrwassers dem „Axel" zunächst das grüne Licht zeigen mußte, und daß die Schiffsführer immer wieder davor gewarnt werden, sich dadurch, daß infolge von Krümmungen des Fahrwassers zeitweise über Backbord grün oder über Steuerbord rot gesichtet wird, zu Ausweichmanövern verleiten zu lassen.

Die prompte durch das Motorboot des Feuerschiffs Elbe 2 geleistete Hilfe, welcher die Rettung von 5 Menschenleben zu danken ist, hat die Anerkennung des Seeamts gefunden.

70.

Dampfer „Fritz Hugo Stinnes 5" von Hamburg, Dampfer „Haffsten" von Uddevalla und Staatsdampfer „Elbe" von Hamburg. Zusammenstöße.

Seeamt Hamburg, 28. Januar 1913.

Spruch. Am 18. Januar 1913 hat bei Krautsand ein Zusammenstoß zwischen dem deutschen Dampfer „Fritz Hugo Stinnes 5" und dem schwedischen Dampfer „Haffsten" und gleich darauf ein zweiter Zusammenstoß zwischen dem „Haffsten" und dem Staatsdampfer „Elbe" stattgefunden.

Der erste Zusammenstoß ist von dem Lotsen Peter Wahlen des Dampfers „Haffsten" verschuldet, weil dieser infolge ganz unrichtiger Orientierung plötzlich eine Kursänderung nach Steuerbord vornahm, durch welche die Dampfer zusammengerieten.

Die Führung des Dampfers „Fritz Hugo Stinnes 5" trifft keine Schuld.

Die zweite Kollision ist eine Folge der ersten.

Tatbestand. Über die näheren Umstände dieses Unfalls hat die seeamtliche Untersuchung das Folgende ergeben:

Der Dampfer „Stinnes", wie er der Kürze halber hier genannt werden soll, befand sich auf der Reise von Westhartlepool nach Hamburg und hatte um 4 U. 56 M. Vm. bei Brunsbüttel den Lotsen Johann Nicolaus Köpke an Bord genommen, unter dessen Assistenz die Fahrt elbaufwärts mit der Flut bei gut feuersichtigem Wetter fortgesetzt wurde.

Etwa 5 Minuten, bevor der Lotse Köpke auf den „Stinnes" versetzt wurde, hatte der Dampfer „Haffsten" ebenfalls in Brunsbüttel einen Lotsen übergenommen und dampfte dem „Stinnes" vorauf elbaufwärts. Als der „Stinnes" bei Brunsbüttel die Fahrt aufwärts fortsetzte, war der „Haffsten" ziemlich weit voraus, man konnte aber sein Hecklicht, sowie die Zollaterne deutlich sehen. Bis zur Stör hatte der „Stinnes" den „Haffsten" an Steuerbord voraus, dann wanderte letzterer nach Backbord aus und blieb dann an Backbord voraus. Der „Stinnes", welcher sich soweit südlich, wie möglich, im Fahrwasser hielt, machte ungefähr 9 Meilen Fahrt und lief dem „Haffsten" langsam auf. Bei dem geringen Unterschiede der Fahrt hatte der Lotse Köpke nicht die Absicht, den „Haffsten" zu überholen, was er auch damit erhärtet, daß er sich ganz nahe der Süd gehalten hat, während er, wenn er einen Dampfer überholen will, diesen immer an Steuerbord läßt. Er hielt also die Leitfeuer von Brockdorf, welche bis zur Kollision gut sichtbar blieben, weit nach Süden offen, und ließ die Ankerlichter zweier Fahrzeuge, welche querab vom Wrack der „Vandalia" ungefähr im Tonnenstrich lagen, etwas an Steuerbord voraus nehmen. Zu dieser Zeit lag der „Haffsten" an Backbord etwa 300 Meter voraus und in einem Querabstande von ungefähr 250 Metern (Schätzung des Lotsen Köpke). Als das Licht der unteren Wrackboje der „Vandalia" eben frei vom Heck des „Haffsten" kam, beobachteten Lotse Köpke und der wachhabende 1. Offizier Bösch des „Stinnes", daß der „Haffsten" plötzlich seinen Kurs nach Steuerbord änderte, so daß sein neuer Kurs den Bug des „Stinnes" kreuzte. Man hatte eben vorher den Kurs des „Stinnes" etwas nach Steuerbord ändern lassen, um die vorher erwähnten Ankerlichter mehr voraus zu nehmen, und die Maschine stoppen lassen, da der Lotse Köpke sich mit Rücksicht auf das voraus liegende Wrack der „Vandalia" jetzt mehr hinter den „Haffsten" setzen wollte.

Als die gefährliche Annäherung des „Haffsten" bemerkt wurde, ließ der Lotse Köpke die Maschine des „Stinnes" auf volle Kraft rückwärts setzen und das Ruder Hartsteuerbord legen. Der Zusammenstoß erfolgte aber nach 1—2 Minuten in einem Winkel von etwa 45°. Die Dampfer kamen alsbald wieder von einander frei, und gleich darauf erfolgte die zweite Kollision zwischen dem Dampfer „Haffsten" und dem Staatsdampfer „Elbe", welcher hinter dem ankernden „Eisbrecher 3" befestigt an der Süd lag.

Von dem „Stinnes" wurde schnell ein Boot ausgesetzt, in welchem der 2. Offizier mit drei an Bord des „Stinnes" übergesprungenen Schweden zu dem „Haffsten" hinüberfuhr, um Hilfe anzubieten. Die angebotene Hilfe wurde sowohl von dem „Haffsten", welcher an der Süd auf Grund gesetzt war, wie von dem Staatsdampfer „Elbe" abgelehnt.

Der „Stinnes", dessen Vorpiek und Tank leck waren, konnte die Reise nach Hamburg fortsetzen und vollenden.

Der Dampfer „Haffsten", welcher sich mit einer Ladung von Kopfsteinen auf der Reise von Lysekil nach Hamburg befand, hatte um 4 U. 45 M. Vm. in Brunsbüttel den Lotsen Peter Wahlen, geboren am 9. August 1842 zu Grünendeich, Inhaber eines Befähigungszeugnisses zum Schiffer auf großer Fahrt, von 1874, an Bord genommen und unter dessen Assistenz die Fahrt elbaufwärts mit etwa 8 Meilen Geschwindigkeit fortgesetzt. Im Journal und in der Verklarung des „Haffsten" wird der Verlauf der Kollision so dargestellt, daß der „Haffsten" Kurs und Geschwindigkeit beibehalten habe und plötzlich von dem „Stinnes", welcher an Steuerbord aufgeholt und dann plötzlich den Kurs nach Backbord geändert habe, angerannt worden sei. Infolge dieser ersten Kollision habe der „Haffsten" eine Drehung nach Steuerbord bekommen und sei daher dem an der Süd liegenden Staatsdampfer „Elbe" in die Seite gefahren.

In der Verhandlung vor dem Seeamt hat es sich herausgestellt, daß diese Darstellung von dem 2. Offizier Josefsson herrührt, welcher sich neben dem Lotsen als Wachhabender auf der Brücke befunden hat, welcher aber auf der Elbe nicht Bescheid weiß und daher die Navigierung dem Lotsen allein überlassen hat.

Die Aussage des Lotsen Wahlen ergibt eine völlig andere Darstellung und zeigt, daß der 2. Offizier Josefsson offenbar gar nicht auf die umliegenden Lichter und die Ruderlage des Dampfers geachtet und sich daher ein völlig unrichtiges Bild von dem Hergang und den Ursachen des Unfalls gemacht hat.

Lotse Wahlen hat ausgesagt, daß er, als er sich gegen 6 U. 15 M. Vm. dem unteren Duc d'Alben bei dem Wrack der „Vandalia" genähert habe, auf die Leitfeuer von Brockdorf achteraus nicht geachtet habe. Er habe nach Feuern steuern lassen, wisse aber, daß der Kurs vorher SzO gewesen sei. Als man die untere Wrackboje der „Vandalia" passiert habe, habe er die Lichter des Eisbrechers und des Staatsdampfers „Elbe" etwa 1 Strich an Steuerbord voraus gehabt und er habe die Absicht gehabt, diese Schiffe zu Süden zu passieren, da er befürchtet habe, durch die Flut auf das Wrack der „Vandalia" gesetzt zu werden, wenn er seinen Kurs fortsetze. Als der „Hafsten" etwa $^1/_2$ Strich nach Steuerbord abgefallen sei und man die Ankerlichter noch nicht frei an Backbord gehabt habe, habe er das Ruder stützen lassen, da sich jetzt der an Steuerbord aufholende Dampfer „Stinnes" in gefährlicher Weise genähert habe. Gleich darauf sei der Zusammenstoß erfolgt, indem der „Stinnes" in einem Winkel von 45° von hinten gegen die Steuerbordseite des „Hafsten" gerannt sei. Die Maschine des „Hafsten" wurde jetzt auf Stopp und volle Kraft rückwärts beordert und arbeitete so, bis die Schiffe von einander frei waren. Bevor es gelungen war, den Dampfer zum Stehen zu bringen, erfolgte aber der zweite Zusammenstoß, indem jetzt der „Hafsten" dem Staatsdampfer „Elbe" in die Seite fuhr und auch diesen schwer beschädigte. Der Lotse Wahlen hat, um diese zweite Kollision zu vermeiden, die Maschine wieder auf langsam vorwärts beordert und Ruder geben lassen. Das Maschinenkommando scheint aber nicht zur Ausführung gekommen zu sein.

Da der Dampfer „Hafsten" viel Wasser machte, wurde er querab von dem Wrack der „Vandalia" an der Süd an Grund gesetzt. Schon an demselben Tage konnte das Leck von dem Taucher Harmstorf gedichtet, und der Dampfer von dem Bergungsdampfer „Albatros" lenz gepumpt werden, worauf er unter Assistenz von Schleppdampfern den Hamburger Hafen erreichen konnte.

Die Vernehmung des Kapitäns Kröger vom „Eisbrecher 3" hat ergeben, daß dieser Dampfer eben oberhalb der Brücke von Buerfeind auf 6 Meter Wasser vor 30 Faden Kette vor Anker gelegen und über Flut liegend die rote Tonne Mittelgrund Ost etwas über Steuerbord gehabt hat. Am Heck des „Eisbrechers 3" war der Staatsdampfer „Elbe" befestigt, welcher so nach Aussage seines Kapitäns Just etwas oberhalb der unteren Wrakboje der „Vandalia" auf der Sechsmeterkante gelegen hat. Südlich von der „Elbe" war nach Ansicht des Kapitäns Just für einen 16 Fuß tiefliegenden Dampfer kein Wasser zum Passieren.

Die „Elbe" ist von dem „Hafsten" in einem Winkel von ungefähr 70° an Steuerbord getroffen, blieb aber schwimmfähig.

Der Reichskommissar hat ausgeführt, daß der erste Zusammenstoß von dem Lotsen des „Hafften" dadurch herbeigeführt sei, daß er infolge falscher Orientierung und ohne zwingenden Grund Steuerbordruder gegeben habe und dadurch den Bug des „Stinnes" gekreuzt habe. Die dann folgende Kollision des Dampfers „Hafften" mit dem Staatsdampfer „Elbe" sei eine weitere Folge der ersten Kollision.

Gründe. Die Beweisaufnahme hat hiernach mit Sicherheit ergeben, daß die in dem Journal und der Verklarung des „Hafften" gegebene Darstellung des Herganges der Kollision völlig unrichtig ist. Da in diesem Punkte die Aussagen der Besatzung des „Stinnes" mit der Aussage des Lotsen Wahlen des „Hafften" übereinstimmen, ist völlig erwiesen, daß nicht der „Stinnes" nach Backbord, daß vielmehr der „Hafften" um mindestens 4 Striche nach Steuerbord abgedreht ist, und daß dadurch die bis dahin auf ungefähr parallelen Kursen liegenden Dampfer zusammengeraten sind.

Wenn man davon ausgehen will, daß der „Stinnes" hier als der überholende Dampfer anzusehen ist, so würde die plötzliche Kursänderung des „Hafften" als ein Verstoß gegen den Artikel 21 der Seestraßenordnung anzusehen sein, da das überholte Schiff nach Artikel 21 Kurs und Geschwindigkeit beizubehalten hat.

Wenn man aber annimmt, daß es sich hier nicht um überholende Schiffe handelt, da die Geschwindigkeit der Dampfer annähernd die gleiche war und da man auf dem „Stinnes" tatsächlich nicht beabsichtigte, den „Hafften" zu überholen, vielmehr gerade die Maschine auf langsam setzen wollte, um den „Hafften" wieder weiter vorzulassen, so würde in der plötzlichen Kursänderung des „Hafften" immerhin ein erheblicher Verstoß gegen die nautische Vorsicht zu finden sein. In dem Kreuzen vor dem Bug eines, wenn auch in gleicher Geschwindigkeit, aber in geringer Entfernung folgenden Dampfers liegt, zumal wenn eine Verständigung über das beabsichtigte Manöver durch Signale nicht erfolgt ist, eine schwere Unvorsichtigkeit.

Eine ausreichende Erklärung für dieses nach allen Richtungen hin verkehrte Manöver hat der Lotse Wahlen nicht vorzubringen vermocht. Wenn er geltend macht, daß er die Absicht gehabt habe, zu Süden der Ankerlichter des Eisbrechers und der „Elbe" zu passieren, da er befürchtet habe, sonst auf das Wrack der „Vandalia" versetzt zu werden, so muß man aus diesem Vorbringen entnehmen, daß er zu der Zeit seine Orientierung völlig verloren hatte und weder die Lage seines Dampfers im Fahrwasser noch die Lage der an der Süd im Tonnenstrich ankernden beiden Schiffe richtig beurteilte. Da der

„Hafsten", ebenso wie der allerdings noch näher dem Südufer fahrende „Stinnes", ziemlich weit südlich im Fahrwasser gelegen haben muß, wie sich schon daraus ergibt, daß die Ankerlichter des Eisbrechers und der „Elbe" kurz vor der Kursänderung des „Hafsten" nach Steuerbord nur etwa einen Strich über Steuerbord gepeilt sein sollen, so hätte der Lotse Wahlen sich darüber klar sein müssen, daß die Beibehaltung seines Kurses für seinen Dampfer keine Gefahr bringen konnte, während anderseits der Versuch, die Ankerlichter zu Süden zu passieren, ihn aus dem Fahrwasser heraus und auf den Strand führen mußte.

Daß der Lotse sich in dieser Weise auf der Elbe verirren konnte, hängt in erster Linie damit zusammen, daß er weder auf den gesteuerten Kurs noch auf die Leitfeuer achteraus geachtet hat, welche nach Aussage der anderen Zeugen noch gut sichtbar gewesen sind. Und dieses Außerachtlassen der Aufmerksamkeit nach achtern macht es sehr wahrscheinlich, daß er auch nicht genügend auf den hinten an Steuerbord mitlaufenden „Stinnes" geachtet hat, da er es sonst doch wohl vermieden hätte, diesem Dampfer direkt vor den Bug zu laufen.

Inwiefern bei diesem Versagen des Lotsen auch sein hohes Alter (71 Jahre) und dadurch zu erklärende körperliche Unzulänglichkeit mitgewirkt haben, will das Seeamt nicht weiter untersuchen, da die Beurteilung der Qualifikation eines Lotsen seiner vorgesetzten Behörde vorbehalten bleiben muß.

Der Dampfer „Stinnes" hat sich, wie gesagt, hart an seiner Fahrwasserseite gehalten und hat zur Vermeidung der plötzlich drohend gewordenen Kollision nichts weiter tun können, als die Maschine auf volle Kraft rückwärts setzen und das Ruder nach Hartsteuerbord legen. Es konnte sich nur fragen, ob den „Stinnes" vielleicht deshalb ein Vorwurf treffe, weil er dem „Hafsten" ohne Not zu nahe aufgelaufen und daher an der gefährlichen Situation, welche durch die Kursänderung des „Hafsten" entstand, mitschuldig sei.

Das Seeamt hat diese Frage verneint.

Die Geschwindigkeit der Dampfer war annähernd gleich, da der „Stinnes" den Vorsprung des „Hafsten" von 5 Minuten bei Brunsbüttel in 1½ Stunden nicht eingeholt hatte. Nach Aussage der Zeugen hat bald der eine, bald der andere Dampfer etwas mehr Fahrt gemacht, je nachdem sie mehr oder weniger Eis antrafen, und der Lotse Köpke versichert glaubwürdig, daß er unter diesen Umständen überhaupt nicht die Absicht gehabt hat, den „Hafsten" zu überholen. Wenn er bei Krautsand bis auf etwa 300 Meter dem etwa 250 Meter weiter nördlich liegenden „Haffsten“ auffuhr, dann langsam fahren wollte, um beim Passieren des Wracks der „Vandalia“ den „Haffsten“ weiter vorzulassen, so ist diese Navigierung als eine hinreichend vorsichtige anzuerkennen. In der Tat war bei dieser Navigierung keinerlei Gefahr einer Kollision gegeben, wenn nicht der „Haffsten“ plötzlich ohne Signal die unerwartete und unmotivierte Drehung nach Steuerbord gemacht hätte.

Der Führung des „Stinnes“ war aus diesen Gründen eine Mitschuld an der Kollision nicht zur Last zu legen.

Ebensowenig kommt eine Schuld des Staatsdampfers „Elbe“ in Frage, da dieser Dampfer an der Grenze des Fahrwassers an dem dort ankernden „Eisbrecher 3“ befestigt gelegen hat, als er von dem „Haffsten“ angerannt wurde.

Die nach den Kollisionen ergriffenen Maßregeln geben zu Beanstandungen keinen Anlaß.

71.

Dampfer „Westphalia“ von Hamburg und Dampfer „Syra“ von Andros. Zusammenstoß.

Seeamt Hamburg, 3. Februar 1913.

Spruch. Am 23. Juni 1912 hat bei dem Wielingen-Feuerschiff in der Scheldemündung ein Zusammenstoß zwischen dem ausgehenden Hamburger Dampfer „Westphalia“ und dem einkommenden griechischen Dampfer „Syra“ stattgefunden, durch welchen beide Dampfer sehr schwer beschädigt wurden.

Der Unfall ist von der Führung der „Syra“ verschuldet, weil dieser Dampfer sich an der falschen Seite des Fahrwassers gehalten hat und dadurch der „Westphalia“ vor den Bug gefahren ist.

Die Führung der „Westphalia“ trifft keine Schuld.

Tatbestand. Die „Westphalia“ befand sich auf der Reise von Antwerpen nach Cuba und wurde nach Anweisung des Lotsen

P. J. Janßens navigiert. Man fuhr mit der Ebbe bei flauem SO-Wind, klarer feuersichtiger Luft abwärts und passierte in der Leitlinie der Feuer von Nieuwe Sluis fahrend um 12 U. 17 M. Vm. die Orientierungstonne und setzte den WzN Kurs fort, bis das Feuer von Knocke südlich querab stand. Nunmehr wurde der Kurs etwas südlicher genommen, sodaß das Feuerschiff Wielingen, welches der Lotse zu Süden passieren wollte, etwas an Steuerbord voraus gehalten wurde. Da der Ebbstrom stark südlich setzte, ist zwei- oder dreimal etwas Steuerbordruder gegeben, um der Stromwirkung entgegen zu arbeiten. Als man sich noch etwa zwei Meilen oberhalb des Feuerschiffs befand, kamen die Lichter der entgegenkommenden „Syra" in Sicht. Der Ausgucksmann, welcher „Feuer voraus" aussang, sowie der Rudersmann wollen beide zunächst das Topplicht und rote Seitenlicht der „Syra" etwas an Steuerbord voraus gesehen haben, während der Lotse und der Kapitän, welche die Lichter wohl etwas später erkannten, zunächst beide Seitenlichter etwas an Backbord, und dann nur das grüne Licht an Backbord gesehen haben. Der wachhabende 2. Offizier Dempwolf hat nur das Topplicht und grüne Licht des Gegendampfers an Backbord gesehen.

Der Lotse hatte schon vor dem Insichtkommen der Lichter der „Syra" des Stromes wegen 1/4 Strich Steuerbordruder geben lassen und ließ das Ruder jetzt nochmals 1/4 Strich nach Steuerbord legen, dies auch durch einen Ton mit der Dampfpfeife anzeigen. Da das grüne Licht der „Syra" aber an Backbord in Sicht blieb, wurde noch ein drittes Mal 1/4 Strich Steuerbordruder gegeben und schließlich, da die Kollisionsgefahr drohend wurde, Hartsteuerbordruder gegeben und die Maschine gestoppt. Die Maschine konnte erst etwa eine Minute später auf volle Kraft rückwärts gesetzt werden, da man sonst Gefahr gelaufen hätte, das an Steuerbord dicht bei liegende Feuerschiff überzurennen. Der Zusammenstoß erfolgte, nachdem die Maschine 1/2—3/4 Minute rückwärts gearbeitet hatte. Die „Syra" fuhr anscheinend unter Backbordruder der „Westphalia" vor den Bug und wurde in Höhe des Kollisionsschotts an Steuerbord getroffen.

Der Bug der „Westphalia" war durch den Zusammenstoß bis zum Kollisionsschott, welches dicht blieb, vollständig zertrümmert. Da der andere Dampfer anscheinend nach Zeebrügge dampfte, wohin die „Westphalia" ihm wegen ihres Tiefganges nicht folgen konnte, und da er auch keinerlei Notsignale abgab, so dampfte die „Westphalia" zur Reparatur des erlittenen Schadens nach Antwerpen zurück.

Der Dampfer „Syra" befand sich auf der Reise von Sulina nach Antwerpen mit einer Getreideladung und nahm am 22. Juni gegen 11 U. Vm. bei Beachy Head den niederländischen Lotsen Teunis Ham an Bord, welcher das Schiff bis zur Reede von Vlissingen führen sollte. Aus der von der Dampferbesatzung in Antwerpen belegten Verklarung und der von dem Lotsen Ham vor dem Gericht im Haag gemachten Aussage ergibt sich die folgende Navigierung der „Syra".

Am 23. Juni um 12 U. 10 M. Vm. wurde das Wandelaer-Feuerschiff an Backbord gelassen und von dort zunächst O ¾ S Kurs gesteuert. Nach einiger Zeit wurde der Kurs auf Ost geändert, um mit diesem ungefähr auf das Wielingen-Feuerschiff gerichteten neuen Kurse in die Leitlinie von Nieuwe Sluis einzusteuern, und wieder einige Zeit nach dieser Kursänderung kamen die Lichter der oberhalb des Wielingen-Feuerschiffs entgegenkommenden „Westphalia" etwa 2 Striche an Steuerbord in OSO-Richtung in Sicht. Man sah nach der Verklarung die Topplichter und das grüne Licht der „Westphalia", behielt deshalb den auf das Wielingen-Feuerschiff gerichteten Kurs bei. Erst als man sich querab von dem Feuerschiffe befand, verschwand plötzlich das grüne Licht der „Westphalia", dessen Peilung sich bis dahin wenig verändert hatte und machte dem roten Lichte Platz. Zu gleicher Zeit wurde ein kurzer Ton der Dampfpfeife der „Westphalia" gehört. Auf der „Syra" wurde jetzt die Kollisionsgefahr erkannt und die Maschine auf volle Kraft rückwärts gesetzt. Nach kurzer Zeit erfolgte aber der Zusammenstoß. Der Steven der „Westphalia" drang mehrere Fuß in die Steuerbordseite der „Syra" in Höhe des Kollisionsschotts ein und fügte ihr ein schweres Leck zu, so daß der Lotse das Schiff so schnell wie möglich bei Zeebrügge auf den Strand setzte.

Der Reichskommissar hat die Ursache der Kollision darin gefunden, daß die „Syra" sich entgegen der Vorschrift des Artikel 25 der Seestraßenordnung an der falschen Fahrwasserseite gehalten und dadurch die „Westphalia" soweit nach Steuerbord gedrängt habe, daß ein weiteres Ausweichen für sie wegen des an Steuerbord liegenden Feuerschiffs unmöglich geworden sei, die „Westphalia" treffe keine Schuld.

G r ü n d e. Die Aussagen der beiderseitigen Zeugen über die gegenseitigen Lichterbeobachtungen sind nicht miteinander zu vereinigen. Da man auf der „Westphalia", wie übereinstimmend bekundet wird, längere Zeit vor der Kollision das grüne Licht der „Syra" über Backbord gepeilt hat, ist es nicht möglich, daß man auf der „Syra" bis kurz vor der Kollision das grüne Licht der „Westphalia" gesehen hat. Wohl ist dies möglich, solange die „Syra" noch auf ihrem O ¾ S Kurs lag und die „Westphalia" mit etwa WzS Kurs auf das Feuerschiff zu hielt und es ist auch die erste Beobachtung des Ausgucksmanns und des Rudersmanns der „Westphalia", welche zuerst kurze Zeit das rote Licht der „Syra" über Steuerbord gesehen haben, nur damit zu erklären, daß damals die Kursänderung der „Syra" noch nicht gemacht war. Auch zu dieser Zeit hatte man aber das grüne Licht der „Westphalia" nicht über Steuerbord sondern nur über Backbord sichten können, während die Zeugen der „Syra" behaupten, bis kurz vor der Kollision das grüne Licht der „Westphalia" über Steuerbord gesehen zu haben. Von dem Augenblick an, in welchem die „Syra" ihren Kurs auf das Feuerschiff nahm und auch die „Westphalia" des Stromes wegen ihren Kurs etwas nach Steuerbord änderte, so daß das grüne Licht der „Syra" an Backbord der „Westphalia" gesehen wurde, kann man auf der „Syra" nur das rote Licht der „Westphalia" gesehen haben. In dieser Lage war aber die „Syra" das ausweichpflichtige Schiff, hätte also unter Steuerbordruder ausweichen müssen, während sie unentwegt Kurs gehalten hat und dadurch der „Westphalia" vor den Bug gefahren ist.

Wenn man aber mit Rücksicht auf die vorhandenen Widersprüche davon absehen will, aus den Lichterbeobachtungen der „Westphalia" bestimmte Schlüsse zu ziehen, so folgt doch die Schuld der „Syra" an der Kollision noch aus einer anderen Erwägung.

Aus einer Mitteilung des Lotsenkommandos in Antwerpen ist zu entnehmen, daß es ein nördliches und ein südliches Fahrwasser bei Wielingen nicht gibt, da es an gesetzlichen Vorschriften darüber, ob das Feuerschiff zu Norden oder zu Süden zu passieren ist, fehlt, daß das Feuerschiff aber in der Regel immer südlich und nur sehr selten nördlich passiert wird.

Aus dieser gutachtlichen Äußerung entnimmt das Seeamt, daß der große Schiffsverkehr dort zum weitaus größten Teile das Fahrwasser südlich des Feuerschiffs benutzt, und es ist hieraus ohne weiteres zu folgern, daß für dieses nur etwa eine Seemeile breite Fahrwasser die Regel des Artikel 25 der Seestraßenordnung Anwendung zu finden hat, da es sich hier um ein mit Rücksicht auf den starken Verkehr enges Fahrwasser handelt.

Die Führung der „Syra" konnte nun nicht im Zweifel darüber sein, daß die entgegenkommende „Westphalia" beabsichtigte, südlich des Feuerschiffs zu passieren, da dicht nördlich von dem Feuerschiff eine große Bank — der Bol van Heyst — liegt, ein Schiff, welches ausnahmsweise das nördliche Fahrwasser benutzen will, demnach einen viel nördlicheren Kurs steuern muß, als die „Westphalia" getan hat. Es war hiernach für die „Syra" nicht zweifelhaft, daß sie die „Westphalia" südlich des Feuerschiffs rot zu rot passieren und sich deshalb an Steuerbord halten mußte. An dieser Verpflichtung durfte der Lotse der „Syra" sich auch nicht irre machen lassen, wenn er wirklich zeitweise das grüne Licht der „Westphalia" gesehen hat. In einem gekrümmten Fahrwasser ist häufig an Steuerbord ein rotes, an Backbord ein grünes Licht eines Gegendampfers zu sehen. Durch solche, durch die Krümmung des Fahrwassers begründeten Lichterbeobachtungen darf sich ein Schiffsführer von seiner Verpflichtung, seine rechte Fahrwasserseite zu halten, nicht irre machen lassen. Solange beide Schiffe der Krümmung des Fahrwassers folgend ihre rechte Seite halten, bleiben ihre Kurse parallel, mag die Lichterstellung auch zeitweise als eine gefährliche erscheinen.

Im vorliegenden Falle mußte die „Westphalia", als sie von Knocke-Feuer nach Wielingen-Feuerschiff steuerte, einen südlicheren Kurs steuern, als die „Syra" und kann ihr deswegen ihr grünes Licht gezeigt haben. Der Lotse der „Syra" durfte sich aber hierdurch nicht verleiten lassen, die linke Seite des Fahrwassers einzuhalten, er hätte vielmehr von vornherein mehr Steuerbordruder geben müssen, um der „Westphalia" Raum zum Passieren an Backbord der „Syra" zu lassen.

Das Seeamt hat aus diesem Grunde, ebenso wie der Reichskommissar, der Führung der „Syra" die Schuld an dem Unfall beigemessen.

Die Navigierung der „Westphalia" war dagegen nicht zu beanstanden. Dieser Dampfer hat, soweit er konnte, die rechte Seite des Fahrwassers gehalten und hat, als die Gefahr erkannt wurde, die Maschine gestoppt und rückwärts arbeiten lassen.

Das Steuerbordruder, welches der Lotse Janßens dem grünen Lichte der „Syra" gegenüber gegeben und signalisiert hat, ist nicht als Ausweichmanöver gegeben, sondern um der Versetzung durch den Strom entgegenzuwirken, und das gegebene Signal war, wenn es sich hiernach auch nicht als ein vorgeschriebenes Ausweichsignal darstellt, immerhin geeignet, dem Gegendampfer klarzumachen, daß man die rechte Seite des Fahrwassers halten wolle.

Der Führung der „Westphalia" war daher eine Mitschuld nicht zur Last zu legen.

72.
Dampfer „Expreß" von Flensburg und schwedischer Postdampfer „Svanen". Zusammenstoß.
Seeamt Lübeck, 28. November 1912. Ober-Seeamt, 4. Februar 1913.

Spruch des Seeamts: Der Zusammenstoß des schwedischen Dampfers „Svanen" mit dem deutschen Dampfer „Expreß" am 4. September 1912 vor Travemünde ist durch ein falsches Manöver des Dampfers „Expreß" verursacht. Es verdient Tadel, daß der Schiffer Davidsen den Dampfer „Expreß" nicht aus dem Hafen von Travemünde selbst hinaus führte. Auch verdient das Verhalten des Schiffers Davidsen nach dem Zusammenstoße scharfen Tadel. Der Antrag des Reichskommissars, dem Schiffer Davidsen und dem Steuermanne Bußlag die Gewerbebefugnis zu entziehen, wird abgelehnt.

Gründe. Am 4. September 1912 gegen 4 U. Vm. hat etwas unterhalb der Ansegelungstonne vor Travemünde ein Zusammenstoß zwischen dem schwedischen Dampfer „Svanen" und dem deutschen Dampfer „Expreß" stattgefunden. „Expreß" ist 351,6 cbm groß. Der Dampfer „Svanen" befand sich auf der Reise von Kopenhagen nach Lübeck, „Expreß" auf der Reise von Lübeck nach Sonderburg und Flensburg.

Über die Vorgänge, die zum Zusammenstoße führten, geben die Besatzungen der beiden Dampfer voneinander abweichende Darstellungen. Nach derjenigen der Besatzung des Dampfers „Svanen" — des Kapitäns Steenfelt, des Rudersmanns Berntson und des Ausgucksmanns Ohlsson — kam der Dampfer „Expreß" dem „Svanen", der SW $^{3}/_{4}$ W steuerte und ständig genau auf das Feuer des Travemünder Leuchtturms zu hielt, kurz vor 4 U. Vm. in Sicht und zwar wurde sein grünes Licht etwa 3 Strich an Backbord voraus gesehen. Der „Svanen" gab nun, um den „Expreß" auf sich aufmerksam zu machen, einen langen Ton mit der Dampfpfeife. Darauf zeigte der „Expreß" sein rotes Licht etwa zwei Minuten lang. Dann gab er zwei kurze Töne mit der Dampfpfeife und zeigte nun wieder sein grünes Licht.

Die Maschine des „Svanen“ wurde sofort auf volle Kraft rückwärts gestellt, dennoch folgte gleich danach der Zusammenstoß und zwar traf nach der Meinung des Kapitäns Steenfelt der Dampfer „Expreß“ den Dampfer „Svanen“ am Bug an der Backbordseite.

Die Zeugen des Dampfers „Expreß“ hingegen, die beim Zusammenstoße sich auf Deck befanden, stellen die Vorgänge folgendermaßen dar. Der Dampfer „Expreß“, der am 3. September abends Lübeck verlassen hatte, dann aber die Nacht über in Travemünde liegen geblieben war, ging etwas vor 4 U. Vm. in See. Die Führung hatte der Steuermann Bußlag, der 1873 geboren ist und 1908 vom Regierungspräsidenten zu Schleswig das Zeugnis als Schiffer auf kleiner Fahrt erhalten hat. Der Kapitän Davidsen, der 1874 geboren ist, und der das von derselben Behörde ausgestellte Zeugnis als Schiffer für kleine Fahrt von 1906 besitzt, hatte dem Steuermanne, der mit ihm in derselben Kabine schlief, am Morgen den Auftrag gegeben, den „Expreß“ aus Travemünde hinauszuführen. Er tat dies, wie er angibt, weil er sich nicht wohl fühlte. Am Ruder des „Expreß“ stand der Matrose Thießen. Beide — Bußlag und Thießen — erklären übereinstimmend, sie hätten, als sie eben die Ansegelungstonne passiert hätten, zwei Topplaternen und das rote Seitenlicht eines entgegenkommenden Dampfers gesehen. Es habe dann „Expreß“ etwas mehr nach Steuerbord gehalten, sodaß der entgegenkommende Dampfer das rote Licht des „Expreß“ habe sehen müssen. So hätten sie dann etwa 1 bis 2 Minuten lang gesteuert. Dann habe plötzlich der andere Dampfer sein grünes Licht gezeigt. Der „Expreß“ habe nun eine Wendung nach Backbord gemacht und dies durch zwei kurze Töne mit der Dampfpfeife angezeigt. Nun hätten die beiden Dampfer etwa 3 Minuten grün gegen grün gefahren, als plötzlich der fremde Dampfer sein rotes Licht wieder gezeigt habe. Es sei dann auf dem „Expreß“ sofort die Maschine auf volle Kraft rückwärts gestellt, kurz darauf aber der Zusammenstoß erfolgt und zwar sei „Expreß“ von dem „Svanen“ am Steuerbordbug getroffen und dieser schwer beschädigt worden. Die Vorpiek sei voll Wasser gelaufen, das Kollisionsschott aber dicht geblieben.

Nach der Aussage der Besatzung des „Svanen“ hat dieser einige Zeit vor dem Zusammenstoße den Dampfer „Ludwig Kollberg“ derselben Reederei überholt, und dieser Dampfer ist noch dicht hinter dem „Svanen“ gewesen. Dem Kapitän Steenfelt ist von dem Kapitän und dem Steuermanne des „Kollberg“ mitgeteilt worden, der „Kollberg“ habe kurz vor dem Zusammenstoße seinen Kurs so geändert, daß man auf dem „Expreß“ sein grünes Licht habe sehen müssen. Der „Ludwig

Kollberg" führt ebenso wie „Svanen" 2 Topplichter, von denen das hintere höher befestigt ist als das vordere. Die beiden Zeugen vom „Expreß" wollen von einem zweiten Dampfer nichts bemerkt, insbesondere die wechselnden Lichter an denselben Stellen gesehen haben, an denen eben vorher das andersfarbige Licht gewesen sei, sodaß die Lichter ihrer Meinung nach stets von demselben Dampfer herrührten.

Alsbald nach dem Zusammenstoße stürzte der Kapitän Davidsen, der bis dahin in seiner Kabine geschlafen hatte, auf Deck. Ohne sich von der Lage seines Schiffes zu überzeugen, ergriff er die Reeling des Dampfers „Svanen" und kletterte, als der „Expreß" unter ihm sich entfernte, auf den Dampfer „Svanen" hinüber. Dasselbe hatte schon vorher der Matrose Thießen getan. Beide wurden dann mit einem Boote des „Svanen" nach ihrem Schiffe zurückgebracht, und „Expreß" fuhr nun, gefolgt von „Svanen", nach Travemünde ein.

Die Aussagen der beiden Besatzungen sind, wenigstens wenn man annehmen will, daß die Leute vom „Expreß" stets die Lichter desselben Dampfers, nämlich des „Svanen" gesehen haben, miteinander unvereinbar. Denn nach der Aussage der Besatzung des „Svanen" hat dieser ständig denselben Kurs eingehalten, während die Leute vom „Expreß" verschiedene Lichter gesehen haben. Durch ein bloßes Hieven des „Svanen" lassen sich diese Beobachtungen der Besatzung des „Expreß" nicht erklären.

Es muß nun angenommen werden, daß die Aussage der Leute des „Svanen" der Wahrheit entspricht. Dafür spricht der außerordentlich günstige Eindruck der Zeugen, deren Angaben durchaus übereinstimmen, vor allem aber die Erwägung, daß es für den „Svanen" das einzig gegebene war, an seinem Kurse gerade auf das Leuchtfeuer von Travemünde zu unbedingt festzuhalten. Von den beiden hier in Betracht kommenden Zeugen vom Dampfer „Expreß" läßt sich gleich günstiges nicht sagen; ihre Aussagen machen den Eindruck einer gewissen Unsicherheit, auch finden sich Widersprüche, so z. B. wenn der Matrose Thießen sagt, er habe, nachdem der Dampfer Travemünde verlassen habe, den Kapitän noch einmal draußen gesehen, während der Kapitän selbst angibt, er sei die ganze Zeit in seiner Kabine gewesen. Auch ist es zum mindesten eine starke Übertreibung, wenn Thießen meint, die Maschine des „Expreß" sei vor dem Zusammenstoße schon 1 bis $1^1/_2$ Minuten rückwärts gegangen, während nach der Angabe des Maschinisten Schubbert gleich, nachdem die Maschine auf rückwärts gestellt war, der Zusammenstoß stattfand. Dazu kommt, daß der Matrose Thießen ebenso wie der Steuermann Bußlag nur die Lichter eines Dampfers gesehen haben, während doch als erwiesen anzusehen ist, daß sich der

Dampfer „Ludwig Kollberg“ dicht hinter dem „Svanen“ befunden hat. Nun ist zwar nach der Aussage des Augenarztes Dr. Gagzow Bußlag für rot und grün farbenschwach und außerdem sehschwach und es besteht der Verdacht, daß auch Thießen farbenschwach ist. Damit würde aber nur zu erklären sein, daß sie trotz gehöriger Aufmerksamkeit vielleicht einmal eines der roten oder grünen Lichter eines dieser Dampfer nicht gesehen oder verwechselt haben, nicht aber läßt sich dadurch das Übersehen auch der Topplichter des zweiten Dampfers erklären, diese mußten sie vielmehr bei gehöriger Aufmerksamkeit nach der Ansicht des Sachverständigen unbedingt bemerken. Sie haben also, wenn man annimmt, daß sie die Wahrheit haben sagen wollen, nicht die gehörige Aufmerksamkeit angewandt. Nimmt man hinzu, daß jedenfalls einer von ihnen, vielleicht sogar beide farbenschwach sind, der eine außerdem auch sehschwach, so können ihre Beobachtungen auf Zuverlässigkeit keinen Anspruch machen. Es muß vielmehr als erwiesen angesehen werden, daß, während der Dampfer „Svanen“ richtig gesteuert hat, die Manöver des „Expreß“ falsch waren, und daß durch sie der Zusammenstoß verursacht ist. Wahrscheinlich ist, daß die Leute vom „Expreß“ zeitweilig das grüne Licht des „Ludwig Kollberg“ gesehen und dieses für ein Licht des „Svanen“ gehalten haben. Ob der Irrtum der Besatzung des „Expreß“ nur auf einem Mangel an Aufmerksamkeit oder auch zum Teil auf ihrem Mangel an Seh- und Farbenunterscheidungsvermögen beruht, läßt sich nicht feststellen. Ein Verschulden des Steuermanns Bußlag liegt also jedenfalls vor; aber auch wenn man annehmen wollte, daß die Mängel seiner Augen keinen oder nur einen geringen Einfluß auf seine Beobachtungen gehabt haben, so würde zwar eine erhebliche Nachlässigkeit, aber doch keine derartige Pflichtversäumnis vorliegen, daß es gerechtfertigt erschiene, ihm die Befugnis als Schiffer auf kleiner Fahrt zu entziehen, zumal er über 4 Jahre lang als Steuermann gefahren ist, ohne daß ihm eine Pflichtverletzung nachgewiesen werden könnte. Ob seine Sehfehler derartig sind, daß sie ihm die Ausübung seines Berufs unmöglich machen, läßt sich nach dem Gutachten des Sachverständigen nicht feststellen und es kann daher unerörtert bleiben, ob nach § 26 des Gesetzes über die Untersuchuug von Seeunfällen, wonach ein Verschulden erfordert wird, und wegen derartiger körperlicher Mängel überhaupt einem Schiffer die Befugnis zur Ausübung seines Gewerbes entzogen werden kann. Dafür, daß sich Bußlag seiner Mängel bewußt gewesen sei, liegt nichts vor; vielmehr konnte er ein Zeugnis des Vertrauensarztes der Berufsgenossenschaft vorzeigen, daß er nicht farbenblind und von ausreichender Sehschärfe sei. Dem

Antrag des Reichskommissars, ihm sein Patent zu entziehen, war daher nicht stattzugeben.

Auch der Kapitän Davidsen hat in zweifacher Weise seine Pflichten verletzt. Er durfte es nicht seinem Steuermann überlassen, den Dampfer aus dem Hafen von Travemünde hinauszuführen, und zwar umsoweniger, als der Steuermann nicht die Lotsenprüfung für die Trave gemacht hatte, für die Ausfahrt aus dem Travemünder Hafen jedoch Lotsenzwang besteht. Sein Unwohlsein, das er als Grund für sein Verhalten angibt, war, wie er selbst zugeben muß, nicht so schwer, daß es ihn daran hinderte, sein Schiff zu führen. Hätte er, wie es ihm gebührte, sein Schiff selbst hinausgeführt, so wäre vielleicht der Unfall nicht vorgekommen, denn es muß angenommen werden, daß er, als er die Lichter des fremden Dampfers erblickte, an Deck geblieben wäre, bis er diesen Dampfer passiert hatte. Und daß auch er ebenso unaufmerksam gewesen und in denselben Irrtum verfallen wäre wie sein Steuermann und sein Matrose, ist nicht anzunehmen. — Viel schwerer hat jedoch der Kapitän nach dem Zusammenstoße seine Pflicht verletzt. Denn er mußte nun unbedingt das Kommando übernehmen, feststellen, inwieweit sein Schiff beschädigt sei und die nötigen Anordnungen für die Sicherheit des Schiffes, der Besatzung und der Ladung treffen und durfte sein Schiff erst dann verlassen, wenn er festgestellt hatte, daß dessen Rettung unmöglich sei und daß die übrige Besatzung sich in Sicherheit befinde. Statt dessen hat er nur an seine eigene Rettung gedacht, hat sich, ohne sich um den Zustand seines Schiffes zu bekümmern, an das andere Schiff angeklammert, und ist dann, als sein eigener Dampfer unter seinen Füßen wegfuhr, auf das andere Schiff hinübergeklettert. Diese schwere Pflichtversäumnis läßt sich freilich etwas durch die Umstände erklären. Der Kapitän befand sich körperlich schlecht, er war erst vor kurzem eingeschlafen, als der Zusammenstoß stattfand, und er wurde aus dem Schlafe durch den furchtbaren Stoß sowie dadurch geweckt, daß durch die Kabinenfenster Wasser einströmte und die Deckenlampe herunterfiel und verlosch. Und als er nun halb angekleidet nach oben stürzte, rief ihm, wie er behauptet und der Steuermann als möglich zugibt, dieser zu: „Geh hinüber, wir sacken weg." Zwar liegt auch trotz dieser Milderungsgründe eine schwere Pflichtvergessenheit des Kapitäns vor, aber diese kann doch nicht als so erheblich angesehen werden, daß es angemessen erschiene, ihm die Befugnis zur Ausübung seines Gewerbes zu entziehen. Dem Kapitän Davidsen wird von dem Hafenmeister Murken ein gutes Zeugnis ausgestellt, er hat auch etwa 5½ Jahre lang seinen Dampfer geführt und ist ihm, soweit bekannt, nur ein Unfall passiert; diesen Unfall hat er zwar verschuldet, doch war dieses Verschulden nur ein geringes, es bestand in übergroßer Vorsicht. Auch sein oben erwähnter Fehler, daß er seinen Dampfer nicht selbst aus dem Hafen von Travemünde hinausführte, wird durch seinen körperlichen Zustand und dadurch entschuldbarer, daß der Steuermann seit über 4 Jahren auf dem Dampfer fährt und mit diesem Dampfer jede Woche einmal nach Lübeck gekommen ist, daß daher der Kapitän annehmen konnte, dem Steuermanne werde die nicht besonders schwere Ausfahrt aus Travemünde hinreichend bekannt sein, und dadurch, daß er, wie er glaubhaft angibt, den Steuermann als zuverlässig erkannt hat. Es darf daher erwartet werden, daß Davidsen in Zukunft seine Pflichten auch bei körperlichem Unwohlsein ernster beobachtet und daß er auch bei plötzlichem Eintritt von Gefahr mehr Überlegung und Geistesgegenwart behält; es wird zu seinen Gunsten angenommen, daß dieser eine Fall, in dem er gänzlich den Kopf verlor, noch kein ausreichender Beweis dafür ist, daß ihm die Eigenschaften fehlen, die zur Ausübung seines Berufs erforderlich sind. Dem Antrag des Reichskommissars, dem Kapitän die Befugnis zur Ausübung des Schiffergewerbes zu entziehen, war daher nicht stattzugeben. Doch verdient das Verhalten des Kapitäns allerdings schweren Tadel.

Entscheidung des Ober-Seeamts.

Auf die Beschwerde des Reichskommissars gegen den Spruch des Seeamts zu Lübeck vom 28. November 1912 über den Zusammenstoß des schwedischen Postdampfers „Svanen" mit dem Flensburger Dampfer „Expreß" hat das Kaiserliche Ober-Seeamt in seiner zu Berlin am 4. Februar 1913 abgehaltenen öffentlichen Sitzung nach mündlicher Verhandlung der Sache entschieden,

> die Beschwerde gegen den Spruch des Seeamts in Lübeck vom 28. November 1912 wird zurückgewiesen, die baren Auslagen des Verfahrens bleiben außer Ansatz.

Gründe. Das Ober-Seeamt hat sich der Beweiswürdigung des Seeamts dahin angeschlossen, daß die Aussagen der Besatzung des Dampfers „Svanen" die größere Glaubwürdigkeit verdienen und daß von ihnen der tatsächliche Hergang richtiger wiedergegeben wird, als von der Besatzung des Dampfers „Expreß". Entscheidend für diese Annahme war, daß sowohl der Steuermann Bußlag als auch der Matrose Thießen sich in mehrfache Widersprüche verwickelt haben. Auch wird ihre Glaubwürdigkeit dadurch beeinträchtigt, daß sie beide gemeinschaftlich ihre beschworene Aussage in der Verklarung zwei

Monate später widerrufen und durch wesentlich andere Angaben ersetzt haben. Sie betonen in diesen neuen Angaben besonders, daß sie zuletzt vor dem Zusammenstoße 3 Minuten und nicht weniger grün an grün mit der „Svanen" gefahren seien. Auch in der seeamtlichen Hauptverhandlung legen sie auf die Feststellung dieser Tatsache Wert, obgleich Bußlag sich auch hier widerspricht, indem er einmal 3 Minuten, das andere Mal 1 1/2 Minuten für diesen Vorgang nennt. Ein Vergleich der Zeugenaussagen über diesen Punkt läßt es aber so gut wie ausgeschlossen erscheinen, daß die beiden Dampfer noch 3 Minuten grün an grün gefahren sind, bevor sie zusammenstießen. Sie hätten dann bei angenommener gleicher Geschwindigkeit von 8 Kn. bis zum Zusammenstoße noch gegen 1500 m also fast 1 sm zurückzulegen gehabt; Bußlag schätzt aber selbst in der Verklarung den Abstand von Dampfer „Svanen", als dieser ihm angeblich wieder sein grünes Licht zeigte, nur auf 200 bis 300 m, und auf einen ähnlich geringen Abstand, der es nötig machte, sofort mit aller Kraft rückwärts zu gehen, treffen übereinstimmend die Aussagen der Zeugen der „Svanen" zusammen. Der Hergang hat sich offenbar viel schneller abgespielt, als Bußlag und Thießen ihn schildern und das Ober-Seeamt sieht es als erwiesen an, daß bei ihm der Dampfer „Svanen" seinen Kurs, wie er es nach den Bestimmungen des Seestraßenrechts auch tun mußte, bis zur drohenden Kollision durchgehalten hat (Art. 21 d. S. St. O.). Dem Führer dieses Dampfers ist nur der Vorwurf zu machen, daß er den Rückwärtsgang seiner Maschine nicht den Bestimmungen der S.-St.-O. gemäß (Art. 28) durch 3 Töne mit der Dampfpfeife angezeigt hat.

Der Kapitän des Dampfers „Svanen", Steenfelt, hat nun vor dem Seeamt ausgesagt, daß er zur Zeit, als „Expreß" in Sicht kam, einen anderen Dampfer, die „Kollberg", an ihrer Backbordseite überholte und diese noch an Steuerbord dicht hinter ihm stand, als er mit „Expreß" zusammenstieß. Kapitän und Steuermann der „Kollberg" hätten ihm auch später im Hafen gesagt, daß sie kurz vor dem Zusammenstoß ihren Kurs nach Backbord geändert hätten, sodaß ihr grünes Licht für ein von Travemünde kommendes Schiff zu sehen gewesen sein müßte. Die Vernehmung dieser beiden Leute der „Kollberg" vor dem Seeamt wäre für die Klärung des Sachverhalts sehr wünschenswert gewesen; da aber kein Grund vorliegt, an der Wahrheit der Aussage des Kapitäns der „Svanen" zu zweifeln und das Ober-Seeamt annehmen will, daß Bußlag und Thießen wirklich geglaubt haben, die beiden Seitenlichter dieses Dampfers in der Folge zu sehen, wie sie angeben, so bleibt nur die Möglichkeit, daß sie, ihre ganze Aufmerksamkeit auf die „Svanen" richtend, den hinter ihr folgenden Dampfer nicht bemerkt und dessen Lichter mit denen der „Svanen" zeitweise verwechselt haben.

Mag nun aber auch Bußlag nur den einen entgegenkommenden Dampfer bemerkt und von diesem den Eindruck gewonnen haben, daß er ihm wieder sein grünes Licht zeigte, nachdem sie beide kurze Zeit rot an rot gefahren waren, so war es doch falsch von ihm, dieser Bewegung des fremden Dampfers zu folgen; denn letzterer hatte durch die von Bußlag vermeintlich beobachtete Drehung den Dampfer „Expreß" nunmehr auf seine Steuerbordseite gebracht und war damit gemäß Art. 19 der S.-St.-O. selbst ausweichpflichtiges Schiff geworden. Bußlags Aufgabe war es mithin, gemäß Art. 21 der S.-St.-O. seinen Kurs durchzuhalten. Hätte er dies getan, so würde sich sein Irrtum in der Beobachtung der Seitenlichter der „Svanen" wohl bald aufgeklärt haben und der Zusammenstoß mit ihr wäre vermieden worden; die Schuld an demselben trägt daher fraglos der Steuermann Bußlag durch sein falsches Rudermanöver. Das Ober-Seeamt hat schon in einem früheren ähnlichen Fall wie diesem — Zusammenstoß des Fischdampfers „Bremerhaven" mit dem Ewer „Alida", Entscheidung vom 5. September 1911 Bd. 19 der Entsch. pp. S. 759 — darauf hingewiesen, wie Versuche den Bewegungen eines Gegenseglers mit dem Ruder zu folgen, geeignet sind, die Gefahr eines Zusammenstoßes eher heraufzubeschwören als zu verhüten, ganz abgesehen davon, daß solche willkürliche Abweichung von den Vorschriften der S.-St.-O. durchaus unzulässig und verwerflich sind.

Sind somit Bußlag erhebliche Fehler in der Führung des Schiffes vorzuwerfen, die in ursächlichem Zusammenhange mit dem eingetretenen Seeunfall stehen und im wesentlichen auf mangelnder Überlegung und Umsicht beruhen, so hält das Ober-Seeamt seine Verfehlungen doch nicht für so schwerwiegend, um den Antrag des Reichskommissars auf Entziehung der Gewerbebefugnis für gerechtfertigt ansehen zu können. Das Ober-Seeamt ist nach dem von Bußlag gewonnenen Eindruck überzeugt, daß ihm die von einem Schiffer auf kleiner Fahrt zu fordernden Berufseigenschaften nicht fehlen und daß er des Vertrauens würdig ist, in dieser Stellung belassen zu werden. — Der Reichskommissar hat seinen Antrag gegen Bußlag außerdem mit dessen Farbenschwachheit und geringem Sehvermögen begründet, was auf Veranlassung des Seeamts von einem als Sachverständigen hinzugezogenen Arzte festgestellt worden ist. Da aber kein Beweis dafür vorliegt, daß Fehler des Auges die Ursache von Bußlags Irrtum mit den Lichtern gewesen sind, dieser auch ein Zeugnis des berufenen

Vertrauensarztes der See-Berufsgenossenschaft über ein den gesetzlichen Bestimmungen genügendes Seh- und Farbenunterscheidungsvermögen hat vorlegen können, so ist der Antrag des Reichskommissars auch aus diesem Grunde nicht für gerechtfertigt erachtet. Er mußte daher, wie geschehen, zurückgewiesen werden. Anderseits kann kein Zweifel darüber bestehen, daß auch körperliche oder geistige Gebrechen, sofern sie einen Schiffsoffizier zur Ausübung seines Gewerbes unfähig machen und Ursache eines von ihm verschuldeten Schiffsunfalls geworden sind, in den Begriff des § 26 des Seeunfallgesetzes fallen und zur Entziehung der Gewerbebefugnis führen können. Vergl. Entscheidungen des Ober-Seeamts vom 13. Juni 1888, betreffend Seeunfall des Schoners „Therese" und vom 28. Oktober 1904, betreffend Seeunfall des Dampfers „Helen Heidmann" Bd. 8 S. 198 und Bd. 16 S. 26 der Entscheid. pp.

Der zweite Antrag des Reichskommissars auf Entziehung der Gewerbebefugnis richtet sich gegen den Schiffer Davidsen. Das Ober-Seeamt muß zunächst an dem Verhalten Davidsens in Übereinstimmung mit dem Seeamt tadeln, daß er sein Schiff nicht selbst aus dem Hafen geführt hat. Es ist eine so selbstverständliche Pflicht des Kapitäns, sein Schiff selbst aus und in Häfen zu führen oder mindestens doch während dieser Zeit auf Deck zu bleiben, daß ihn nur sehr gewichtige Gründe entschuldigen können, wenn er dagegen handelt. Vergl. Entscheidung des Ober-Seeamts vom 1. Juli 1909, betreffend Zusammenstoß der Fischdampfer „Schleswig" und „Montag" Bd. 18 d. Entscheid. pp. S. 762. — Davidsens Verletzung dieser selbstverständlichen Pflicht wird dadurch noch besonders erschwert, daß er in der Koje liegen geblieben und geschlafen hat, während sein Schiff den Hafen verließ. Sein Einwand, daß er sich nicht wohl fühlte, kann ihn nicht entschuldigen, denn er hat später bei dem Zusammenstoße bewiesen, daß ihn sein Unwohlsein nicht behinderte, mit größter Schnelligkeit auf seine eigene Rettung bedacht zu sein und er hat auch vor dem Seeamt selbst zugegeben, daß es nicht so schwer war, um ihn an der Führung des Schiffes zu hindern. Überhaupt läßt die Angabe Davidsens, daß er sich schwindlich und übel gefühlt habe, die Vermutung entstehen, daß es sich bei seinem Unwohlsein mehr um die Nachwirkungen eines zu reichlichen Alkoholgenusses am Vorabende seiner Ausreise gehandelt hat; aber auch solche Nachwirkungen würde ein pflichttreuer, tüchtiger Mann mit aller Energie überwunden haben, um seinen Dienst nicht zu vernachlässigen.

Die weitere außerordentlich schwere Verfehlung des Kapitäns Davidsen liegt in seinem Verhalten unmittelbar nach dem Zusammenstoße.

Es ist unerhört und steht in der Geschichte des deutschen Seemannsstandes zum Glück vereinzelt da, daß in einem solchen Falle der Kapitän eines Schiffes so alle Haltung verliert, daß er nur an seine eigene Rettung denkt und Schiff und Mannschaft in Stich läßt. Das Seeamt hat in den verschiedenen Begleitumständen, unter denen Davidsen durch den Zusammenstoß aus dem Schlafe aufgeschreckt wurde und namentlich in dem von ihm behaupteten Zuruf des Steuermanns: „Geh man rüber, es sackt schon weg" Milderungsgründe für dessen Verhalten gefunden. Diese Auffassung kann das Ober-Seeamt nicht teilen; denn Kaltblütigkeit, Geistesgegenwart und Ruhe sind die ersten Erfordernisse für den Seemann; fehlen ihm diese im Augenblicke der Gefahr, so eignet er sich nicht zum Seemannsberufe, vor allem nicht in führenden Stellungen.

Davidsen hat diese Eigenschaften gänzlich vermissen lassen, sonst konnte er sich nicht durch den angeblichen Zuruf seines Steuermanns so verwirren lassen und sich so kopflos auf das andere Schiff stürzen; denn wenn auch „Expreß" schwer beschädigt war, so lag doch das Schiff noch auf geradem Kiele und nichts deutete an, daß es wegsackte. Es hätte gewiß nur wenige Ruhe und Geistesgegenwart dazu gehört, dies auf den ersten Blick zu erkennen; außerdem wäre die Gefahr für die Mannschaft selbst bei sinkendem Schiffe durch die Anwesenheit und unmittelbare Nähe des Dampfers „Svanen" bedeutend vermindert gewesen. Wenn aber auch Davidsen alle Kaltblütigkeit und Ruhe verlassen hatten und er in dem Augenblick wirklich an den drohenden Untergang seines Schiffes glaubte, so mußten ihm doch Ehr- und Pflichtgefühl gebieten, bei seiner Mannschaft zu bleiben und ihr Schicksal zu teilen.

Das Ober-Seeamt erachtet daher den Antrag des Reichskommissars, einem solchen Manne die Gewerbebefugnis zu entziehen, sachlich für durchaus gerechtfertigt; da aber durch nichts erwiesen ist, daß Davidsens Abwesenheit von Deck die Schuld an dem Zusammenstoße zufällt oder daß dieser nicht eingetreten wäre, wenn Davidsen das Schiff aus dem Hafen geführt hätte, auch die Folgen des Unfalls durch sein schmähliches Verhalten nach dem Zusammenstoße nicht verschlimmert worden sind, so stehen seine Verfehlungen in keinem ursächlichen Zusammenhange zu dem Seeunfall, und es fehlt für die Entziehung der Gewerbebefugnis auf Grund des § 26 des See-Unfallgesetzes die gesetzliche Handhabe. Es mußte daher wie geschehen entschieden werden.

Im Anschluß an die sachliche Entscheidung findet das Ober-Seeamt zu dem seeamtlichen Verfahren Anlaß zu bemerken:

Die Nichtvereidigung des Maschinisten Schubbert steht im Widerspruche mit den Vorschriften den § 22 des Seeunfallgesetzes. Schubbert gehörte zwar im Sinne dieses Paragraphen zu den Schiffsoffizieren des Schiffes, dessen Unfall den Gegenstand der Untersuchung bildete; da aber der Reichskommissar keinen Antrag auf Entziehung der Gewerbebefugnis gegen ihn gestellt hatte, Schubbert nach der Beweisaufnahme an dem Unfall auch gänzlich unbeteiligt war, so stand seiner Vereidigung als „Zeuge" grundsätzlich nichts im Wege und sie hätte erfolgen müssen; denn die Nichtbeeidigung steht nicht im Belieben des Seeamts, sondern muß durch sachliche Erwägungen begründet werden. Vergl. auch Entscheidungen des Ober-Seeamts vom 30. Juni 1903, betreffend Untergang des Dampfers „Emil Berenz", Bd. 15 d. Entsch. pp. S. 403.

Der Steuermann Bußlag hat in der seeamtlichen Hauptverhandlung ausgesagt, daß er von dem Seemannsamt Flensburg die Berechtigung erhalten habe, als Steuermann zu fahren. Die Besatzung der Kauffahrteischiffe mit Kapitänen und Schiffsoffizieren wird aber durch die Bekanntmachung des Bundesrats vom 16. Juni 1903 geregelt und diese kennt keine Befugnis der Seemannsämter, von ihr Ausnahmen zu gestatten. Ein Schiffer auf kleiner Fahrt hat nach der fraglichen Bekanntmachung keine Berechtigung, als Seesteuermann zu fahren, was allerdings in dem vorliegenden Falle nicht in Betracht kommt, da nach der Größe des Dampfers „Expreß" ein Steuermann auf ihm gesetzlich nicht erforderlich ist.

73.

Dampfer „Werner Kunstmann" von Stettin.

Strandung.

Seeamt Stettin, 5. Februar 1913.

Spruch. Der Stettiner Dampfer „Werner Kunstmann" (RCQF), Kapitän Hartmann, ist am 14. Januar 1913 um 7 U. 30 M. Vm. bei Nebel und Dunkelheit an der englischen Küste bei Goswiek auf den Strand gelaufen und nach einigen

Tagen, nachdem er von der Besatzung verlassen war, vollständig verloren gegangen. Die Strandung ist, abgesehen von dem unsichtigen Wetter, infolgedessen keine Küstenfeuer sichtbar waren, auf starke Stromversetzung zurückzuführen, hätte aber durch Vornahme von Lotungen und Grundproben vermieden werden können. Das Seeamt hält es aus diesem Anlaß für geboten, den Reedereien die Anschaffung von Lotmaschinen -- eine solche fehlte an Bord des gestrandeten Dampfers — dringend zu empfehlen.

Tatbestand und Gründe. Das Schiff verließ am 10. Januar 1913 mit Wasserballast Stettin mit einem Tiefgang vorn von 10′ 1″ hinten 15′ 1″, um nach Newcastle on Tyne zu dampfen. Am 12. Januar 1913 6 U. Vm. wurde Hirtshals m/w S ¾ O 8 Sm ab passiert bei zunehmender See; der Wind war OSO Stärke 6—7. Von hier wurde 108 Seemeilen m/w W ⅝ S gesteuert. Von abends 5 U. bis nachts 12 U. mußte die Maschine gestoppt werden, da der Kondensator und die Speisepumpen leck geworden waren, sodaß Salzwasser in den Kessel eindrang. Bei dem mit Stärke 10 herrschenden OSO-Winde und der hohen See trieb das sehr heftig schlingernde Schiff während dieser Zeit ab. Der Kapitän hat hierbei einen Abtrieb von 3 Seemeilen für die Stunde nach WNW angenommen. Nachdem um 12 U. Mn. die leckgewordenen Stellen an Kondensator und Speisepumpen gedichtet waren, wurden bis zum 14. folgende Kurse gesteuert, und zwar mit Rücksicht auf den Maschinenschaden nur mit 7 Seemeilen in der Stunde, während die Geschwindigkeit vorher 10 Seemeilen betragen hatte.

m/w WNW	10 Sm	Wind SO	(7),
m/w W ⅜ S	40 Sm	Wind SO	(6),
m/w W ⅝ S	30 Sm	Wind SO	(5),
m/w W ⅞ S	26 Sm	Wind SO	(6),
m/w WSW ⅞ W	58 Sm	Wind SO	(3),
m/w WzS	61 Sm	Wind SSW	(4—2).

Gegen 7 U. Vm. am 14. trat leichter Nebel ein, weshalb der Kapitän Nebelsignale geben und die Fahrt mäßigen ließ. Um 7 U. 30 M. Vm. lief das Schiff in der Dunkelheit bei Goswiek (Northumberland) auf den Strand, ohne daß das Land- und Küstenfeuer, die durch den herrschenden Nebel verdeckt waren, sichtbar wurden. Die Wache war vorschriftsmäßig besetzt.

Nach der Strandung wurde die Maschine sofort mit voller Kraft rückwärts gestellt. Die Peilung der Räume ergab, daß das

Schiff dicht geblieben war. Die rings um das Schiff vorgenommene Lotung zeigte eine Wassertiefe von vorn 3—3½ m, die nach hinten allmählich größer wurde und am Heck 5—5½ m erreichte. Durch Abfeuern von Kanonenschlägen und anhaltendem Ertönenlassen der Dampfpfeife wurden inzwischen Notsignale gegeben, durch Ausbringen des B. B. Bugankers und anhaltendes Rückwärtsarbeiten der Maschine unter Einhieven der Ankerkette stellte man vergebliche Versuche an, das Schiff frei zu bekommen. Gegen 9 U., nachdem dichter Nebel eingetreten war, wurde eine Rakete mit Leine dicht über das Schiff geschossen, diese eingeholt und der Steertblock mit Jolle und Hosenboje nach den Vorschriften der Tafel zur Handhabung des Raketenapparats am Fockmast befestigt. Der Wind wehte südlich flau bei nachlassender Brandung. Die um 9 U. 30 M. Vm. von dem Rettungsboot aus Goswiek angebotene Hilfe lehnte der Kapitän ab, bat jedoch um Schlepperhilfe. Um 10 U. wurde die Maschine, da das Schiff schon aus der Last stand, gestoppt und sodann der St.-B. Buganker ausgebracht und beide Ankerketten steif gehievt. Da die Brandung noch mehr abnahm, wurden alle Tanks, bis auf den Maschinentank und Tank 5 gelenzt. 4 U. 30 M. Nm. wurden Steertblock mit Jolle und Hosenboje wieder an Land gegeben. Eine Stunde später kamen zwei Schleppdampfer zur Hilfe, die aber wegen der inzwischen wieder stärker gewordenen Brandung nicht ans Schiff kommen konnten. Aus demselben Grunde war auch die Verbindung mittels Rettungsboots unmöglich. Nachdem um 5 U. das Schiff wieder flotter geworden war, wurde wieder mit der Maschine mit voller Kraft rückwärts gearbeitet unter Einhieven beider Ankerketten. Der Wind begann währenddem wieder stärker aus Südosten zu wehen bei zunehmender Brandung. Gegen 9 U. trat, nachdem der Wind immer härter geworden war, wütende Brandung ein, in der das Schiff heftig stieß und sich quer zur Brandung legend, immer mehr auftrieb. Nachdem es bis um ½7 U. andauernd heftig aufgestoßen hatte, legte es sich hart nach Steuerbord über, begann stark im Kessel- und Maschinenraum und Raum 2 zu lecken, wobei die Brandung über das Deck wegspülte. Um eine Kesselexplosion zu vermeiden, wurde die Maschine gestoppt und das Feuer aus den Kesseln gerissen. Gegen 7 U. artete der Wind zum Sturm aus bei immer wütender werdender Brandung, sodaß das Schiff noch heftiger aufstieß und das Wasser im Kessel- und Maschinenraum und Raum 2 immer schneller zunahm. Gegen 8 U. stand das Wasser im Kesselraume bis über die Feuerbuchsen. Das Schiff lag fast flach auf der Steuerbordseite, sodaß der Kapitän fürchtete, es würde sich infolge des immer noch zunehmenden Sturmes und Brandung beim Einsetzen der nächsten Flut ganz auf die Seite legen. Nachdem gegen 1 U. bei eingetretener Ebbe und Abnehmen der Brandung es möglich geworden war, vom Schiffe aus das Land direkt zu erreichen, verließ der Kapitän mit der ganzen Besatzung das Schiff. Bei diesem wurde dann vom Strande aus ständig Wache gehalten. Gegen 3 U. Vm. bemerkten der mit dem 1. Steuermann wachehaltende Kapitän, daß mittschiffs bei der Maschinenkappe Flammen aufloderten, die nach und nach immer größer wurden. An ein an Bord gehen war bei dem starken Sturme und Brandung und der schon wieder einsetzenden Flut nicht zu denken. Am folgenden Mittag war von dem Feuer nichts mehr zu sehen. Am 22. Januar ist dann das Schiff, ohne daß es wegen des Sturmes und der Brandung wieder betreten werden konnte, durchgebrochen und gänzlich verloren gegangen. Außer den Schiffsbüchern und den Habseligkeiten der Besatzung ist nichts mehr gerettet.

Legt man die oben angegebenen von Hirtshals ab gesteuerten Kurse zu Grunde, so ergibt sich, daß das gegißte Besteck von der Strandungsstelle 55 Seemeilen nach OSO liegt, etwa 50 Seemeilen von der Küste entfernt. Die Bestimmung der Kurse beruht auf den Eintragungen im Schiffstagebuche, dessen Richtigkeit vom Kapitän bei der Verklarung eidlich bestätigt und von ihm auch in der Verhandlung vor dem Seeamt als zutreffend angegeben ist. Gegen die Schätzung des Kapitäns über den Abtrieb des Dampfers am 12. Januar, wo das Schiff 7 Stunden lang ohne Maschinenkraft getrieben ist (3 Seemeilen stündlich nach WNW) ist nichts einzuwenden, da berücksichtigt werden muß, daß das Schiff leicht war und vor starkem südöstlichen Winde lag. Ob im übrigen die Kursangaben zutreffend sind, läßt sich mit Sicherheit nicht sagen. Die Deviation des Kompasses ist nach Angabe des Kapitäns zuletzt im Dezember 1912 bestimmt und seither stets genau beobachtet und in Ordnung gewesen. Die dem Seeamt vorgelegte Deviationstabelle gibt zu irgend welchen Ausständen keinen Anlaß. Die Geschwindigkeit des Schiffes ist nach dem Log bestimmt, daß vom Steuermann abgelesen wurde. Die Differenzen sind nach der Angabe des Kapitäns stets notiert und richtig gewesen. Ob das Log tatsächlich richtig gezeigt hat, konnte nicht mehr festgestellt werden, weil es bei der Strandung verloren gegangen ist. Dem Seeamt hat nur das Logbuch vorgelegen, dessen Angaben nachgerechnet und für richtig befunden sind. Positive

Umstände, die zur Annahme berechtigten, daß bei der Fahrt durch das Wasser andere als die im Schiffstagebuch angegebenen Kurse gesteuert sind, sind hiernach nicht hervorgetreten. Legt man diese Kurse zu Grunde, so ergibt sich folgende Berechnung. Die Gesamtdistanz von dem Abgangspunkte bei Hirtshals bis zum Strandungsort beträgt 409 Seemeilen. Diese hat der Dampfer in 49½ Stunden zurückgelegt. Rechnet man hiervon 7 Stunden ab, während welcher das Schiff am 12. Januar getrieben hat, so bleiben 42½ Stunden Fahrt. In dieser Zeit hat der Dampfer demnach 388 Seemeilen (409 Seemeilen abzüglich 21 Seemeilen, die er abgetrieben ist) durchfahren. Das ergibt für die Stunde durchschnittlich 9,1 Sm Fahrt. Die entsprechende Berechnung für das gegißte Besteck (364 weniger 20 Seemeilen in 42½ Stunden) ergibt 8,1 Sm für die Stunde, sodaß tatsächlich in der Stunde eine Seemeile mehr über den Grund gefahren ist, als nach dem gegißten Besteck durch das Wasser. Die Einwirkung des Windes scheidet bei dieser Differenz aus, da sie in der Logberechnung bereits berücksichtigt ist. Die Erklärung für die Differenz von einer Seemeile kann nur in einer mit der Fahrtrichtung des Schiffes gehenden Stromversetzung gefunden werden. Eine so starke Strömung von 1 Seemeile in der Stunde während der ganzen Überfahrt über die Nordsee ist allerdings auffallend. Indessen sind, wie aus dem Nordseehandbuch 1912 westlicher (S. 45) zu entnehmen ist, in jenen Gegenden bereits Strömungen beobachtet, und auch nach den anderen im Nordseehandbuche S. 44 auf die Strömungen der Nordsee bezüglichen Angaben erscheint es nicht ausgeschlossen, daß in dem vorliegenden Falle bei den herrschenden OSO-Winden ein so starker Strom aus dem Skagerrak nach WNW zugesetzt hat.

Der Kapitän hat mit solchen Strömungen nicht gerechnet und sich allein auf sein Log verlassen. Ein astronomisches Besteck konnte nach seiner Angabe nicht gemacht werden, weil der Himmel die ganze Zeit bedeckt war. Auch Lotungen und Grundproben hat er nicht vorgenommen. Der Kapitän gibt als Grund für diese Unterlassung an, daß das Schiff so stark geschlingert habe, daß Lotungen mit großen Schwierigkeiten und Umständen verbunden gewesen wären, insbesondere habe er auch das häufige Stoppen vermeiden wollen, um sein Besteck nicht ungünstig zu beeinflussen. Erst kurz vor der Strandung habe er sich zum Loten entschlossen, der Steuermann sei gerade mit den Vorbereitungen beschäftigt gewesen, als die Strandung erfolgte.

Eine Lotmaschine sei nicht an Bord gewesen.

Diese Umstände vermögen indessen die Unterlassung nicht zu rechtfertigen. In dem oben zitierten Nordseehandbuche (S. 44) ist darauf hingewiesen, daß gegenüber den Gefahren, die den Schiffen in der Nordsee durch Stromversetzungen drohen, die Gewässer anderseits durch ihre verschieden abgegrenzten Tiefenverhältnisse und Grundbeschaffenheiten den großen Vorteil bieten, daß der Seefahrer in der richtigen Benutzung des Lotes ein einfaches Mittel besitzt, sein Besteck und den gesteuerten Kurs zu kontrollieren. Deshalb könne bei irgendwelchen Zweifeln über das Besteck nicht dringend genug zum fleißigen Gebrauche des Lotes geraten werden. Das Handbuch bemerkt dabei, daß sogar nach einer guten astronomischen Beobachtung der Schiffsort schon nach einigen Stunden nicht mehr als völlig sicher betrachtet werden dürfe. Gegen diese durchaus zutreffenden Anweisungen des Handbuchs, das sich an Bord befand, und ihm bekannt war, hat der Kapitän verstoßen. Er mußte sich zweifellos sagen, daß bei der Ortsbestimmung des Schiffes die Stromverhältnisse in Betracht zu ziehen waren, das Besteck deshalb unsicher und die Vornahme von Lotungen und Grundproben dringend geboten war.

Durch wiederholte Lotungen und Grundproben und sorgfältiges Vergleichen der Ergebnisse mit den Angaben der Karte, insbesondere durch Auffinden der der Küste vorgelagerten 60 m, 40 m und weniger betragenden Tiefen würde er rechtzeitig festgestellt haben, daß er sich zu sehr der Küste näherte, während allerdings die durchlaufene Strecke der Nordsee gerade in diesen Breiten keine markanten Tiefen aufweist, nach denen das Besteck hätte kontrolliert werden können. Trotz des Schlingerns des Schiffes wären die Lotungen möglich gewesen, wenn auch zuzugeben ist, daß sie mit Schwierigkeiten und Zeitverlust verbunden gewesen wären. Zu bedauern ist das Fehlen einer Lotmaschine, durch deren Gebrauch diese Schwierigkeiten wesentlich eingeschränkt worden wären, und deren mit geringen Kosten verbundene Anschaffung das Seeamt bei dieser Gelegenheit dringend empfiehlt. Aber auch ohne Lotmaschine hätte der Kapitän Mühe und Zeit nicht scheuen dürfen. In dieser Beziehung muß ihm ein Vorwurf gemacht werden.

Was den Ausbruch des Feuers betrifft, so sind dessen Ursachen nicht ermittelt. Durch das Feuer aus den Kesseln ist es anscheinend nicht entstanden, da dieses bereits seit mehreren Stunden herausgerissen war und auch der Kesselraum bis über die Feuerbuchsen unter Wasser stand. Lampen haben nach Angaben des Kapitäns nicht mehr gebrannt; dieser meint, daß es durch Unvorsichtigkeit eines Mannes beim Verlassen des Schiffes, vielleicht durch Hantieren mit einem Streichholz entstanden sei. Näheres ist nicht festgestellt; das Seeamt hat auch kein Gewicht auf diese Sache gelegt, weil der Brand keine besonderen Folgen gehabt, insbesondere zu dem Verluste des Schiffes nicht beigetragen hat.

Die nach der Strandung vorgenommenen Maßnahmen waren sachgemäß. Auch gegen das Verlassen des Schiffes durch die Besatzung läßt sich nichts einwenden, da das weitere Verweilen auf diesem mit Gefahr verbunden und zwecklos war.

Der Reichskommissar, der bei der Beurteilung der Sache denselben Standpunkt wie das Seeamt einnimmt, hat Patententziehung nicht beantragt.

Inhalt (Fortsetzung von der zweiten Seite des Umschlags.)

FSC
www.fsc.org
MIX
Papier | Fördert
gute Waldnutzung
FSC® C083411

Kolibri 360 GmbH
Ferdinand-Jühlke-Straße 7
99095 Erfurt, Deutschland
produktsicherheit@kolibri360.de